TABI
CONTENTS
旅コンテンツ
完全セレクション

四季の
花景色

Seasonal Flowers

咲いて散り、四季を知らせる花

路傍でひそかに咲く花もある、見渡す限りの花畑もある。
季節の風が匂いを運び、やがて散る花に移ろう時を知る。

　藤波、という言葉があるらしい。作家・幸田文のエッセイによれば、長い房は優雅に垂れ下がるが、短い房は風によってさざめくように揺れる、これが波のように美しい、と。

　蕪村は「月に遠くおぼゆる藤の色香哉」と艶やかに詠む。芭蕉は旅の人で、「草臥れて宿借るころや藤の花」と黄昏の憂愁を漂わせる。

　藤は晩春の花。先立つのはいうまでもなく桜で、桜の歌人といえば西行だろう。

　桜の下で死にたいと詠み、死んだら桜を供えてくれと詠む。咲くのを待ちわび、散るのを惜しむ。

　四季の移り変わりを桜が知らせる。
「長閑なれ 心をさらに 尽しつつ 花ゆゑにこそ 春は待ちしか」

　花の季節を幾たびも重ね、やがて自身の老いを知ることになる。西行はそれを古木の桜に重ねる。
「わきて見ん 老い木は花も あわれなり いくたびか 春にあふべき」

　幸田文もまた、桜の古木に目をとめる。が、花よりもむしろ太い根である。花は可憐で風情があるのに、根もとは岩の塊のようにごつごつしておりおどろおどろしい、と。藤の古木も同じで、「この根を見て花を仰げば、花の美しさをどうしようとおろおろしてしまう」

　世阿弥は『風姿花伝』でこんな言い方をする。能の演者も桜と同じで、老いれば枝葉も散るが、ほんとうの花は散らずになお残る。老いの花こそ美しいと。しかしその花も、やがて散る。

　桜は西行に移る季節を知らせる。
「花も散り 人も都へ帰りなば 山さびしくや ならんとすらん」

　幸田文は、エッセイをこんなふうに結ぶ。古木の岩のような根から、また細い新枝が芽をふいてしなやかに伸びてくる、と。

◥ 優雅な藤に癒やされるひととき ◤

あしかがフラワーパーク(栃木県)

ご利益授かる花の寺

岡寺(奈良県)

三多気の桜(三重県)

CONTENTS

四季の花景色

爛漫の桜景色

P8

白石川堤一目千本桜(P12)

フラワーパーク

P45

絶景の花畑

P77

花とアートの岬
長崎鼻 (P144)

海辺・水辺に咲く花々

P133

花のある植物園

P157

ご利益授かる花の寺

P179

法金剛院 (P192)

箱根強羅公園
(P260)

神さまに寄り添う花

P215

テーマパーク

P231

里山からの花だより

P243

なばなの里
(P234)

季節を彩る花々

P251

ユリ
ゆりの郷こしみずリリーパーク 北海道……290
いいでどんでん平ゆり園 山形県……292
可睡ゆりの園 静岡県……294
ゆりの里公園 福井県……295
ボタン
由志園 島根県……296
鶴岡八幡宮 神奈川県……298
上野東照宮 東京都……300
長谷ぼたん園 青森県……301
アジサイ
箱根ガラスの森美術館 神奈川県……302
花園あじさい園 和歌山県……304
よへなあじさい園 沖縄県……306
大王あじさい園 新潟県……308
道の駅 しらとりの郷・羽曳野 大阪府……309
ツツジ
小田急 山のホテル 神奈川県……310
箱根小涌園 蓬莱園 神奈川県……312
長串山公園 長崎県……313

イングリッシュガーデン
P319

蓼科高原 バラクライングリッシュ ガーデン 長野県……320
軽井沢レイクガーデン 長野県……322
清水公園花ファンタジア 千葉県……324
ウィリアムズ ガーデン 群馬県……326
ガーデニングミュージアム 花遊庭 愛知県……327
横浜イングリッシュガーデン 神奈川県……328
白馬コルチナ・イングリッシュガーデン 長野県……330
日本でも見られる幻の花……332

力強く美しい島の花
P333

能古島 福岡県……334
六島 岡山県……336
竹富島 沖縄県……338
志々島 香川県……340
飛島 山形県……341
沖永良部島 鹿児島県……342

ローカル線に咲く花
P343

いすみ鉄道 千葉県……344
わたらせ渓谷鐵道 群馬県・栃木県……346
JR大湊線 青森県……348
道南いさりび鉄道 北海道……349
北条鉄道 兵庫県……350
JR水郡線 茨城県・福島県……351
のと鉄道七尾線・能登さくら駅 石川県……351
信楽高原鐵道 滋賀県……352
三岐鉄道 三重県……352
箱根登山電車 神奈川県……353
JR予讃線 愛媛県……353
花イベント＆祭り……354

花景色マップ……356
索引……364

本書のご利用にあたって

●本書中のデータは2023年1～2月現在のものです。料金、営業時間、休業日、メニューや商品の内容などが、諸事情により変更される場合がありますので、ご利用の際は事前にご確認ください。
●本書では、実際に住民の方が居住している施設も紹介しています。内部非公開の施設もあります。住民、近隣の方々の迷惑とならないよう、節度のある見学を心がけていただくようお願いします。なお、個人的なトラブルに関しましては、当社では一切の責任を負いかねますので、あらかじめご了承ください。
●開館時間、営業時間は実際に利用できる時間を示しています。ラストオーダー(LO)や最終入館の時間が決められている場合は別途表示してあります。
●各施設の開館・営業時間は、変更される場合がありますので、ご利用の際は公式HPなどで事前にご確認ください。また、新型コロナ感染症予防対策のため従来と異なる場合があり、今後の推移により変更される場合があります。
●休業日に関しては、基本的に定休日のみを記載しており、年末年始の休業は原則として記載していません。特に記載のない場合でもゴールデンウィーク、夏季、年末年始などに休業することがあります。
●料金は消費税込みの料金を示していますが、変更する場合がありますのでご注意ください。また、入園料、入館料などについて特記のない場合は個人で訪れた場合の大人料金のみを示しています。
●交通表記における所要時間、最寄り駅からの所要時間は目安としてご利用ください。

データの見方
- 電話番号
- 所 所在地
- 開 開館／開園／開門時間
- 営 営業時間
- 休 定休日
- 料 料金

地図のマーク
- ⛩ 神社
- 卍 寺院
- ⊗ 学校
- H 宿泊施設
- R 飲食店
- C カフェ
- S ショップ

爛漫の桜景色

「春を象徴する花」として万葉集にも詠まれた桜。
一帯を絢爛豪華な桜絵巻にする名所をはじめ、
並木道や里山、樹齢2000余年の名木や一本桜。
日本列島が春爛漫になる幸せな時間。

「奈良・吉野山」の桜。約3万本の桜が麓から頂上まで1カ月かけて桜絵巻に変えていく

世界遺産に登録される里山をはじめ、遊歩道や公園、堤、疏水。
春風に心地よく揺れるしだれ桜の並木道も歩いてみたい。
一度は訪れたい「桜の10大名所」。豊かな彩りをご紹介。

最初に開花する
下千本
しもせんぼん

標高230〜350m。吉野山の入口で4つのエリアで最初に桜の便りが届く。展望所から世界遺産「金峯山寺蔵王堂」がよく見える。麓には大駐車場が完備されている。

「金峯山寺蔵王堂」の本堂は白鳳年間(645〜710)に役小角により創建される

見頃
3月下旬〜4月上旬
ロープウェイで空中散歩も。花と赤茶色の葉を間近に

←観光車道の七曲りは車窓から絶景が見られる

見頃
4月上旬〜下旬
下千本、中千本が見頃最盛期を見届け開花する

↑竹林院にある大和三庭園のひとつ「群芳園」

下千本、中千本の満開の桜を眼下に。ここから奥千本までは車で5分ほど

眼下に広がる桜の密集
上千本
かみせんぼん

山裾から桜前線が上千本に到着すると吉野山がいっそう華やかになってくる。標高約370〜600m。花矢倉展望台からは中千本中腹の「金峯山寺」方面が見渡せる。花霞に覆われる眼下は一興。

一目千本を一望できる
中千本
なかせんぼん

吉野山の中腹、一番賑やかなエリアで標高は約350〜370m。ここからは下千本、上千本、もちろん中千本もぐるりと一望できる。豊臣秀吉の「吉野の花見」の本陣となった場所。

見頃
4月上旬
多くの文人墨客が吉野の地を慕い、現代に語り継がれる文化を残す

4つのエリアを歩いて巡る
約200種3万本の桜が密集

吉野山
よしのやま

奈良県吉野町
MAP P.361

奈良県のほぼ中央に位置する吉野山は、馬の背のような形の尾根が南北約6km続く。標高230m地点から順に「下千本」「中千本」「上千本」「奥千本」と呼ばれ、特に桜の時期は開花前線となる。麓と奥千本までの標高差が1カ月の間吉野山を桜絵巻に導いていく。山桜の別名「シロヤマザクラ」が大半を占める吉野山の桜は1300年も前からご神木として崇められ手厚く保護されてきた。また、一帯は平成16年(2004)にユネスコの世界遺産「紀伊山地の霊場と参詣道」に登録されている。

DATA & ACCESS

☎0746-32-1007(吉野山観光協会) 所奈良県吉野郡吉野町吉野山 開休料見学自由 交近鉄吉野駅ロープウェイ山上下車すぐ Pあり

金峯神社の修行門。神社へ向かう坂道に100本以上のソメイヨシノが咲く

見頃
4月中旬〜下旬
下千本の桜が散る頃に、ようやく奥千本の桜が開花しはじめる

麓から奥千本までの要所をライトアップ

吉野山最終の美を飾る
奥千本
おくせんぼん

麓の下千本との標高差は約500m。徒歩で下千本からおよそ1時間半〜2時間ほどで到着。歌人・西行法師の隠棲「西行庵」、吉野山最高地にある世界遺産「金峯神社」がある。

近鉄吉野線
吉野駅
千本口駅
吉野ロープウェイ
七曲り坂
吉野山駅
下千本
船岡山
吉野町
金峯山寺
吉水神社
如意輪寺
中千本
竹林院 群芳園
近畿自然歩道
花矢倉展望台
吉野水分神社
上千本
下市町
大峯奥駈道
金峯神社
青根ヶ峰
N
0 500m
黒滝村
奥千本
西行庵

今年で植樹100周年を迎え
一層華麗に咲き誇る1200本の桜

白石川堤一目
千本桜

しろいしがわづつみひとめ
せんぼんざくら

宮城県大河原町

MAP P.357

　全長8kmにわたって続く白石川の堤防
に、ソメイヨシノを中心とした約1200本
の桜が咲き競う桜の名所。大河原町出身
の実業家 高山開治郎氏が大正12(1923)
年に「地元に桜の名所を」と夢見て植樹し
てから100周年を迎えた。荘厳な蔵王連
峰に残る白い雪、ソメイヨシノの華やか
な淡紅色、清らかな青い川面、3つの層が
織りなす美しさはここでしか見ることの
できない絶景。

☐ D A T A & A C C E S S

☎0224-53-2659(大河原町商工観光課) ⊕宮城県
柴田郡大河原町 ⊕⊕⊕見学自由 ⊗JR大河原駅か
ら徒歩3分 ₱あり

樹齢100年を超えるソメ
イヨシノの大ぶりな
花が枝を埋め尽くして
華やかに咲く

見頃
4月上旬〜中旬
春のうららかな光
を浴びて淡紅色の
トンネルをつくる

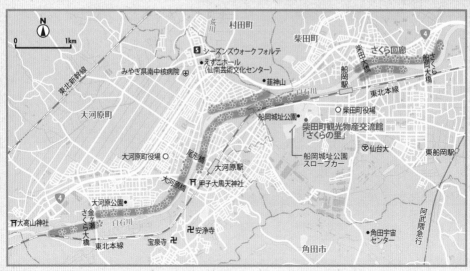

⬆満開の時期には夜桜のライトアップも。昼間とは異なる幻想的な美しさが楽しめる

⬆桜並木とJR東北本線が並行して走る。写真愛好家からも人気のスポット(右)。地形の関係で「一目で千本の桜を見渡せる」ことからこの名がつけられたという(左)

⬆「日本さくら名所100選」にも選ばれた宮城・東北を代表する桜並木。開花時期には桜まつりを開催

見頃
3月下旬〜4月上旬
濠を覆い尽くすように重なる桜花の美しさに見惚れる

皇居の濠を春色に染める
都内随一の桜のトンネル

千鳥ヶ淵
ちどりがふち

東京都千代田区
MAP P.359

かつて江戸城のお濠であった千鳥ヶ淵には1000本以上の桜が咲き誇る。皇居西側に伸びるおよそ700mの遊歩道「千鳥ヶ淵緑道」沿いにはソメイヨシノやオオシマザクラなど4種類の桜が花開く。歩きながら頭上に咲く花を眺めたり、ボートに乗りお濠から桜並木を仰ぎ見たりと異なる表情を堪能できる。満開時の華やかさとともに花散る頃、水面に現れる零れ桜の儚い美しさも一興。

↑「千代田のさくらまつり」開催時にはライトアップも。水辺に映る夜桜も美麗

↑ 区営の「千鳥ヶ淵ボート場」でボートを借りて舟からの花見もいい

▢ D A T A ＆ A C C E S S

📞03-3556-0391(千代田区観光協会) 🏠東京都千代田区九段南2丁目〜三番町2先 🕐千鳥ヶ淵ボート場は3月1日から11月30日までの10:00〜17:00 🗓月曜(ボート場)「千代田のさくらまつり」期間中は無休 💴ボート利用は通常30分500円(観桜期は30分800円) 🚃東京メトロ東西線、半蔵門線、都営新宿線・九段下駅から徒歩5分 🅿なし

↑目線の高さに咲く桜花

[地図: 東京通信病院、東京理科大、靖国神社、九段下駅、田安門、日本武道館、千秋文庫、二松學舍大、北の丸公園、科学技術館、大妻女子大、千鳥ヶ淵ボート場、千鳥ヶ淵、千鳥ヶ淵戦没者墓苑、代官町、乾門、千鳥ヶ淵公園、代官町通り、乾通り、皇居、千代田区 N 0 200m]

春風に輝く全長4kmの桜回廊
水面に映える「逆さ桜」も

おの桜づつみ回廊
おのさくらづつみかいろう

兵庫県小野市
MAP P.360

ヒガンザクラ、オオシマザクラ、ソメイヨシノなど5種類650本の桜が加古川の上流から下流へ順に開花し、長期間にわたって桜を楽しめる、西日本最大級、全長4kmの桜並木。堤防沿いの一角にある田んぼには水が張られ、水面に桜が映り込む「逆さ桜」が映えスポットとしても話題に。散策路にはベンチやトイレも整備されており、春のうららかな空の下、ゆっくりと桜を愛でることができる。

両側の桜がアーチ状に歩道を取り囲み、満開時には美しいトンネルをつくるスポットも

↑河川敷に咲く菜の花との競演

↑黄昏色に染まる並木も美しい

DATA & ACCESS

☎0794-63-1000(小野市まちづくり課) ㊟兵庫県小野市古川町～住永町 ㊟駐車場は8:00～18:00(ライトアップ期間中は～21:00) ㊟見学自由 ㊟JR粟生駅から徒歩15分 ㊟あり(臨時駐車場300台)

見頃
3月下旬～4月上旬
穏やかな水面に桜景色が反射する美しき「逆さ桜」

見頃
2月下旬〜3月上旬
河津川沿い約4km
に咲く850本の河
津桜並木道は必見

ひと足早い春の訪れ
紫紅色の早咲き桜

河津桜並木
かわづざくらなみき

静岡県河津町
MAP P.359

⬆昼とは異なる妖艶な夜桜

大輪の花びらが華麗な河津
桜。河津町は全国に広がる
河津桜の発祥地でもある

河津桜は昭和30年(1955)に河津町で発見された早咲きの桜。花が大きく、紫紅の花弁が特徴で2月上旬から開花し、1カ月間かけて満開の時を迎える。見頃になると「河津桜まつり」も開催され、イベントや屋台の出店、夜桜のライトアップなど賑やかな花見が楽しめる。

☐ D A T A & A C C E S S

📞0558-32-0290(河津町観光協会) 🏠静岡県賀茂郡河津町河津川河畔 🕐休料見学自由 🚃伊豆急・河津駅から徒歩3分 🅿あり

➡濃色の桜と黄色の菜
の花、青空が重なり春
の喜びに満ちた景色

桜と五重塔越しの富士山
日本の象徴たる美しき風景

新倉山浅間公園
あらくらやませんげんこうえん

山梨県富士吉田市
MAP P.359

　富士山の北側の麓、新倉山中腹に広がる新倉山浅間公園。およそ650本の桜の木が植えられた園内には「忠霊塔」と呼ばれる五重塔があり、五重塔と満開の桜越しに雄大な富士山を望むその景色は「NIPPON」の象徴として海外でも知られ、国内外から多くの観光客が訪れている。

☐ D A T A ＆ A C C E S S

☎0555-21-1000(ふじよしだ観光振興サービス) 鄧山梨県富士吉田市浅間2-4-1 闓休料見学自由 ◎富士急行線・下吉田駅から徒歩14分 Ｐあり

見頃 4月初旬〜中旬
日本の美を集約した絶好のフォトジェニックスポット

➡朱塗りの五重塔と桜色のコントラスト。鳥居の間から見える富士山も絶景

明治時代から人々に愛される
浪速の春を彩る風物詩

造幣局 桜の通り抜け
ぞうへいきょく さくらのとおりぬけ

大阪府大阪市
MAP P.360

　江戸時代、旧藤堂藩蔵屋敷内で育成されていた里桜を受け継いだと言われている造幣局。およそ140種、340本が咲く構内を1週間限定で一般公開するのが「桜の通り抜け」だ。明治16年(1883)から続く春の風物詩として知られ、ヤエザクラを中心に珍しい桜がいたるところで優美な花を咲かせる。

☐ D A T A ＆ A C C E S S

☎050-3615-6332(サポートダイヤル) 鄧大阪府大阪市北区天満1-1-79 闓2023年度はインターネットによる事前申込制(先着順)での開催を予定 休期間中無休 料無料 ◎大阪メトロ谷町線・天満橋駅から徒歩15分 Ｐなし

見頃 4月上旬〜中旬
大川沿いに面しており、川越しに見る桜並木も美しい

➡歴史を感じさせるレトロなたたずまいの建物と桜の共演も見どころの一つ

17

廃線跡地に花開くしだれ桜の
並木とSLのコントラスト

日中線しだれ桜並木
にっちゅうせんしだれざくらなみき

福島県喜多方市
MAP P.357

　廃線となった旧国鉄日中線跡地を昭和59年(1984)に遊歩道として整備。入口から全長約3kmにわたり約1000本のしだれ桜が並び、ほかにはない壮大なスケールのしだれ桜並木が続く。遊歩道の中間付近には、かつてこの地を走っていたSL(蒸気機関車)も展示されており、桜とのコラボレーションも楽しめる。桜の木が道を覆うトンネルのような区間もあり、シャワーのように降り注ぐ桜の美しさは圧巻。

DATA & ACCESS

☎0241-24-5200((一社)喜多方観光物産協会) 所福島県喜多方市押切東2 開休料見学自由 交JR喜多方駅から徒歩5分 Pあり(さくらまつり期間中のみ1500台)

見頃
4月中旬〜下旬
視界が桜色一色に！
思わず感嘆のため息
がもれるほど

かつて日中線を走っていた機関車C11と桜がコラボ。大人気の撮影スポットに

一般的な桜に比べてやや濃い色合い。特徴的な香りや形の違いも楽しめる

明治の志息づく希望の水路を
はんなり彩る淡色の桜花

琵琶湖疏水
びわこそすい

京都府京都市・滋賀県大津市
MAP P.361

　琵琶湖の水を京都へ送る「希望の水路」として明治時代に造営された琵琶湖疏水。大津から京都まで続くこの水路には各所に桜が植えられ、長い桜並木が続く京都市の「山科疏水」、運河の両岸を桜が彩る大津市の「琵琶湖第1疏水」はそれぞれ桜の名所として愛されている。

DATA & ACCESS

【山科疏水】☎075-643-5405(京都市建設局 南部みどり管理事務所)⑰京都府京都市山科区四ノ宮新開畑ほか⑯⑯⑲見学自由⊗JR大津駅から徒歩20分❷あり(さくらまつり期間中のみ1500台)
【琵琶湖疏水(第1疏水)】☎077-522-3830(大津駅観光案内所)⑰滋賀県大津市三井寺町7⑯⑯⑲見学自由⊗京阪電鉄石山坂本線・三井寺駅から徒歩5分❷なし

見頃 4月上旬〜中旬 東山自然緑地として整備され660本の桜が咲く山科疏水

➡運河両岸を100本の桜が彩る大津市の琵琶湖第1疏水。水面に桜の淡色が映える

濃紅色の桜に染まる山肌
徳島県内最大、圧巻の桜景色

八百萬神之御殿
やおよろずのかみのごてん

徳島県美馬市
MAP P.363

　標高約400mの山腹に立つ八百萬神之御殿。境内にはソメイヨシノをはじめ約8000本の桜が植えられ、急峻な山の斜面は一斉に咲く満開の桜で埋め尽くされる。入念な手入れにより花の色が濃く量が多いことも相まって圧巻のスケール。遊歩道は全方向が桜で包まれ、夢のような美しさ。

DATA & ACCESS

☎0883-53-1155⑰徳島県美馬市脇町東赤谷名1701-2⑯8:00〜19:00⑯無休⑲拝観料1000円(小学生以上)⊗JR穴吹駅から車で15分❷あり

見頃 3月下旬〜4月上旬 遠くから見ても近くから見ても魅力あふれる春の絶景

➡年間を通じ丁寧な手入れがされているため花量も多く美しさが際立つ

青空に天守が威風堂々とそびえ立つ。
世界遺産、国宝、重要文化財。
歴史とともに残され守られてきた城は
凛としたたたずまいで春を待ちわびる。

東北唯一の現存天守と
幾重にも咲き競う絢爛な桜

弘前城
ひろさきじょう

青森県弘前市
MAP P.357

　日本三大桜の名所として知られる弘前公園の桜。ソメイヨシノを中心にしだれ桜や八重桜など52種2600本以上が咲く。日本一の桜と称されるのは、一つの花芽から幾重にも重なるふくよかな花付きと絢爛な美しさにあり。リンゴの剪定技術をもとに生まれた特有の剪定法によるもので、トンネルのように頭上を覆う西濠の桜や、日本最古級のソメイヨシノといわれる推定樹齢140年の桜樹など見どころも多い。

□ DATA & ACCESS

☎0172-33-8739(弘前市役所 公園緑地課) 所青森県弘前市下白銀町 時有料区域9:00〜17:00(さくらまつり期間中は7:00〜21:00) 休無料区域は無休、有料区域は4月1日〜11月23日営業 料320円 交JR弘前駅から徒歩25分 Pなし(近隣の有料駐車場利用)

曳家前の天守。現在は本丸内部へ移動しているが工事終了後この場所へ戻される

↑さくらまつり期間中、弘前公園西濠では貸しボートも。水上から見上げる桜も美しい

城と桜 ● 弘前城

見頃
4月下旬
400年前の姿を留め
る名城をあでやかに
彩る力強き桜

↑SNSで話題となっている桜のハート。詳細は非公開。現地で探索を

朱塗りが美しい春
陽橋からは西濠に
沿う桜並木を見渡
すことができる

➜ライトアップされた
桜の幻想的な風景が忘
れられない時を刻む

21

苦境から立ち上がる不屈の
名城を包み込む淡い春の色

熊本城
くまもとじょう

熊本県熊本市
MAP P.362

　加藤清正が築城した日本三名城のひとつ熊本城。平成28年（2016）、熊本地震により被災し、現在も復旧工事のため一部入場箇所に規制はあるものの、2021年6月に復旧が完了した天守閣をはじめ、武者返しで有名な石垣や二の丸広場、行幸坂、長塀沿いを約700本の桜が優美に彩り、訪れる花見客の目を楽しませている。期間中はライトアップも行われ、夜桜に包まれた熊本城がいっそうの存在感を放つ。

□ D A T A ＆ A C C E S S

☎096-223-5011（熊本城運営センター）🏠熊本県熊本市中央区本丸1-1 🕘9:00~17:00（最終入園16:30）🈺無休 💰800円（30人以上の団体は640円）🚃JR熊本駅から熊本城周遊バスで30分 🅿あり

❶ソメイヨシノ、ヤマザクラ、地域特有種のチハラザクラなど約20種が咲く

❶桜の名所・行幸坂のライトアップも見逃せない

見頃
3月下旬~4月上旬
種類の異なる桜が次々と開花し、春の訪れを告げる

堅牢な要塞の象徴である石垣・武者返しと華やかな桜のコントラストが秀逸

22

「春まつり」期間中の3月下旬～4月上旬には「桜まつり」も開催される

↑2021年に特別展示された金鯱

↑光輝く城影がお堀の水面に映る

金の鯱をいただく荘厳な城を
薄紅の桜が華やかに装う

名古屋城

なごやじょう

愛知県名古屋市
MAP P.358

　徳川家康が天下統一の最後の布石として建設した名古屋城。春には城内におよそ1000本の桜が豪華な花を咲かせる。3月下旬のしだれ桜の開花を皮切りに、4月上旬には城内一円で見られるソメイヨシノが花開き、4月中旬頃には珍しい緑色の花をつけるギョイコウが見頃を迎える。毎年3月中旬～5月上旬開催の「名古屋城春まつり」期間中は桜のライトアップや茶席、隅櫓の特別公開もある。

□ DATA & ACCESS

☎052-231-1700（名古屋市観光文化交流局名古屋城総合事務所）⊕愛知県名古屋市中区本丸1-1 ⊕9:00～16:30 ⊛12月29日～1月1日 ⊕500円 ⊕名古屋市営地下鉄名城線・名古屋城駅から徒歩5分 ⓟあり

[地図]
名城公園
北区
お堀
御深井丸
西区
名古屋城
本丸
本丸御殿
二之丸
西の丸御蔵城宝館
東南隅櫓
地下鉄名城線
東門
正門
西之丸
ドルフィンズアリーナ
名古屋医療センター
能楽堂
中区
名古屋市役所
名古屋城駅
0 200m

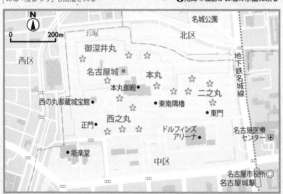

見頃
3月下旬～4月下旬
天守閣の頂で輝く
金の鯱と桜の共演
は唯一無二の風景

23

勇壮な漆黒の城に映える
麗かな300本の桜

松本城
まつもとじょう

長野県松本市
MAP P.358

　日本に5つある国宝天守のひとつで、現存する五重六階木造天守のなかでは最古の松本城。春には松本城公園やお堀に約300本の桜が花開き、例年、天守と本丸庭園の桜を光で照らす「夜桜会」と外堀沿いの桜並木をライトアップする「国宝松本城 桜並木光の回廊」が開かれ幽玄の美を醸す。

☐ D A T A ＆ A C C E S S

☎0263-32-2902(松本城管理課) 🏠長野県松本市丸の内4-1 🕐8:30〜17:00最終入場〜16:30(GW、夏期間は8:00〜18:00最終入場〜17:30) 🈚無休 🈷700円 🚉JR松本駅から徒歩20分 🅿あり

（地図）
松本神社
N
0　　100m
駒つなぎの桜
梅林
内堀
松本城
松本城公園
太鼓門
松本市役所◎
北松本駅
松本市立博物館
日本銀行
(松本支店)
丸の内美術館
松本駅

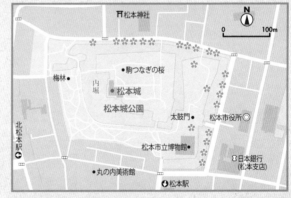

⤴平成11年(1999)に復元された太鼓門とお堀の桜

光輝く天守とライトアップされた桜の花の調和に目を奪われる

唐津の青い海をバックに
風光明媚な景色と桜を堪能

唐津城
からつじょう

佐賀県唐津市
MAP P.362

日本でも珍しい海に面した陸続きの島
(満島山)に築かれた唐津城。春にはソメ
イヨシノ、ヤマザクラなど220本もの桜
が周囲を包み込むように咲き、別名「舞
鶴城」とも呼ばれる城の風光明媚な姿を
引き立てる。天守閣からは、国特別名勝・
虹の松原や唐津湾が一望できる。

見頃
3月下旬
桜の淡いピンク色
に、白漆喰の秀麗
な美しさが際立つ

➡島に築かれた城からは
唐津湾周辺を一望でき撮
影スポットとしても人気

☐ **D A T A ＆ A C C E S S**

📞0955-72-5697 ㊟佐賀県唐津市東城内8-1 ㊟
9:00~17:00(最終入館~16:40)季節による変動あり
㊡無休 ㊠500円 ㊟JR唐津駅から徒歩20分 ㊅あり

1100本の桜と春天の青
白亜の城が魅せる圧巻の美

彦根城
ひこねじょう

滋賀県彦根市
MAP P.361

重文の附櫓・多聞櫓、下屋敷の庭園であっ
た玄宮園、内堀・中堀などに当時の姿を留め
る彦根城。天守は国宝指定五城のうちの一
つ。桜の名所としても知られ、ソメイヨシノ
を中心に約1100本余の桜は想像を上回る。
城を取り巻く二重の堀の水面や櫓の白壁に
映え、春天のもと優雅で美しい姿を見せる。

見頃
3月下旬~4月中旬
日本屈指の名城に
春の到来を告げる
華麗な桜の波

➡ソメイヨシノをはじめ
とする桜が、城を包み込
むように一斉に咲く

☐ **D A T A ＆ A C C E S S**

📞0749-22-2742(彦根城運営管理センター) ㊟滋
賀県彦根市金亀町1-1 ㊟8:30~17:00 ㊡無休 ㊠
800円、小中学生200円 ㊟JR彦根駅から徒歩15分
㊅あり

難攻不落の堅城を彩る
あでやかなソメイヨシノの花

小田原城
おだわらじょう

神奈川県小田原市
MAP P.359

　城のシンボルである天守閣やお堀を背景に約300本のソメイヨシノが咲き競う桜の名所。毎年3月下旬から4月上旬には小田原城址公園を中心に市内各所で「小田原桜まつり」も開催され、本丸広場では桜のライトアップも。お堀周辺にぼんぼりも点灯し幻想的な雰囲気が味わえる。

見頃
3月下旬～4月上旬
無敵の城を包み込むように咲く桜。これぞ日本の美景

◆光に染まる夜桜。LEDライトを使い、時間によって色彩の変化も楽しめる

DATA & ACCESS

☎0465-22-3818(小田原市観光協会) ⓪神奈川県小田原市城内 ⓣ9:00～17:00 ⓗ12月第2水曜(天守閣) ⓨ510円(天守閣) ⓧJR小田原駅から徒歩10分 ⓟなし

桜に囲まれ浮かび上がる
近世城郭を代表する国宝の城

松江城
まつえじょう

島根県松江市
MAP P.363

　松江城を望む松江城山公園は「日本さくら名所100選」にも選ばれた名所。ソメイヨシノをはじめ、山桜、シダレザクラなど約180本の桜が咲く。江戸初期から400年以上残る天守は近世城郭最盛期を代表する国宝で、ほんのり紅色を纏った白い桜の向こうに浮かび上がる姿には気品が漂う。

見頃
3月下旬～4月上旬
千鳥破風と呼ばれる屋根と黒の城壁に桜が映える

◆開花に合わせ「お城まつり」も開催。夜桜を楽しみに遠方から訪れる人も

DATA & ACCESS

☎0852-21-4030 (松江城山公園管理事務所) ⓪島根県松江市殿町1-5 ⓣ公園内は自由、本丸は7:00～19:30(10月1日～3月31日は8:30～17:00) ⓗ無休 ⓨ見学自由(天守入場料は680円、小中学生290円) ⓧJR松江駅から車で10分 ⓟなし

英傑ゆかりの名城に色を添える
力強く気高き3000本の桜

大阪城
おおさかじょう

大阪府大阪市
MAP P.360

さまざまな歴史の舞台となり、大阪のシンボルでもある大阪城。歴史的建築物が点在する広大な敷地内を約3000本の桜が埋め尽くし爛漫の装いに。なかでも堀の向こうに天守閣を仰ぐ「西の丸庭園」は300本の桜が咲く花見の名所。開花期間中は観桜ナイターも開催され花見客で賑わう。

DATA & ACCESS

📞06-6755-4146（大阪城パークセンター）📍大阪府大阪市中央区大阪城 🕐料見学自由（西の丸庭園は9:00～17:00（最終入園閉園30分前）、200円、中学生以下無料。観桜ナイター期間中は～21:00、大人350円）🚃JR大阪城公園駅から徒歩すぐ（天守閣までは20分）🅿あり

見頃
3月下旬～4月上旬
黄金の鯱鉾が輝く巨大な天守閣と桜の共演は圧巻

➡西の丸庭園の観桜ナイター。大阪城と夜桜が織りなす幽玄の世界へ

桜雲に浮かぶ赤瓦の名城
日本随一の麗しき風景

鶴ヶ城
つるがじょう

福島県会津若松市
MAP P.357

白虎隊や戊辰戦争の舞台となった鶴ヶ城は日本で唯一の赤瓦を纏った名城。平成23年（2011）に葺き替えられ、幕末当時の姿が再現された。城を囲む約1000本の桜は明治41年（1908）に植樹したもので、咲きこぼれる桜の薄紅色に包まれ、赤い瓦が一層映える。

DATA & ACCESS

📞0242-27-4005（会津若松観光ビューロー）📍福島県会津若松市追手町1-1 🕐8:30～17:00（最終入場は～16:30）🈳無休 💴天守閣・茶室「麟閣」共通券520円・小人150円 🚃JR会津若松駅からバスで20分、鶴ヶ城入口下車、徒歩5分 🅿あり

見頃
4月中旬～下旬
白虎隊士も見た幕末当時の春の景色に思いを馳せる

➡東日本最大級の規模で史跡全体をきらびやかに照らすライトアップは必見

1200年の古都・京都には桜の名所があふれている。
桂川に架かる橋、疏水沿いの道、鴨川のほとり、
神社仏閣そして公園。歌人が詠まずにはいられな
かった情景を、この春も見ることができる。

見頃
3月中旬〜4月下旬
春の桜をはじめ四
季の美しさが感じ
られる嵐山

花越しに望む渡月橋
貴人も愛した美しき桜模様

嵐山（渡月橋）
あらしやま（とげつきょう）

京都府京都市右京区
MAP P.360

　古くから桜の名所として平安貴族にも
愛されてきた景勝地。ゆるやかに流れる
桂川に、亀山上皇が月が橋を渡るように
動く姿から「くまなき月の渡るに似る」と
述べ名付けた渡月橋が架かる。薄紅色に
染まる山をバックにした壮大な桜景色は
「日本さくら名所100選」に選定。

□ D A T A ＆ A C C E S S

☎075-861-0012(嵐山保勝会) 所京都府京都市右
京区嵯峨嵐山 料休料見学自由 交JR嵯峨嵐山駅か
ら徒歩15分／阪急・嵐山駅から徒歩10分 Pなし

⬅川面に勢い良くせ
り出した枝が嵐山を
より風雅な光景に

清水の舞台から広がる薄紅色
堂塔の建築美と桜の融合

清水寺
きよみずでら

京都府京都市東山区
MAP P.360

約1200年の歴史を誇る清水寺。国宝の本堂は「清水の舞台から飛び降りる」の語源となった崖からせり出した舞台があり広がる景色の美しさに目を見張る。春はソメイヨシノとヤマザクラが古刹を取り囲むように咲き誇り、見頃に合わせ桜をライトアップする夜の特別拝観を開催。

☐ D A T A ＆ A C C E S S

📞075-551-1234 ⑰京都府京都市東山区清水1-294 🕐6:00〜18:00（季節により変動あり）⑭無休 💴400円、小中学生200円 🚉JR京都駅からバスで10分、五条坂下車、徒歩10分 🅿なし

見頃
3月下旬〜4月上旬
清水寺のシンボル
日本最大級の重文
三重塔と桜

➡清水寺夜の特別拝観は「観音様の慈悲」を表す青い一筋の光が輝く

写真提供：清水寺

歴史を紡ぐ岡崎の風景と
薄紅色の桜を水上から愛でる

岡崎疏水
おかざきそすい

京都府京都市左京区
MAP P.361

琵琶湖の水を京都へ送るために造られた琵琶湖疏水の分流で、南禅寺橋から夷川ダムに至る約1.5kmを流れる疏水。春になると桜が水面にせり出すように両岸を縁取り、岡崎の歴史を重ねた建物とともに楽しめる。また桜の開花時期限定で水上から風景を愛でることができる岡崎疏水十石舟が運航。

☐ D A T A ＆ A C C E S S

📞075-672-7709（京都市上下水道局）⑰京都府京都市左京区南禅寺草川町 🕐⑭💴見学自由 🚉京都市営地下鉄東西線・蹴上駅から徒歩7分 🅿なし

見頃
3月下旬〜4月上旬
レトロな雰囲気を
醸す岡崎の風景を
彩る桜並木

➡岡崎桜回廊ライトアップの期間中は夜間も十石舟遊覧が行われる

御所風建築を彩る御室桜
目線の高さで華麗に咲き競う

仁和寺
にんなじ

京都府京都市右京区
MAP P.360

仁和4年(888)に創建。明治期まで皇族が住職を務めた、別名「御室御所」と呼ばれる世界遺産に登録された格式高い寺院。境内には重要文化財の五重塔、中門や二王門など江戸時代に建立された建造物が並び、遅咲きの桜・御室桜が建物と同様、当時と同じ姿を今に伝えている。

↑中門を抜けた西側に咲く遅咲きで樹高の低い御室桜は国の名勝

↑仁王門から左手に入った御殿内にある北庭からの五重塔

□ DATA & ACCESS

📞075-461-1155 🏠京都府京都市右京区御室大内33 🕘9:00~17:00(12~2月は~16:30) 🈳無休 🈸御所庭園は800円、御室花まつり特別入山料500円、高校生以下無料 🚃嵐電北野線・御室仁和寺駅から徒歩3分 🅿️あり

見頃
4月上旬~中旬
御室桜越しに眺める五重塔はまさに絶景

京都市内一遅咲きの御室桜は樹高が低く、眼前で花が咲き、甘い香りが漂う

疏水のせせらぎに沿って歩む うららかな春の散歩道

哲学の道
てつがくのみち

京都府京都市左京区
MAP P.360

　琵琶湖の水を運ぶ疏水の分線に沿うように続く「哲学の道」は、熊野若王子神社と銀閣寺をつなぐ南北約2kmの小径。日本を代表する哲学者・西田幾多郎がこの道を思索にふけり歩いたことが由来。ユキヤナギやレンギョウも同時期に開花し桜のトンネルとのコラボも見どころのひとつ。

見頃
3月下旬〜4月上旬
趣ある石畳を歩きながら情緒あふれる桜を愛でる

➡散った花びらが疏水を覆う花筏を見ながら小径を歩く

□ D A T A & A C C E S S

☎075-761-1944(哲学の道保勝会) 所京都府京都市左京区 休料見学自由 交JR京都駅からバスで40分、銀閣寺道下車、徒歩すぐ Pなし

珍種の桜が集う格式高い名社 豪華絢爛、京の桜リレー

平野神社
ひらのじんじゃ

京都府京都市北区
MAP P.360

　延暦13年(794)の平安京遷都に伴い奈良の平城京から遷座したのが始まりとされる平野神社。本殿は平野造と呼ばれる独特の造りで重要文化財に指定。桜の名所としても有名で、植えられた桜は60種類400本。平野神社発祥の早咲き桜・魁桜の開花から京都の花見が始まるとされる。

見頃
3月中旬〜4月下旬
約1カ月にわたり桜のリレーが繰り広げられる

➡桜の開花期間には特別夜間照明、桜のライトアップが行われる

□ D A T A & A C C E S S

☎075-461-4450 所京都府京都市北区平野宮本町1 開6:00〜17:00(桜のシーズンは〜21:00) 休無休 料無料(桜苑入場料500円) 交京福電鉄北野線・北野白梅駅から徒歩7分／JR京都駅からバスで26分、衣笠校前下車、徒歩3分 Pあり

世界最長を誇る傾斜鉄道跡
降り注ぐ桜のアーチを歩く

蹴上インクライン
けあげインクライン

京都府京都市左京区
MAP P.360

　蹴上インクラインは全長582mで建設当時は世界最長の傾斜鉄道跡。琵琶湖疏水の高低差約36mの急斜面でも船が運航できるように敷設されたものだ。昭和23年(1948)に役目を終え、現在はその廃線跡を公園として整備。春には約90本のソメイヨシノが辺りを埋め尽くすように線路に沿って美しいアーチを作る。

見頃
3月下旬～4月上旬
郷愁を誘う廃線跡と華やかに咲く桜の共演が素敵

➡蹴上駅の先にある歩行者用トンネルの上が蹴上インクライン

☐ D A T A ＆ A C C E S S
📞075-672-7709(京都市上下水道局) 🏠京都府京都市左京区南禅寺福地町ほか ⏰休料見学自由 🚃京都市営地下鉄東西線・蹴上駅から徒歩3分 🅿なし

風情ある鴨川沿いの散策路
桜に満たされる花の回廊

鴨川沿い
かもがわぞい

京都府京都市東山区
MAP P.361

　古くから京都のシンボルとして名高く、京都市内の南北を流れる約23kmの河川・鴨川。三条大橋から五条大橋まではしだれ桜やソメイヨシノなどの桜並木が続き、満開の桜が河岸を美しく染め上げる。特に三条大橋から四条大橋周辺の花の回廊は毎年多くの花見客で賑わう。

見頃
3月下旬～4月上旬
閑静な鴨川に桜の淡いピンクが映える春の情景

➡三条通から七条通は河川改修に併せて花の回廊として整備された

☐ D A T A ＆ A C C E S S
📞075-414-5284(京都府建設交通部河川課) 🏠京都府京都市東山区 ⏰休料見学自由 🚃京阪・三条駅／祇園四条駅から徒歩すぐ 🅿なし

世界遺産の古刹に華やかな
秀吉が愛でた醍醐の桜

醍醐寺
だいごじ

京都府京都市伏見区
MAP P.361

　貞観16年(874)創建の世界遺産「醍醐寺」は、醍醐山一帯を境内とする真言宗醍醐派の総本山で、「花の醍醐」と呼ばれる桜の名所。豊臣秀吉が晩年に贅を尽くした「醍醐の花見」を行ったことでも知られる。春にはしだれ桜、ソメイヨシノ、ヤマザクラなど約700本の桜が古刹を彩る。

☐ D A T A ＆ A C C E S S

📞075-571-0002 🏠京都府京都市伏見区醍醐東大路町22 🕐9:00～17:00(冬期は～16:30)受付終了は閉門30分前 🈲無休 🎫拝観券 通常期1000円(三宝院庭園・伽藍)、春期(3月20日～5月GW最終日)1500円(三宝院庭園・伽藍・霊宝館庭園) 🚉京都市営地下鉄東西線・醍醐駅から徒歩10分 🅿あり

見頃
3月下旬～4月上旬
霊宝館庭園には、樹齢180年など壮麗なしだれ桜が咲く

➡霊宝館前の石畳の参道は桜のトンネルと芝のコントラストが美しい

京都市内最古の公園の桜
昼は華麗に夜は妖艶に魅せる

円山公園
まるやまこうえん

京都府京都市東山区
MAP P.360

　明治19年(1886)開園の公園はソメイヨシノ、ヤマザクラをはじめ約680本の桜が咲く京都屈指の花見スポット。なかでもひときわ目を引くのが公園のシンボル、通称「祇園の夜桜」と呼ばれる祇園しだれ桜。左右に大きく枝を広げる美しい姿は、夜のライトアップでさらに妖艶に。

☐ D A T A ＆ A C C E S S

📞075-561-1350(公益財団法人 京都市都市緑化協会) 🏠京都府京都市東山区円山町 🕐休見学自由 🚉JR京都駅からバスで20分、祇園下車、徒歩3分／京阪本線・祇園四条駅から徒歩10分 🅿あり

見頃
3月下旬～4月上旬
祇園しだれ桜は左右に長く伸ばした枝を薄紅色の花が彩る

➡夜空を背景に浮かび上がる「祇園の夜桜」。周囲にはかがり火の演出も

人々の営みを100年、1000年、
2000年と見守ってきた桜。
背を丸め、腰を曲げてもなお今に
そのプライドを見せている。
日本各地の名木を訪ね、春うらら。

日本三大桜は樹齢2000年
宇宙も旅した国の天然記念物

山高神代桜
やまたかじんだいさくら

山梨県北杜市
MAP P.359

　北杜市にある日蓮宗の古刹、實相寺。
境内には推定樹齢2000年ともいわれる野
生のエドヒガンがある。国天然記念物に
大正11年(1922)、第1号として指定され、
日本三大桜のひとつでもある。平成20年
(2008)、地元小学校の児童により採取さ
れた118粒の種子が、国際宇宙ステーショ
ン「きぼう」で約8カ月間無重力体験をし
地球に帰還。種子は2粒が発芽、1本が「山
高神代桜 宇宙桜」として開花。

☐ D A T A ＆ A C C E S S

📞0551-26-2740(實相寺) 🏯山梨県北杜市武川町
山高2763 📖休料見学自由 🚃中央自動車道・須玉IC
から約9km Ｐあり

見頃
3月下旬〜4月上旬
樹高10.3m、根元・
幹周りは11.8mの
巨木

⬆山高神代桜は、三春滝桜(福島県)、根尾谷薄墨桜(岐阜県)と並ぶ日本三大桜のひとつ。
宇宙桜(左)には稀に6枚、7枚の花弁のものもあるという。境内からの甲斐駒ヶ岳の眺望(右)

爛漫の桜景色

桜の名木●山高神代桜

甲斐駒ヶ岳を背景に日本
三大桜の子桜やソメイヨ
シノ、ラッパ水仙が咲く

見頃
4月中旬〜下旬
棚田の水面に映る逆桜。写真愛好家に人気のスポット

国の名勝にも指定された
風情ある古木のヤマザクラ

三多気のサクラ
みたけのサクラ

三重県津市
MAP P.361

　昭和17年(1942)、桜の樹種ならびに古木の多さが日本唯一と認められ文部大臣指定名勝地に指定された桜の名所。平安時代の昌泰年間(898〜901)に植樹されたと伝わるヤマザクラに、茅葺き屋根や棚田が風情を添える。高低差が大きく、比較的長い期間、花見を楽しめるのも魅力。

☐ D A T A ＆ A C C E S S

📞059-272-8080(津市美杉総合支所地域振興課) 🏠三重県津市美杉町三多気 🕐休料見学自由 🚉JR伊勢奥津駅からバスで10分、杉平下車、徒歩5分 Ｐあり

↑桜を引き立てる茅葺き屋根の民家

↑国道から真福院の山門を結ぶ1.5kmの参道には約500本のヤマザクラの桜並木が続く

↑日本さくら名所100選に選定

↑歴史を感じさせる古木が多い

日本で最も美しい村に咲く
2種の一本桜と華やかな桜山

番所の桜 立屋の桜
ばんしょのさくら たてやのさくら

長野県小川村
MAP P.358

　樹齢350余年のエドヒガンザクラ「立屋の桜」。墓の守り桜として、鎮魂と真夏の暑さを避けるために植栽されたもの。近くにあるもうひとつの名木「番所の桜」は立屋の桜の台木に接木して育てられたベニシダレザクラ。周囲一帯の桜も含め、華やかな桜の名所として知られる。

□ DATA & ACCESS
☎026-269-2323(小川村観光協会) 所長野県上水内部小川村小根山8085 開休料見学自由 交JR神城駅から車で30分 Pあり

見頃
4月中旬〜下旬
やや濃い目の色でたたずまいも愛らしい番所の桜

見頃
4月中旬〜下旬
老木ながら生命力に満ちたその姿は美しい立屋の桜

散り際まで儚い余韻を残す
日本三大桜のひとつ

根尾谷淡墨ザクラ
ねおだにうすずみザクラ

岐阜県本巣市
MAP P.358

　継体天皇お手植えの桜とされ樹齢1500年を超える桜の名木。淡墨桜の名称はピンクに色づいたつぼみが満開の時はつややかな白い花を咲かせ、散り際には特有の淡い墨色を帯びることから名付けられたといわれる。サクラ類では全国でも5本の指に入る巨木で国指定天然記念物。

□ DATA & ACCESS
☎0581-34-3988(本巣市観光協会) 所岐阜県本巣市根尾板所上段995 開休料見学自由 交樽見鉄道・樽見駅から徒歩15分 Pあり

見頃
3月下旬〜4月上旬
時代を経て今もなお美しく咲き続ける風格あふれる桜

➡太い幹や枝に力強いエネルギーがあふれているのが感じられる

残雪の富士山を背景に堂々と
枝を広げる風格漂う一本桜

わに塚のサクラ

わにづかのサクラ

山梨県韮崎市
MAP P.359

　日本武尊の王子・武田王の墓であるという説や、その形が「わに口」(仏具の一種)に似ているからなど諸説ある盛り上がった塚の上に立つ一本桜。樹齢約330年のエドヒガンで、残雪の富士山や八ヶ岳を背景に堂々と枝を広げる凛とした美しさに魅了される。

DATA & ACCESS

📞0551-22-1991((一社)韮崎市観光協会) 所山梨県韮崎市神山町北宮地624 開休料見学自由 交中央自動車道・韮崎ICから約6km Pあり

見頃
3月下旬～4月上旬
ポスターや映像でも使用されるフォトジェニックな名所

→夕焼けに輝く姿や夜のライトアップなど変わりゆく桜の表情も必見

威風堂々と咲き誇る
高さ14mの巨大な鎮魂の桜

一心行の大桜

いっしんぎょうのおおざくら

熊本県南阿蘇村
MAP P.362

　樹齢400余年、樹高14m、幹周り7.35m、枝張り21.3mを誇る古木。この地の武将だった峯伯耆守惟冬の菩提樹とされ、戦いに散った御霊を弔うため残された家族や家臣が一心に念じて、行をおさめたことから「一心行」の名がついたという。阿蘇五岳を見渡す一心行公園内にあり、地域の宝として大切に保護されている。

DATA & ACCESS

📞0967-67-1112(南阿蘇村産業観光課) 所熊本県阿蘇部南阿蘇村中松 一心行公園内 開8:00～18:00 休無休 料300円、小中学生100円 交南阿蘇鉄道・中松駅から徒歩15分 Pあり

見頃
3月下旬～4月上旬
九州を代表する一本桜。菜の花との共演も醍醐味

→周囲を囲むように遊歩道が整備されており様々な角度の花姿が楽しめる

ピンクのつぼみから大輪の白花
ここにしかない神秘の桜

金剛桜
こんごうざくら

栃木県日光市
MAP P.359

日光山輪王寺三仏堂の前で枝を広げる
推定樹齢500年の桜。ピンクのつぼみから
大輪の白い花が咲くヤマザクラの突然変異
種で、昭和11年(1936)国の天然記念物にも
指定された。幹周り約5.7m、風格のある
幹から複数の枝を伸ばした樹形と香りが良
く、古木とは思えない花付きも見どころ。

DATA & ACCESS

📞0288-54-0531(日光山輪王寺) 所栃木県日光市
山内2300 時8:00~17:00(11~3月は~16:00) 最終
入場は~閉門30分前 休無休 料無料 交JR日光駅か
らバスで10分、勝道上人像前下車すぐ ₽あり

見頃
4月中旬~下旬
徳川家光公に建て
替えられた三仏堂
を守るように咲く

↑古木とは感じられ
ない樹勢に驚く

↑大猷院仁王門で睨みをき
かす仁王像

大猷院は徳川家光公の廟所
(墓所)。金と黒の落ち着いた
色と315基の灯籠も見どころ

見頃
4月下旬〜5月上旬
開花期には残雪の
岩手山とのコント
ラストが楽しめる

残雪の岩手山を背景に
緑の大地に凛と立つ一本桜

小岩井農場の
一本桜
こいわいのうじょうの
いっぽんざくら

岩手県雫石町
MAP P.357

明治40年代に植えられたといわれるエドヒガンで、この地が放牧地だった頃に夏の日差しから牛を守る「日陰樹」として利用された。県道沿いから自由に見学可能。レストランや体験アトラクションもある「小岩井農場まきば園」(徒歩40分・有料)にもぜひ立ち寄りたい。

□ **D A T A ＆ A C C E S S**

📞019-692-4321(小岩井農場まきば園) 所岩手県岩手郡雫石町丸谷地 時休料見学自由 交東北自動車道・盛岡ICから約12km Ｐあり

⬆まきば園内にある「ひつじの放牧地」。のどかな風景に癒やされる

⬆農場へ続く県道沿いの桜並木

まきば園隣接の上丸牛舎。国指定重要文化財の牛舎やサイロ、資料館も必見

日本三大桜に数えられ
しだれる姿も優麗な千年桜

三春滝桜
みはるたきざくら

福島県三春町
MAP P.357

樹齢1000年以上と推定されるベニシダレザクラ。大正11年(1922)に山高神代桜(山梨県)とともに桜の木・日本第一号の国天然記念物に指定されている。しだれる姿がまるで流れ落ちる滝のように見えることからその名がついたともいわれ、見る角度によって異なる美しさを楽しめるのも魅力。

□ D A T A & A C C E S S

☎0247-62-3690(株式会社三春まちづくり公社 観光部) ⑰福島県田村郡三春町滝桜久保地内 ⑲6:00〜18:00(ライトアップ期間中は〜21:00) ㉕無休 ㉘300円(中学生以下無料) ㉓JR三春駅から車で20分 ℗あり

> 見頃
> **4月上旬〜中旬**
> 四方へ伸びる枝に薄紅色の小さな花を無数に咲かせる

➡夜間ライトアップも開催。光に浮かぶ滝桜は思わず息をのむほど幻想的

老木ながら豊かな花勢を誇る
小山のような桜の風格に感動

吉高の大桜
よしたかのおおざくら

千葉県印西市
MAP P.359

樹齢300年を越えるヤマザクラの巨木。樹高10m、枝は最大で27mまで広がり、満開時にはまるでピンクの小山のよう。花期はソメイヨシノより1週間ほど遅く、満開の状態は2、3日と短いため見逃さぬよう足繁く通う人も多い。開花前後には地元の人たちが桜まつりを開いている。

□ D A T A & A C C E S S

☎00476-45-5300(印西市観光情報館) ⑰千葉県印西市吉高930 ⑲㉕㉘見学自由 ㉓JR佐倉駅からなの花交通バスで教習所前下車、徒歩15分 ℗あり

> 見頃
> **3月下旬〜4月上旬**
> 周囲を彩る菜の花とのコントラストも見応えあり

➡孤高の一本桜は市天然記念物指定。300年の歴史と歩んできた

凛と立つ孤高の一本桜
1000年の時を紡ぐ花姿

醍醐桜
だいござくら

岡山県真庭市
MAP P.363

　岡山県一の巨木として日本名木百選にも選ばれた一本桜。鎌倉時代末期、後醍醐天皇が隠岐配流の際にこの場へ立ち寄り、桜を賞賛したとも伝えられ、その名の由来にもなっている。樹齢は推定1000年。のどかな里山の原風景のなかに、ただ一本だけ立つ圧倒的な存在感に魅了される。

☐ D A T A ＆ A C C E S S

📞0867-52-1111(真庭市落合振興局) 🏠岡山県真庭市別所2277 🕐休料見学自由 🚉JR美作落合駅から車で40分 🅿あり

見頃
3月下旬〜4月上旬
高さは18m、枝の広がりは20mを誇る見事な桜

➡開花期間中は、日没から21時までライトアップが行われ夜桜も楽しめる

樹齢900年を超えてなお美しく
咲く荘厳な姿に見惚れる

明星桜
みょうじょうざくら

佐賀県伊万里市
MAP P.362

　佐賀の天然記念物にも指定された樹齢900年余の名木。夜間、樹の下で火を焚き眺めると花びらに炎が映えて「明星の趣」があることから名付けられたという。根回り5m、樹高13m、枝張りはなんと東西約20m。悠然と枝を広げる姿には時代を超えて生き抜いてきた貫禄が感じられる。

☐ D A T A ＆ A C C E S S

📞0955-20-9031(伊万里市観光戦略課) 🏠佐賀県伊万里市東山代町浦川内5343 🕐休料見学自由 🚉松浦鉄道・東山代駅／里駅から徒歩20分 🅿あり

見頃
3月下旬〜4月初旬
ライトアップで照らされた桜。明星の趣が感じとれる

➡上品な薄紅色に輝き樹形も美しいエドヒガン系の桜

古刹を彩る二対の桜が
滝のように咲きこぼれる

吉田のしだれ桜
よしだのしだれざくら

京都府舞鶴市
MAP P.360

　曹洞宗瑠璃寺境内に咲く名桜。樹齢400年を超える古木と樹齢100年を数える若木が二対となっており、満開時には幾千もの花が競うように咲きこぼれる。二つのしだれ桜が重なり、降り注ぐ滝のように咲く姿は他に類を見ない美しさ。観桜のシーズンにはライトアップも行われる。

DATA & ACCESS

📞0773-75-8600(まいづる観光ステーション) 🏠京都府舞鶴市吉田170 🕐休料見学自由 🚃JR西舞鶴駅から車で15分 🅿あり

見頃
3月下旬〜4月上旬
寺の石垣の上から降り注ぐように咲く豪快な姿が人気

➡樹齢300年以上と伝えられる古木。樹形も美しく堂々たる風格が漂う

樹齢1200年の物語
エドヒガンザクラに宿る

伊佐沢の久保ザクラ
いさざわのくぼザクラ

山形県長井市
MAP P.357

　平安の武将・坂上田村麻呂と、この地の長者の娘お玉との悲恋の伝説が残るエドヒガンザクラの古木。江戸時代には枝の広がりが四反(約4000㎡)にも及んでいたことから「四反桜」とも呼ばれた。古木ゆえ現在は多くの支柱に支えられているが、懸命に咲き誇る姿が心を打つ。

DATA & ACCESS

📞0238-88-5279(長井市観光協会) 🏠山形県長井市上伊佐沢2027 🕐休料見学自由 🚃山形鉄道フラワー長井線・長井駅から車で10分 🅿あり

見頃
4月中旬〜下旬
日本有数のエドヒガンの古木。国指定の天然記念物

➡地域の手厚い保護により、春には薄紅の花を咲かせる

43

日本列島をふんわり桜色に
3月下旬から5月の花リレー

優しさにあふれる春がやって来る。日本じゅうに花の季節がスタートする時期でもある。桜前線のニュースだけで春爛漫な気持ちになれる。ふんわりと日本を桜色に変えていく、南北に長い列島の桜の時期はおよそ1カ月半。舞う花びらが次の地へと桜便りをつないでくれる。

モエレ沼公園
モエレぬまこうえん
北海道札幌市

↩1900本の桜が咲くアートと融合の公園。設計はイサム・ノグチ

札幌 4月下旬頃

弘前城
青森県弘前市　→P.20

青森 4月下旬頃

釧路 5月上旬頃

清水寺
京都府京都市東山区　→P.29

京都 4月初旬頃

仙台 4月上旬頃

宮島
みやじま
広島県廿日市市

↑世界遺産・厳島神社の大鳥居(国重文)は令和の大改修が終了し鮮やかな色が蘇った

長野 4月中旬頃

福島 4月上旬頃

金沢 4月下旬頃

広島 3月下旬頃

三春滝桜
福島県三春町　→P.41

福岡 3月下旬頃

東京 3月下旬頃

千鳥ヶ淵
東京都千代田区　→P.14

高知 3月下旬頃

仙巌園
せんがんえん
鹿児島県鹿児島市

↑桜島を望む大名庭園は薩摩藩島津家別邸。世界文化遺産に登録

大阪 3月下旬頃

名古屋 3月下旬頃

鹿児島 3月下旬頃

造幣局 桜の通り抜け
大阪府大阪市　→P.17

名古屋城
愛知県名古屋市　→P.23

フラワーパーク

一年中楽しめる癒やしの楽園

一年中楽しめる癒やしの楽園

樹齢160年におよぶ大藤
栃木が誇る「花と光の楽園」

あしかがフラワーパーク
あしかがフラワーパーク

栃木県足利市 ◆ 通年

　広大な敷地に四季折々の花が咲く日本
有数のフラワーパーク。なかでも350本
以上ある藤は海外でも夢の絶景として有
名だ。栃木の春の風物詩となった大藤棚
をはじめ、チューリップやバラ、アジサ
イなどいつ訪れても花を楽しめる。「ふじ
のはな物語」の期間は、夜のライトアッ
プが開催される。光に照らされた藤が夜
の水面に映る姿は幻想的。

大藤
園のシンボル大藤
は栃木県指定天然
記念物。花房のシャ
ワーを浴びるよう

☐ D A T A ＆ A C C E S S

📞0284-91-4939 🏠栃木県足利市迫間町607 🕐
10:00〜17:00(時期により変動あり) 📅2月第3水・木
曜、12月31日 💰400〜2100円、子ども200〜1100円
(時期により変動あり) 🚃JRあしかがフラワーパーク
駅から徒歩3分 🅿あり

藤の幻想的な姿が
より引き立つライト
アップは日本夜景遺産
にも指定されている

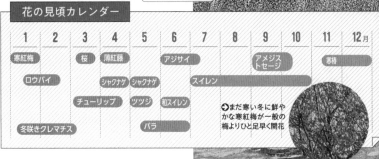

花の見頃カレンダー

	1	2	3	4	5	6	7	8	9	10	11	12月
	寒紅梅		桜	薄紅藤		アジサイ			アメジストセージ		寒椿	
	ロウバイ		シャクナゲ	シャクナゲ		スイレン						
			チューリップ		ツツジ	和スイレン						
					バラ							
	冬咲きクレマチス											

→まだ寒い冬に鮮や
かな寒紅梅が一般の
梅よりひと足早く開花

46

園内を彩る季節ごとの花々

10万㎡の園内では、一年を通して四季折々の花が8つのテーマで楽しめる。豪華な花の演出が多いのも特徴で感動の声がいたるところから聞こえてくる。

春

白藤のトンネル
80mの長さを誇る白藤のトンネル。甘い香りに包まれ花のシャワーを浴びているよう

きばな藤
ヨーロッパ原産の藤は鮮やかな黄色が青空に映えて心躍る風景

チューリップ
春の訪れを教えてくれるチューリップ。歌のフレーズに出てくるような色とりどりのガーデン

**🍴 レストラン
ウェステリア**

窓の外に広がる花を眺めながら地元産グルメの食事が楽しめるレストラン。季節限定メニューも要チェック。
⊕⊕施設に準じる
🍽下野牛のステーキ丼
1890円

夏

ローズガーデン
500種2500本もの華やかなバラが咲き乱れ、濃厚な香りにあふれるローズガーデン

🌸昼咲き種と夜咲き種が1500株、水辺に浮かぶ熱帯性スイレン。野外観賞できる施設は希少

Ⓢ花売場

・正面ゲート

Ⓢおみやげ売場 🚻

花菖蒲
20万本のさわやかな花菖蒲が園内を青と白に染め上げる

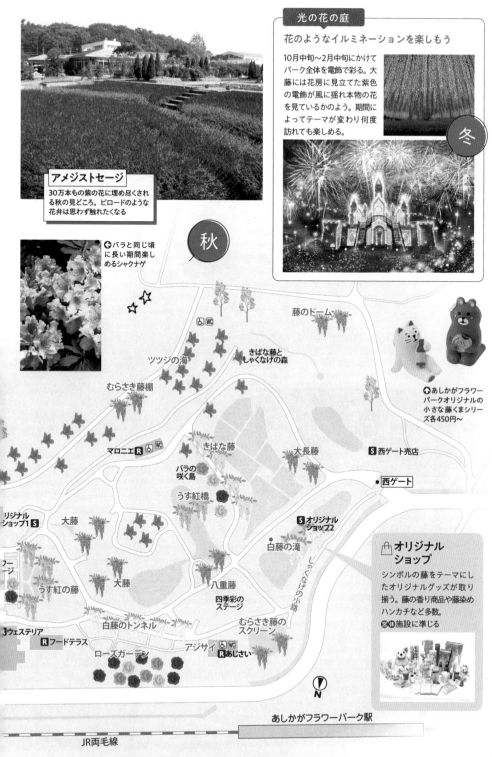

光の花の庭

花のようなイルミネーションを楽しもう

10月中旬〜2月中旬にかけてパーク全体を電飾で彩る。大藤には花房に見立てた紫色の電飾が風に揺れ本物の花を見ているかのよう。期間によってテーマが変わり何度訪れても楽しめる。

冬

アメジストセージ
30万本もの紫の花に埋め尽くされる秋の見どころ。ビロードのような花弁は思わず触れたくなる

秋

←バラと同じ頃に長い期間楽しめるシャクナゲ

↑あしかがフラワーパークオリジナルの小さな藤くまシリーズ各450円〜

藤のドーム

ツツジの海

きばな藤としゃくなげの森

むらさき藤棚

マロニエ R WC

きばな藤

大長藤

S 西ゲート売店

バラの咲く島

うす紅橋

● 西ゲート

S オリジナルショップ2

白藤の滝

リジナルショップ1 S

大藤

ージ

うす紅の藤

大藤

八重藤

しゃくなげの小路

四季彩のステージ

白藤のトンネル

むらさき藤のスクリーン

ウェステリア

R フードテラス

ローズガーデン

アジサイ

R WC あじさい

オリジナルショップ

シンボルの藤をテーマにしたオリジナルグッズが取り揃う。藤の香り商品や藤染めハンカチなど多数。
營休 施設に準じる

N

あしかがフラワーパーク駅

JR両毛線

49

雄大な大山の麓に広がる
自然の息吹を肌で感じよう

とっとり花回廊
とっとりはなかいろう

鳥取県南部町 ◆ 通年

　大山を望む広大な敷地では回廊式花壇をメインに世界の花々や樹木を観賞することができ、大山と花のショットなど映えスポットが随所にある。また、同回廊と姉妹公園で世界的に有名なオランダの名園「キューケンホフ公園」(P.76)デザインによる花壇があり、本場さながらの風景を演出している。晩秋から冬にかけて園内各所で繰り広げられる花と光の競演も人気。

□ D A T A ＆ A C C E S S

☎0859-48-3030(代) 所鳥取県西伯郡南部町鶴田110 営9:00~17:00(季節、イベント開催により変動、夜間営業日は~21:00) 休7~8月、12~3月の火曜(一部開園日あり) 料500円~1000円(季節、イベントにより変動) 交米子自動車道米子ICから約12km Pあり

11月から1月まで、イルミネーションを開催。ライトアップと花とのコラボレーション

花の見頃カレンダー

1	2	3	4	5	6	7	8	9	10	11	12月
	マンサク	トサミズキ			アジサイ				パンジー		
		ヒュウガミズキ	アイスランドポピー							皇帝ダリア	
アイスチューリップ			桜	チューリップ		ヒマワリ		コスモス			
梅	スノードロップ	デイジー	ツツジ								
		水芭蕉		ユリ							
ロウバイ		スイセン	ヤマボウシ	バラ							

◗6月上旬からさまざまなユリが咲き長い期間観賞できる

50

コスモス

大山をバックに咲くコスモスの花々。四季の花が彩りを添える絶好のフォトスポットだ

フラワーパーク

とっとり花回廊

51

園内を彩る季節ごとの花々

中国地方の名山・大山を望む同園には日本国内のみならず、海外からの観光客も訪れる。季節の花はもちろん、ベントも充実している。

アイスランドポピー・デイジー
春はチューリップやアイスランドポピー、リビングストンデイジー、キューケンホフコーナーのチューリップが見頃に咲く

ユリ
夏の終わりとともにシーズン最後を迎えるユリ。散策道を行く人たちの目を楽しませてくれる

ヒマワリ
鮮やかな黄色で埋め尽くされた夏を象徴する花・ヒマワリ。色も形もさまざまなヒマワリが並ぶ

植樹祭メモリアル展示施設●

桜の広場

ふなこ池

アジサイ
初夏の花の代表格アジサイ。ホワイト、ブルー、パープルなど色や種類も豊富

紅葉
並木道の木々が色づき
シックな雰囲気に。色づ
きの訪れとともにコスモ
スや菊など秋の花が咲く

秋

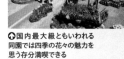

↑国内最大級ともいわれる
同園では四季の花々の魅力を
思う存分満喫できる

- ●杉の館
- 秘密の花園
- ♿WC ●ゆりの館
- グレイスガーデン
- 花の丘
- 霧の庭園
- 芝生の広場
- 東館通り
- ヨーロピアンガーデン
- ●ピクニックコーナー
- ふるさとの古径
- ●吾左衛門本舗 軽食喫茶 花回廊店
- ●北館
- ♿WC
- クリスタルロード
- フラワードーム
- ♿WC
- 南館通り
- ♿WC
- ●南館
- ハーブガーデン
- 花の谷
- 展望回廊●
- プロムナード橋
- ♿WC
- ●水上花壇
- R レストラン花かいろう
- フラワートレイン
- ♿WC ●ショップ・レストラン
- WC
- ●木の館
- ♿WC ℹ
- 西館●
- 入園口 S ソフトクリーム売店
- P
- 冬

花と光の競演

日本最大級のフラワーパーク内
をエリアごとにデザインを変えて
計100万球の光で演出(11月中旬
〜1月中旬)。週末を中心に花火
の打ち上げもある。

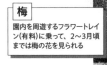

梅
園内を周遊するフラワートレイ
ン(有料)に乗って、2〜3月頃
までは梅の花を見られる

[見る]から「感じる」
パーク名もリニューアル

いばらきフラワーパーク
いばらきフラワーパーク

茨城県石岡市 ◆ 通年

　開園から36年もの間、「茨城県フラワー
パーク」の名で親しまれてきた同パーク。
2021年春に「いばらきフラワーパーク」に
名称を変えリニューアルオープン。五感を
研ぎ澄ませ、花木にいっそう癒やされる空
間になった。四季を通して花を観賞できる
が、900品種ものバラをはじめ、秋は色鮮
やかなマリーゴールドやダリアなど多彩。
レストランスペースも充実している。

🔲 D A T A & A C C E S S
☎0299-42-4111 新茨城県石岡市下青柳200 営9:
00〜17:00（季節により変動あり）休火曜 料900円
（バラシーズンは1200円）交常磐自動車道・土浦北IC
から約13km Pあり

茨城県の県花でもある
バラはパーク内に900
品種ほどが大切に
栽培されている

花の見頃カレンダー

	1	2	3	4	5	6	7	8	9	10	11	12月
	椿	菜の花	桜 シャガ	藤			アジサイ		菊		サザンカ	
	ロウバイ		シャクナゲ				ヒマワリ	ダリア		マリーゴールド		
		梅	チューリップ	花菖蒲	スモークツリー							
		キバナカタクリ	ジギタリス	バラ								

➡煙のようなスモー
クツリーが夏の青
空にフワフワ咲く

54

マリーゴールド

マリーゴールドが満開の秋の園内。かわいらしい花の姿と鮮やかなオレンジ色がひときわ目を引く

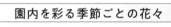

園内を彩る季節ごとの花々

" 訪れるたびに発見がある。 それが、 いばらきフラワーパークの魅力 " が合言葉。 年間 100 の豊富なアクティビティを用意している。

春

キバナカタクリ
日本原産のカタクリとは別種だがカタクリ属。6枚の花弁がそり返る花の形が愛らしい

森のガーデン

スポーツスライド・スカイサイクル

バラの品種園

アトリエローズファーム

福寿草園

クリスマスローズ園

記念/殿堂入りバラ園

サザンカの林

ロウバイ

ヒルテラス

アジサイの谷

グリーンヒル

ボランティアガーデン

ローズファームハウス

シャガの小路

グランピングエリア

色別バラ

サクラの丘

小鳥のクラフトルーム

ヤマユリの森

香りのバラ

バラテラス

トンビの塔

藤棚の小路

インフォメーション

どんぐりの森

ダリアと芍薬の園

季節の花

出口

バラのトンネル

ローズファームマーケット&カフェ

パークゲート

竹林

ボタン園

キッチンどんぐり

yasato de toreta
マーケット/レストラン

12月に行われる
イルミネーション

夏

ヒマワリ
やはり夏を代表する花はヒマワリ。園内を明るく彩る。夏の日差しと花々が美しい

バラの世界

色彩豊かなバラの花々に魅了される

900品種のバラを見られる。左上から時計周りにユイット・カンパーニュ、ヘンリー・フォンダ、マニントン・マウブランブラー、ブルー・ドレス。なかでもユイット・カンパーニュは同パークオリジナル品種。"ユイ"は日本語の"結"の意味もあり地域との大切な結びつきを表現。

 秋

ダリア
秋に凛と花を咲かせるダリア。「ダリアすくい」のイベントも

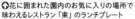

↑花に囲まれた園内のお気に入りの場所で味わえるレストラン「東」のランチプレート

アクティビティ
園内の季節の花を自分で摘み取って持ち帰れる、人気の花摘みアクティビティ。自分好みのブーケを作ってみるのもおすすめ。

 冬

ロウバイ
冬でも観賞を楽しめる花は多々あり、そのうちのひとつが黄色くかわいらしい花をつける

フラワーパーク ── いばらきフラワーパーク

ネモフィラで全国区の人気
まぶしい太陽と潮風に揺れる

国営ひたち海浜公園
こくえいひたちかいひんこうえん

茨城県ひたちなか市 ◆通年

　太平洋岸に隣接した東京ドーム46個分の広大な敷地で彩りあふれる花を四季を通じて楽しめる。春のネモフィラは国内外で有名なスポットに。また、緑のコキアが秋に紅葉する様子にも定評がある。チューリップやヒマワリ、コスモス、冬には、冷凍処理した球根から育つ珍しいアイスチューリップを見ることも。花づくしの一日を満喫したい。

☐ D A T A ＆ A C C E S S

📞029-265-9001 所茨城県ひたちなか市馬渡大沼605-4 営9:30～17:00(季節により異なる) 休火曜(季節により異なる) 料450円(季節により異なる) 交常陸那珂有料道路·ひたち海浜公園ICすぐ Pあり

緑コキア。丸っこい形はどこか愛嬌があり、ライムグリーンから秋には紅葉する

➡大観覧車と青空をバックに咲くパンパスグラス

ネモフィラ
海外でも注目される
絶景を織りなすネモ
フィラ。その姿が感動
を与えてくれる

国営ひたち海浜公園

花の見頃カレンダー

1	2	3	4	5	6	7	8	9	10	11	12 月
			ネモフィラ			ジニア			コスモス		アイスチューリップ
							コキア（緑）		コキア（紅葉）		
								ソバ			
			水仙	チューリップ							
			菜の花								

➡小さな可憐な花が
織り重なって青い海
へと変えてくれる

園内を彩る季節ごとの花々

青い空と海、 そして花々まで四季で表情を変える景色は見応え十分。 広大な園内は1日たっぷりと時間をかけてまわりたい。

春

菜の花

春を代表する花のひとつ・菜の花。ネモフィラのブルーと織りなす鮮やかな色合い

砂丘エリア

雄大な太平洋を眺めてひと休み

園内の砂丘エリアにある「海の見える丘」からは太平洋を一望することができる。砂丘、海、空が醸し出す風景は非日常。癒やしの時間を過ごしたい。

夏

樹林エ

ジニア

7月下旬〜8月下旬に見頃を迎えるジニア。同じ株から次々とつぼみをつけ長期間花を咲かせることから和名では「百日草」と呼ばれる。夏の日差しを浴びて咲くジニアの姿は凛々しく美しい。

メタセコイアの並木道

園内の南口エリアにある「メタセコイアの並木道」。12月上旬になると葉がレンガ色に染まる。

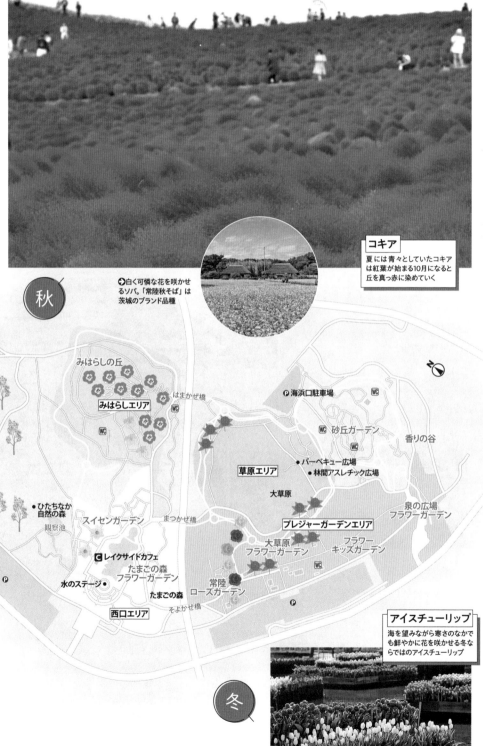

コキア
夏には青々としていたコキアは紅葉が始まる10月になると丘を真っ赤に染めていく

秋

⮕白く可憐な花を咲かせるソバ。「常陸秋そば」は茨城のブランド品種

みはらしの丘

みはらしエリア

はまかぜ橋

WC

WC

Ⓟ 海浜口駐車場

WC

砂丘ガーデン

香りの谷

WC

WC

●バーベキュー広場
●林間アスレチック広場

草原エリア

大草原

泉の広場
フラワーガーデン

●ひたちなか
自然の森

スイセンガーデン

まつかぜ橋

観察池

プレジャーガーデンエリア

大草原
フラワーガーデン

フラワー
キッズガーデン

Ⓒ レイクサイドカフェ

たまごの森
フラワーガーデン

水のステージ ●

Ⓟ

たまごの森

常陸
ローズガーデン

WC

そよかぜ橋

西口エリア

Ⓟ

アイスチューリップ
海を望みながら寒さのなかでも鮮やかに花を咲かせる冬ならではのアイスチューリップ

冬

61

青空と大阪湾を一望できる
大自然のなかで花とふれあう

淡路島国営明石海峡公園
あわじこくえいあかしかいきょうこうえん

兵庫県淡路市 ◆通年

　「海辺の園遊空間」をコンセプトにポプラの丘、大地の虹、ひだまりの丘、移ろいの庭などテーマ別に一年を通じてさまざまな種類の花に出会える。阪神・淡路大震災からの再生と復活の祈りが込められた高さ4m、長さ30mの「花火鳥」は圧巻。春・秋のカーニバルやあわジオフェスティバル、花の講習会といったイベントも季節ごとに行われているので見頃に合わせて出かけたい。

☐ D A T A ＆ A C C E S S

☎0799-72-2000 ⓐ兵庫県淡路市夢舞台8-10 ⓣ9:30〜17:00(夏期は〜18:00、冬期は〜16:00) ⓗ2月第2月〜金曜 ⓨ450円 ⓧ神戸淡路鳴門自動車道・淡路ICから約3km ⓟあり

「空のテラス」からの眺め。園内の様子と青い空、大阪湾の海が見渡せる場所

花の見頃カレンダー

1	2	3	4	5	6	7	8	9	10	11	12月

- ビオラ（3〜4月）
- ネモフィラ（4〜5月）
- アジサイ（5〜6月）
- ヒマワリ（7〜8月）
- ダリア（9〜10月）
- ケイトウ（11〜12月）
- 河津桜、桜（3月）
- ラランキュラス（4〜5月）
- サルスベリ（8〜9月）
- マリーゴールド、コスモス（9〜11月）
- チューリップ（3〜4月）

➡公園は3月に入ると開花ラッシュ。18万本のチューリップが牽引

花火鳥

同園のシンボル立体花壇「花
火鳥」。旬の花で衣替えをす
るので何度でも訪れたい

園内を彩る季節ごとの花々

大阪湾を望む淡路島の豊かな自然を背景に12のテーマで展開される。季節ごとに新たな花が登場するので何度でも訪れたい憧れの場所だ。

春

河津桜

「春一番の丘」では3月になると河津桜が満開になる。ひと足早いお花見を楽しみたい

空のテラス

静かに流れる時間と景色を独り占め

「空のテラス」からは園内の緑と空と大阪湾の青い海を一望することができる。

ブロムナードガーデン

花木林苑

百段苑
WC

WC

レストラン＆ショップ R S

淡路夢舞台公苑温室
あわじグリーン館
WC

月のテラス　天壇

春

H グランドニッコー淡路
WC

連絡口ゲート

ポプラの丘

R レストラン花屋敷

滝のテラス

陽だまりの丘

東浦ゲート　● タコのお出迎え花壇

花の中海

花火島

子供の森
パーム
ガーデン

国際会議場

P 東浦大型駐車場

大地の虹

いその楽園

P

海の

海岸口ゲート
バーベキュー広場

●花火鳥と並んで人気の立体花壇「タコトピアリー」。写真の花はベゴニア

●「ポプラの丘」。園の中央部にある"花の中海"に水鏡のように映る

夏

秋

ダリア
色とりどりに花を咲かせたダリア。淡路島の温暖な気候は花々にとって恵まれた環境

ヒマワリ
サンセイションシリーズが大地南花壇で、で、ゴッホのヒマワリがポプラの丘で咲く

🔺ハロウィンの時期には園内の各所にフォトスポットが設置される

流橋

P

空のテラス

せせらぎ広場

●パークセンター管理棟

淡路口ゲート

●パークセンタービジター棟

夢っこランド

芝生広場

移ろいの庭

じゃぶじゃぶ池

P 海岸北駐車場

コスモス
10月上旬〜11月上旬までポプラの丘で1万8600株のコスモスが見頃を迎える

🔺「大地の虹」にあるアキランサスを身にまとったヒヨコの立体花壇

180haの広大な敷地で四季を通じ花と緑が楽しめる公園

国営昭和記念公園
こくえいしょうわきねんこうえん

東京都立川市・昭島市 ◆通年

　昭和天皇在位50年を記念して造られた国営公園。園内は5つのゾーンに分けられ、ギャラリーや記念館、カフェなどの施設のあるエリアから渓流広場や芝生広場、森のある丘のエリアまで、多彩なシーンが用意されている。桜をはじめ四季折々の花が楽しめ、見応えのある日本庭園や盆栽園なども完備。一日のんびりとまわりたい花と緑のスポットだ。

DATA & ACCESS

☎042-528-1751(音声ガイド) 所東京都立川市緑町3173 開9:30〜17:00(4〜9月の土・日曜、祝日は〜18:00、11〜2月は〜16:30) 休12月31日、1月1日、1月の第4月曜とその翌日 料450円、中学生以下無料 交JR立川駅から徒歩18分／JR西立川駅から徒歩2分 Pあり

チューリップ
オランダのキューケンホフ公園の元園長監修のオリジナルデザイン

⬆面積約1万5000㎡、公園内で一番大きな花畑に春はポピー、秋にはコスモスが咲く

⬆首都圏で戦後造営最大規模となる約6haの日本庭園

⬇全長約300mの「かたらいのイチョウ並木」

66

日本初の国営盆栽苑

悠久の時間を
名品盆栽から知る

日本庭園内にあり、日本盆栽協会を通じ全国各地の愛好家が寄贈した名品盆栽61鉢を中心に、季節に合わせて展示。盆栽の鑑賞の仕方などがわかりやすく解説してあるので初心者でも親しめる。

毎秋開催「紅葉・黄葉まつり＆秋の夜散歩」でイチョウ並木と和傘のライトアップ演出

写真提供:Ryo Tajima

● 花の丘を埋め尽くすキバナコスレモンブライトとフォトスポットのドアがある

↑「みんなの原っぱ」内にあるブーケガーデン

↑さまざまな品種のヒマワリが咲く渓流広場

富士山を背景に咲く
季節の花々を愛でる

山中湖 花の都公園

やまなかこ はなのみやここうえん

山梨県山中湖村 ◆通年

　富士山の麓、標高1000mの山中湖畔に広がる花のテーマパーク。広大な園内では季節の花々が雄大な富士山をバックに咲き、鮮烈な景色を織りなしている。冬場の夜間はイルミネーションと花火が実施され、幻想的な世界が展開される。天候に恵まれれば一年を通じて花と富士山のベストショットが期待できる。美しい日本の自然をぜひ体感してみたい。

DATA & ACCESS

☎0555-62-5587 🏠山梨県南都留郡山中湖村山中1650 🕐8:30〜17:30(4月16日〜10月15日)、9:00〜16:30(10月16日〜4月15日) 🏠火曜(12月1日〜3月15日) 💴600円(時期により変動) 🚗東富士五湖道路・山中湖ICから約2km 🅿あり

溶岩樹型地下観察体験ゾーン

明神の滝

三連大水車

清水館

WC
フラワーショップ S

芝生

食事処 清流庵 R

第2ゲート

レイクガーデン

花の都大橋

第1ゲート

芝生

ⓝ真っ赤に染まり紅葉が見頃を迎えた園内

R お土産処花ふうせん

ⓘ R フローラルドームふら

⬆菜の花に似た「キカラシ」は6月中旬からが見頃

⬆農園エリアに約12万本のチューリップが咲く

ジニア
園内のどこからでも富士山が見え、花々も観賞できるのは同園ならでは。花畑を埋め尽くすジニア(百日草)の最盛期は8月

夏を代表する花であるヒマワリはやはり太陽に向かって咲く姿が美しい。まるで絵画のような光景だ

富士山に一番近い湖、山中湖畔ならではのダイナミックな光景

冬期は屋外でのイルミネーションも開催される。華やかな光に照らされた園に

全天候型温室

厳しい冬でも温室の花々と富士山の美しい景色を堪能

屋外の花畑は降霜がある10月下旬までで終了となるが、冬季期間中は全天候型温室で楽しめる。珍しい熱帯の植物や花々を観賞してみよう。

浜名湖のほとりに広がる
世界の花のテーマパーク

はままつフラワーパーク

はままつフラワーパーク

静岡県浜松市 ◆通年

はままつフラワーパークは浜名湖を望み、広々とした園内にはおなじみの花から珍しい花まで世界の花を3000種類も観賞することができる。また、四季折々を代表する花が園内を豊かに彩っている。植物観賞のほか、春の桜や藤のライトアップやクリスマスシーズンのイルミネーション、各種体験教室などイベントも充実、終日滞在しても足りないほど。

DATA & ACCESS

☎053-487-0511 ⓐ静岡県浜松市西区館山寺町195 ⓣ9:00〜17:00（季節により変動あり）ⓗ無休 ⓨ無料〜1000円 ⓐ東名高速道・浜松西ICから約6km Ⓟあり

チューリップ
満開となった桜とチューリップの競演。春の園内をいっそう華やかに彩る

⬆ライトアップされた藤の花は幻想的

➡ポインセチアは冬の温室の主役

➡白藤の甘く深い香りが漂うスマイルガーデン

ライトアップされ
た桜。すぐ隣にあ
る水辺に水鏡のよう
に映し出される

ハナショウブ園
ロウバイ園
八重桜並木
日本庭園
テラス池
水鳥の池
遊具『こども広場』
見晴らしの丘
芝生広場
原種ツツジ
温室カフェ
ツバキ園
ローズガーデン
噴水池
サクラ並木
カフェ『ハミング』
ホタルの池
ウェルカムガーデン
竹林　梅園
正面ゲート
梅園

癒やしと自然とのふれあい
都会で楽しめる花と緑

花博記念公園鶴見緑地
はなはくきねんこうえんつるみりょくち

大阪府大阪市◆通年

⬆山のエリアにある公園のシンボル「風車の丘大花壇」。一面の花は季節で変わる

「鶴見緑地」として昭和47年(1972)に開園した後、平成2年(1990)の「国際花と緑の博覧会」のメイン会場として利用。現在でも人々の憩いの場として親しまれ、大阪以外からも多くの人が足を運ぶ花と緑の名所。大阪市内にありながら広大な敷地で緑豊かな森や世界の四季の花を観賞できる。また、3〜11月まではバーベキュー、キャンプ場の利用もできる。

DATA & ACCESS

📞06-6911-8787 🏠大阪府大阪市鶴見区緑地公園2-163 🕐山のエリア9:00〜17:30(4〜10月)、9:00〜16:30(11〜3月)、その他のエリアは見学自由 🈳無休 💰無料 🚃Osaka Metro長堀鶴見緑地線・鶴見緑地駅すぐ 🅿あり

⬆春らしいかわいらしく暖かい色合いの花々

⬆木々が色づく紅葉の時期はゆっくり園内を散策したい。花壇では季節ごとに花の入れ替えが行われる

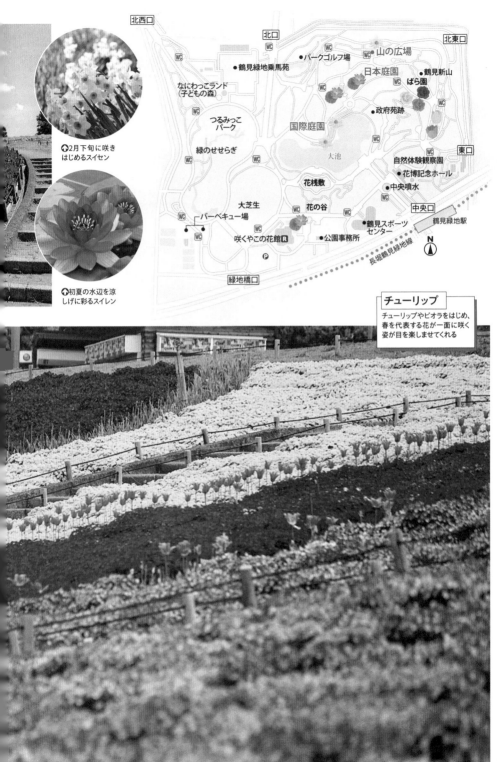

北西口

北口

北東口

パークゴルフ場

山の広場

●鶴見緑地乗馬苑

日本庭園

●鶴見新山

なにわっこランド
（子どもの森）

ばら園

つるみっこ
パーク

●政府苑跡

緑のせせらぎ

国際庭園

大池

東口

自然体験観察園

●花博記念ホール

花桟敷

●中央噴水

大芝生

花の谷

中央口

バーベキュー場

鶴見緑地駅

●鶴見スポーツ
センター

咲くやこの花館 R

●公園事務所

N

緑地橋口

長堀鶴見緑地線

↑2月下旬に咲き
はじめるスイセン

↑初夏の水辺を涼
しげに彩るスイレン

チューリップ

チューリップやビオラをはじめ、
春を代表する花が一面に咲く
姿が目を楽しませてくれる

那須フラワーワールド

なすフラワーワールド

栃木県
那須町

◆ リナリア、ネモフィラ 4月中旬〜6月中旬

絨毯のようなネモフィラ、リナリア

那須連峰をバックに、広大な花畑が標高600mの高原に広がる。ネモフィラ、リナリア、ポピー、ニッコウキスゲなど彩り鮮やかに咲く。

DATA & ACCESS
☎0287-77-0400 ⓐ栃木県那須郡那須町豊原丙那須道下5341-1 ⏰9:00〜17:00 休無休 料500円〜1000円、中高生300円、小学生200円 交JR那須塩原駅から車で1時間 Pあり

⬆フラワーワールド内はリードがあればペットと一緒に散策できる

鈴鹿フラワーパーク

すずかフラワーパーク

三重県
鈴鹿市

◆ 通年

花を観賞したあとは大型複合遊具へ

広い園内に噴水や芝生広場が点在し四季の花が彩る。ローラースライダー、マウンテンロードなど24種を組み合わせた大型複合遊具も人気がある。

DATA & ACCESS
☎059-367-3455 ⓐ三重県鈴鹿市加佐登町1690-1 ⏰休料見学自由 交東名阪自動車・道鈴鹿ICから約6km Pあり

⬆温暖な気候を生かして冬から春はパンジーやビオラがたくましく咲く

名古屋港ワイルドフラワーガーデンブルーボネット

なごやこうワイルドフラワーガーデンブルーボネット

愛知県
名古屋市

◆ ブルーボネット 3月〜5月

"ブルーボネット"が広がるガーデン

さまざまな自然環境に自生するワイルドフラワーの咲く自然風庭園。緑と海に囲まれたガーデンは、工夫を凝らした23のエリアにわかれて観賞できる。

DATA & ACCESS
☎052-613-1187 ⓐ愛知県名古屋市港区潮見町42 ⏰9:30〜17:00 休月曜 料300円、小中学生200円 交名古屋高速4号東海線・船見ICから約3km Pあり

⬆青く小さな花弁がキュートなブルーボネットはルピナスの一種

くじゅう花公園

くじゅうはなこうえん

大分県
竹田市

◆ ネモフィラ 5月上旬〜下旬

大分を代表するネモフィラ畑

久住高原の自然を満喫できる花の公園。くじゅう連山や阿蘇五岳の雄姿をバックに、約7万株のネモフィラが咲き誇る。春彩の畑なども同時期に見頃を迎える。

DATA & ACCESS
☎0974-76-1422 ⓐ大分県竹田市久住町久住4050 ⏰8:30〜17:30 休無休 料500〜1300円、子供300〜500円(季節により変動あり) 交大分自動車道・九重ICからやまなみハイウェイ経由で約44km Pあり

⬆山々を背景におよそ7万株もの瑠璃色のネモフィラが群生している

松江フォーゲルパーク

まつえフォーゲルパーク

◆ 通年

島根県
松江市

花の別天地でフクロウの飛行ショー

宍道湖を望む丘陵地にある花と鳥の楽園。フォーゲル(Vogel)はドイツ語で「鳥」。ベゴニアやフクシアが一年中満開の大温室とさまざまな鳥を見られる。

DATA & ACCESS
☎0852-88-9800 　所島根県松江市大垣町52 　営9:00〜17:30(10〜3月は〜17:00) 　休無休 　料1650円、小中学生830円 　交JR松江駅から車で25分 　Pあり

↑展示温室としては国内最大級。カラフルな花が一年中咲いている

やまぐちフラワーランド

やまぐちフラワーランド

◆ 通年

山口県
柳井市

山口の歴史の町・柳井を彩る

山口県の花き振興を目的に平成18年(2006)開業。年間約45万本の花が咲く庭園や21種類のテーマ別花壇、ゴンドラはなくるりん、レストランが揃う。

DATA & ACCESS
☎0820-24-1187 　所山口県柳井市新庄500-1 　営9:00〜17:00 　休木曜 　料510円、小中学生250円 　交JR柳井駅から車で5分 　Pあり

↑毎月植栽する花や葉の色や形、名前を取り揃えたコレクション花壇

淡路夢舞台

あわじゆめぶたい

◆ 通年

兵庫県
淡路市

震災を乗り越え伝統美と現代を共存

淡路島の土砂採掘跡地を、建築家・安藤忠雄氏設計で時空を超え自然と共存させたリゾート施設。100の花壇が並ぶ百段苑をはじめ温室(有料)がある。

DATA & ACCESS
☎0799-74-1000 　所兵庫県淡路市夢舞台2 　営休料施設により異なる 　交神戸淡路鳴門道・淡路ICから約6km 　Pあり

↑安藤忠雄氏が「祈りの庭」として設計した階段状の庭園「百段苑」

フラワーパークかごしま

フラワーパークかごしま

◆ 通年

鹿児島県
指宿市

世界各国の植物を観賞できる

36.5haの敷地に亜熱帯や温帯の植物を植栽。開聞岳を背景にした花広場やウインドスルーの屋内庭園、鹿児島(錦江)湾を見下ろせる展望回廊は絶景。

DATA & ACCESS
☎0993-35-3333 　所鹿児島県指宿市山川岡児ケ水1611 　営9:00〜17:00 　休12月30、31日 　料630円、小中学生310円 　交JR指宿駅から車で35分 　Pあり

↑松林やヤシの木、カラフルな花が咲く開放感あふれる園内の一角

花き栽培世界一のオランダを支える球根ショールーム

キューケンホフ公園
キューケンホフこうえん

オランダ●Keukenhof HOLLAND

オランダの首都アムステルダムから車で10分ほどの小さな街リッセにある広大な公園。チューリップが咲く3月下旬から約2カ月間限定で庭を公開。東京ドーム8個分の園内には心待ちにしていた世界各国の人たちであふれる。戦争で荒廃したキューケンホフ城の維持に悩む持ち主の貴族と、地元花き産業を振興させたい当時の市長の思惑が合致して、1950年に屋外球根展示会を開催したのが同園の始まり。700万球を毎年植え付ける園内は趣きの異なる複数の庭園からなり、さまざまなフラワーショーも開催する。

パビリオン
充実の屋内展示も必見

園内に点在する展示館（パビリオン）でもさまざまな花を観賞できる。とくにユリの展示会は世界最大級で有名だ。

◆園内は映えスポットが目白押し

風車
チューリップ畑を眺める

園内に風車はひとつで、入口から右手奥にそびえる。中を昇ることもでき、上からの眺めもおすすめだ。

ウィルヘルミナ R

入口 i
ベアトリクス・パビリオン

ウィレム・アンクサンダー・パビリオン R

風車

オレンジ・ナッソー・パビリオン R
ユリアナ・パビリオン

噴水

入口 i

絶景の花畑

日本にその香りを届けた
ラベンダー栽培発祥の地

ファーム富田

ファームとみた

北海道中富良野町 ◆ ラベンダー 6月下旬～8月中旬

ラベンダー
ファーム富田の原点「倖の畑」。富良野盆地の田園風景と十勝連峰が一望できる

　十勝岳連峰と大雪山を一望できるロケーションに広がるラベンダー畑。"富良野といえばラベンダー"と連想されるまでに貢献したのが、ファーム富田の創業者、故・富田忠雄さん。ラベンダー栽培に適した地として中富良野で栽培を始め、蒸留によるラベンダーオイルの抽出にも尽力。園内には畑のほか、カフェやショップも充実している。

☐ D A T A ＆ A C C E S S

📞0167-39-3939 ㊟北海道空知郡中富良野町基線北15号 ㊟見学自由(売店は時期により異なる) ㊡不定休 ㊞無料 ㊟JRラベンダー畑駅から徒歩7分／JR中富良野駅から徒歩25分 ㋅あり

↑ファーム富田のウェルカムハウス「花人の舎」

▶ 園内のお楽しみスポットでほっとひと息

▶ラベンダースイーツを堪能

展望デッキのさわやかカフェ
ずらりと揃うオリジナルスイーツ

カフェは園内2カ所。定番はどの店舗でも注文可、フードは各店オリジナルメニューがある。

↑自家製ラベンダーシロップのかき氷

↑ふらの雪どけチーズケーキラベンダー味

↑なめらかなラベンダーソフトクリーム

↑「ポプリの舎」から富良野の絶景

↑ラベンダーカルピス

↑ラベンダーアイスクリーム

ケイトウ
「花人の畑」に咲くケイトウは6月上旬～10月上旬が見頃。深緑から紅葉の季節まで木々の足元を彩る

ポピー
「春の彩りの畑」に咲くオリエンタルポピーやアイスランドポピー。5月中旬～6月中旬が見頃

画像提供:ファーム富田

79

北海道の大自然と花が競演
色鮮やかなルピナスの花畑

フラワーランドかみふらの
フラワーランドかみふらの

北海道上富良野町 ◆ルピナス 6月中旬〜下旬

　大雪山国立公園の山々を眺められる10万㎡の敷地に季節の花々が広がる観光農園。有名なラベンダー畑のほか、ここで楽しめるのは6月中旬〜下旬にかけて咲くルピナス。藤の花を逆さまにしたような可憐な花が丘を埋め尽くす。また、マリーゴールドをはじめ、キンギョソウ、サルビア、ダリアなど四季折々の花の色が北海道の青空に映える。

DATA & ACCESS

☎0167-45-9480 ㊟北海道空知郡上富良野町西5線北27号 ㋺9:00〜16:00(2〜4、11月)、9:00〜17:00(5、6、9、10月)、9:00〜18:00(7、8月) ㊡無休(12〜1月は冬期休業、花畑は10〜5月まで閉園) ㊍600〜1900円(イベントにより異なる) ㋣旭川空港から車で30分、JR旭川駅から車で1時間 ㋟あり

長期間楽しめるキンギョソウ。園内はトラクターバスでの見学もできる

ルピナス
別名のぼり藤。花の付いている穂は60〜70cmにもなる大きくて華やかな花

↑富良野の風物詩ラベンダー畑が鮮やか

N

キャットミント
プリムラ
ジャーマンアイリス
マリーゴールド
楡の広場
Ⓡ団体様用食事処
Ⓡお食事処「なの花」
コスモス
ヒマワリ
Ⓢ売店
WC
P
P
ダリア
アフリカンマリーゴールド
キャットミント
サルビア
コスモス
●展望台

期間限定

ふらのメロン食べ放題

園内の、ふらのガーデンカフェでは例年7月中旬〜8月下旬まで、「ふらのメロン食べ放題(20分)」を開催。夏休みのお楽しみに毎年訪れる方も多い。受け付けは売店内で行っている。

⤴園内では果物の食べ放題をはじめ、体験教室、農産品の販売もある

⤵マリーゴールドの見頃は8月上旬〜9月下旬と長期間咲く

⤴7月に開花するクレオメは蝶のような花が特徴的

⤴ラベンダーに見えるが観賞用ハーブのキャットミント

⤴暑い夏にも元気に咲くジニアのコロンとした色鮮やかな花

81

能取湖畔に広がる赤い
日本一のサンゴ草群生地

卯原内サンゴ草群生地
うばらないサンゴそうぐんせいち

北海道網走市　◆ サンゴ草9月上旬〜10月上旬

➡春から夏にかけてのサンゴ草は青々としている。この姿もまたさわやかな印象

オホーツク海に面した能取湖で、毎年9〜10月にかけて色づくサンゴ草。茎が丸く葉のない一年草で塩湿地に生息し、絶滅の危険が高いとされるなか北海道では道東を中心に、国内では瀬戸内一部などごく限られた場所に咲く。春から夏は緑色で秋に真紅に。湖面一帯を赤く染め上げる様子は絶景。9月には「能取湖さんご草祭り」も開催される。

➡サンゴ草は能取湖の近くの厚岸町で発見されたことから別名を「アッケシソウ」とも

□ DATA & ACCESS

📞0152-44-5849（網走市観光協会）🏠北海道網走市卯原内 🕐休❓見学自由 🚉JR網走駅から車で25分、女満別空港から車で30分 🅿あり

サンゴ草
一面が真紅に染まる能取湖。短い北海道の秋を追うようにサンゴ草の見頃の時期も短い

⬆湖面には遊歩道が設置されているので、サンゴ草を間近で観賞できる

⬆虹と雨上がりで幻想的なサンゴ草の群生を間近で見られる能取湖畔

時間がゆっくりと流れ、いつまでも眺めていたくなるその景色に自然の雄大さを実感できる

↑湖のほとりに立つ木標。このサンゴ草の美しい姿を見ようと秋には多くの人がこの地を訪れる

➡青い空と緑、そして燃えるような赤いサンゴ草の三重奏はぜひ目に焼き付けたい

絶景の花畑

卯原内サンゴ草群生地

北国の初夏を鮮やかに染める
ピンクの鳥居にも感動

ひがしもこと芝桜公園
ひがしもことしばざくらこうえん

北海道大空町 ◆ 芝桜 5月上旬～6月上旬

北海道の道東・大空町にある芝桜の名所。屈斜路湖を望む藻琴山の裾野に広がる公園内では、毎年5月～6月にかけて芝桜が見頃を迎える。10haという広大な敷地に見渡す限りの芝桜が満開となった光景は息をのむほど美しい。敷地内には芝桜の色と同じピンク色の鳥居を持つ神社、ゴーカート場やキャンプ場もあり、北国の初夏を思う存分満喫できる。

DATA & ACCESS
☎0152-66-3111 ㊟北海道網走郡大空町東藻琴末広393 ㊟8:00～17:00 ㊟無休 ㊟600円 ㊟JR網走駅から車で40分／JR女満別駅、女満別空港からバスで50分 ㊟あり

↑同公園と隣接した藻琴山(標高約1000m)を水源とする「銀嶺水」は名水百選にも選ばれる名水

↑公園内にはゴーカートや釣り堀、芝生広場売店がある

↑地面に根を張り咲く芝桜は生命力の強い花として親しまれている

地図
- バンガロー
- ゴーカートコース
- 東屋
- 野外ステージ
- オートキャンプ場
- WC
- イベント広場
- 温泉・足湯
- 夫婦白樺
- 遊覧車乗り場 R
- 釣り堀
- 展望台
- WC
- 鳥居
- i
- 個人入口

初夏を迎えた北の大地を華やかに染める芝桜。一面のピンク色の世界に目を見張る

東藻琴芝桜公園

↑桜の丘を登る階段の途中にあるピンクの鳥居は丘の頂上に建つ「山津見神社」のもの。農業や商売繁盛、良縁などにご利益があるとされる

芝桜

芝桜の見頃は5月上旬~6月上旬。芝桜の壮大な景色を見ようと海外からも多くの人が訪れる

眼下に広がる札幌の眺望を独り占め
紫の色彩と甘い香りに癒やされる

幌見峠ラベンダー園
ほろみとうげラベンダーえん

北海道札幌市 ◆ ラベンダー 7月

↑初夏のラベンダー畑の風景。見頃の7月にかけて紫色の花を咲かせていく

　札幌の市街地を眼下に一望できる夜景のスポットとして人気の幌見峠。その展望駐車場の隣にラベンダー園がある。いちばんの見頃は7月であり、一面が紫色に染まり、甘い香りを漂わせるラベンダー畑と、背景に広がる札幌の街並みは絶好のフォトスポットといえる。有料でラベンダーの摘み取りも可能。

□ D A T A ＆ A C C E S S
☎011-622-5167 所北海道札幌市中央区盤渓471-110 開9:00〜17:00 休無休 料無料(刈り取りをする場合は500円〜株の大きさによって刈り取り料金は異なる) 交札幌市営地下鉄東西線・円山公園駅から車で10分 Pあり(有料)

ラベンダー

ラベンダー園の始まりは昭和62年(1987)。当初は120株だったラベンダーが今では約8000株に。ラベンダーは有料で摘み取りもできる

↑一面のラベンダー畑から札幌市街地を望む

日本夜景遺産にも登録されている幌見峠の夜景。駐車場で乗車したまま見学できる

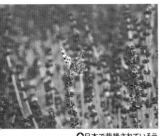

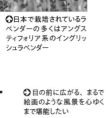

⬆日本で栽培されているラ
ベンダーの多くはアングス
ティフォリア系のイングリッ
シュラベンダー

⬇目の前に広がる、まるで
絵画のような風景を心ゆく
まで堪能したい

花々が踊る大地のキャンバス
憧れの北海道の自然を体感

四季彩の丘
しきさいのおか

北海道美瑛町 ◆ ケイトウ 9月上旬〜10月上旬

　　北海道を代表する美しい自然と景色を
思う存分味わえる美瑛。5月上旬〜10月
上旬まで約30種類の草花が咲き、なかで
も9月はケイトウやサルビア、マリーゴー
ルドなど色鮮やかな花が斜面を彩る。花
を楽しめるのは春から秋にかけて。花の
ほかにもアルパカ牧場や冬はスノーモー
ビル、スノーラフティング、ソリ遊びも
できる。

□ DATA & ACCESS

☎0166-95-2758 ㉓北海道上川郡美瑛町新星第三
⏰8:40〜17:30（季節により変動）㉁無休 ㉔500円
（乗り物、アルパカ牧場入場料は別料金）㉕JR美馬牛
駅から徒歩25分／JR美瑛駅から車で12分 Ⓟあり

⬆遠くには大雪山連峰を望むことができる

園内を走るトラクター
バスの「ノロッコ号」。
花と緑、山と空の
景色を堪能できる

ケイトウ
真っ赤なケイトウやサルビアなど約
35万本が見頃を迎えるのは9月から。
黄色いマリーゴールドがアクセント

⬆園内にはアルパカ牧場（別料金）もある

←春のチューリップ畑。長い冬が終わり、待ちに待った春の訪れに心躍る

↑ウィンターシーズンはソリ遊びやスノーモービル体験ができる

世界遺産・知床の玄関口
ヒマワリの海を離着陸

女満別空港
めまんべつくうこう

北海道大空町 ◆ ヒマワリ 8月上旬〜下旬

↑飛行機の離着の様子とヒマワリ畑。その美しさと迫力をぜひ実際に見て確かめたい

女満別空港は千歳空港、羽田空港、関西国際空港（期間運航）などを結ぶ便が就航。飛行場の隣には毎年8月になると一面にヒマワリが咲く畑が出現する。大空町では女満別空港を含め町内の3箇所にヒマワリ畑を造成し、種まきの時期をずらして7〜9月まで観賞できるのが特徴。ヒマワリの海へ飛行機が着陸する姿はダイナミックで、夏の暑さを忘れさせてくれる。

DATA & ACCESS

☎なし ㊟北海道網走郡大空町女満別中央254 ㊢休見学自由 ㊟女満別空港すぐ、JR女満別駅から車で10分または網走バスで15分、女満別空港ICから約0.7km ㋿あり

↑世界遺産・知床への玄関口、女満別空港

↓大空町内にはヒマワリ畑が複数あり、女満別空港近くの畑はそのひとつ

> **ヒマワリ**
> 花言葉は「憧れ」「あなただけを見つめる」「情熱」。太陽に向かい咲くひたむきな様子が由来

北国の夏が黄色に輝く
日本一のヒマワリ畑

北竜町ひまわりの里
ほくりゅうちょうひまわりのさと

北海道北竜町 ◆ ヒマワリ 7月中旬～8月中旬

●約23haの畑に150万本が咲く
日本一のヒマワリ畑は北竜町民の
熱い想いに育まれてきた

↑ヒマワリで羽を休めるアゲハ蝶。
ヒマワリの花々を見ながら心ゆくま
で自然を感じたい

北竜町ひまわりの里は平成元年(1989)に町おこしのために造成された。現在では毎年7月中旬から8月中旬にかけて150万本のヒマワリが咲き、日本一のヒマワリ畑として知られている。見頃のピークは8月上旬でなだらかな丘一面をヒマワリの黄色で染め上げる。同時期の「ひまわりまつり」期間中は限定で売店が開かれるほか、遊覧車も運行する。

DATA & ACCESS

☎0164-34-2082(ひまわりまつり開催中のみ) 🏠北海道雨竜郡北竜町板谷143-2 🕐休料見学自由(ひまわり迷路への入場は有料) 🚉JR滝川駅から車で40分 🅿あり

↑6月中旬頃のヒマワリのつぼみ。茎は大輪を支えられるようたくましく育つ

ヒマワリ
どこまでも広がるヒマワリと青い
空がまぶしい。晴天の日は特に
ヒマワリの黄色が青空に映える

広大な丘に広がる花の世界
色とりどりの花々に囲まれる

網走フロックス公園
あばしりフロックスこうえん

北海道網走市 ◆ フロックス 7月下旬～9月上旬

丘の展望台からは一面のフロックスはもちろん、網走湖や女満別を望むことができる絶好のロケーションにある

　自然豊かな網走地方には花の名所もたくさんあり、網走フロックス公園もそのひとつ。地元の市民ボランティアによって開墾され、約10万㎡の広大な敷地に15万株のフロックスが植えられている。ピンクや紫、白など色彩豊かなフロックスの花々が7月下旬～9月上旬にかけて咲く。小高い丘陵となっているため展望台から網走湖や女満別方面を一望できる。

DATA & ACCESS

☎0152-44-5849 🏠北海道網走市呼人465 🕐8:30～16:00 休無休 料無料 交JR網走駅から女満別空港線バスで12分、鱒取川バス停下車、車で10分／JR呼人駅から車で10分、網走市内から車で20分 Pあり

↻網走の小高い丘を切り開いて造成された公園

↑豊かな自然のなかでゆったりと時間を忘れて景色を眺めていたい

フロックス
フロックス(phlox)の名はギリシャ語の(phlogos・火炎)に由来。燃えるような色の花をつけることにちなんでいる

美瑛の丘に広がる壮大な花畑
彩り豊かな花と山々の共演

ぜるぶの丘

ぜるぶのおか

北海道美瑛町◆ツツジ5月／ラベンダー6〜7月／
マリーゴールド10月／コスモス10月

「かぜ」「かおる」「あそぶ」の末尾の字を
とって「ぜるぶ」と名付けられた観光農園。
園内には約3000本のラベンダーやマリー
ゴールド、コスモスなど約30種類の花が
咲き、バギーやカートで花畑を間近に見
ることもできる。パッチワークに例えら
れる美瑛の丘でもひときわ彩り豊かで、
旭岳や十勝岳連峰などの大自然をバック
に素晴らしい景色が広がる。

□ DATA & ACCESS

☎0166-92-3160 ㊟北海道上川郡美瑛町大三 ㊟
9:30〜17:00 ㊡不定休、冬期 ㊭無料 ㊋JR美瑛駅から
車で5分 ㋿あり

マリーゴールド

美瑛町に涼しい風が吹く
9〜10月はマリーゴール
ドが園内を彩る

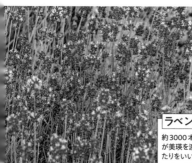

ラベンダー

約3000本のラベンダー
が美瑛を渡る風に揺れあ
たりをいい香りにする

↑富良野国道237号沿いにある観光農園。
アクセスしやすい立地

↑5月のツツジに始まり、10月のコスモス
まで楽しめる花畑

↑丘の上を花が波のように揺れる

バギー

かぜ・かおる・あそぶ
「ぜるぶ」の魅力を味わう

ぜるぶの丘の花畑を楽しむなら、バギ
ーを使ってまわるのがおすすめ。花を
間近に「かぜ」が「かおる」のを感じな
がら「あそぶ」ことができる。花畑1周
1人乗り500円、2人乗り800円。

↑美しい花畑は丘にそって花々が同心円状に植えられている

東北最大級の虹色ガーデン
真っ赤なケイトウがアクセント

やくらいガーデン
やくらいガーデン

宮城県加美町 ◆ ケイトウ・サルビア9月上旬〜10月下旬

薬来山の麓のやくらいガーデンは、15万㎡もの広大な敷地に400種を超える花々の畑が季節を彩る。春はビオラや菜の花、初夏のローズガーデン、盛夏のヒマワリ。秋の醍醐味は真っ赤なサルビアとケイトウなど、季節が移り変わるたびに新しい情景を見ることができる。ガーデンの敷地内に設けられた撮影ポイントは数々の工夫が凝らされ定評がある。

□ D A T A & A C C E S S

☎0229-67-7272 ⑰宮城県加美郡加美町味ケ袋やくらい原1-9 ⑱10:00〜17:00(最終入場は〜16:30) ⑭4・7・8・11・12月は不定休、5・6・9・10月は無休、11月下旬〜4月上旬は休園 ⑭800円、小・中学生200円 ⑯JR西古川駅から車で30分 ⑫あり

⬆SNSで話題を呼んだ、ふるるの丘の「ピンクの扉」。菜の花シーズンの黄色に似合う

➡敷地面積2万㎡に約20万本のヒマワリ

⬇ガーデンのメインスペースでもある「ふるるの丘」園内には8つのテーマガーデンがある

ケイトウ
花畑に鮮やかなアクセントをつけてくれるケイトウ。サルビアも同時期が見頃

➡春らしいパステルカラーがまるで水彩画のよう。シーズンごとに違う顔を見せる工夫が随所に施されている

94

秋にはイルミネーションイベント「星あかり」を開催。日程は公式サイトで確認を

傘イベント

ガーデン各所に「アンブレラスカイ」

毎夏7月のイベントのひとつで、ガーデン各所をはじめ、チャペルやカフェなどさまざまなところにカラフルな傘を置いたり、吊るしたりなどバラエティに富んだ演出をしている。晴れ、曇りそして雨の日も傘イベントがガーデン一帯を盛り上げている。

日本一のツツジの山
山肌が赤やオレンジに染まる

徳仙丈山
とくせんじょうさん

宮城県気仙沼市 ◆ ツツジ 5月中旬〜下旬

標高711mの徳仙丈山は、日本最大級ともいわれるツツジの名所。登山道から山頂まで、50ha(東京ドーム10個分)の広範囲にわたり、50万株のヤマツツジとレンゲツツジが自生している。延々と続くツツジのトンネルをハイキングで楽しみたい。山頂から見下ろす太平洋のコバルトブルーと、赤やオレンジ色のツツジとのコントラストが美しい。

DATA & ACCESS

📞0226-22-4560 (気仙沼市観光協会) 🏠宮城県気仙沼市赤岩物見 🕐見学自由 🚗三陸自動車道・気仙沼中央ICから約15km 🅿️あり

ツツジ
高低差がさほどないため、ピクニック感覚でツツジの観賞が楽しめる

↑徳仙丈山にあるツツジはほとんどが長い年月をかけた自生

周辺にはリンドウ、スミレ、ヒトリシズカなど、可憐な山野草が見られる

ツツジ
山頂からの眺めは、赤く染まる山肌と太平洋の圧巻の風景が見渡せる

徳仙丈山登山口

**ツツジの華やかさと
渓流の涼やかな風景**

気仙沼側の登山口付近からツツジが一帯に広がる。また、参道の脇に入ると徳仙奥入瀬があり、木々の中を水が涼やかに流れ、岩の苔も水しぶきを受けて緑がいっそう映えた姿に出会える。

高原に秋の訪れを告げる
一面に広がる真っ白なソバの花

湯の台高原
ゆのだいこうげん

山形県大蔵村 ◆ ソバの花 8月下旬〜9月上旬

　月山、葉山、鳥海山を望む標高400〜500m、「日本で最も美しい村」連合に加盟する大蔵村にある湯の台高原。肘折温泉に通じる国道458号線の道路両側の大地に広がるソバ畑は、8月下旬〜9月上旬にかけて可憐なソバの花が咲き誇る。夏の終わりと秋の訪れを感じさせる季節の風物詩を写真に収めようと、多くの人々が沿道にあふれる。

▢ DATA & ACCESS
☎0233-75-2111（大蔵村役場産業振興課）⋒山形県最上郡大蔵村大字南山湯の台 ⋒休料見学自由 ⊗JR新庄駅から車で45分 Ｐなし

⬆肘折温泉のシンボルとして親しまれているこけしもソバ畑を見守る

ソバの花
青い空と深い緑の山々に白い可憐な花のコントラストは、短期間の希少な風景

湯の台スキー場
冬の大蔵村のスキー場
ロングシーズン滑走可能
初冬から早春までスキーが楽しめる湯の台スキー場。全日本スキー連盟公認のクロスカントリーコースがあり一般客も利用可能。春先からはランチやおやつを持ってピクニックもおすすめ。

俯きながらひっそりと咲く
恋心を告げられぬ乙女の群れ

かたくり群生の郷
かたくりぐんせいのさと

秋田県仙北市 ◆ カタクリ 4 月中旬〜5 月上旬

　20haある敷地は日本一大きな栗「西明寺栗」が収穫できる栗林。栗を育てる環境がカタクリにも適していたことが自然群生の理由。こぼれた種は翌年に芽を出すだけで枯れ、翌年以降も春に葉を1枚出すだけ。その後も開花せず球根に栄養を蓄え、ようやく花が咲くのは植え付けから7年後。周囲を紫色に染める群生地の拠点「かたくり館」も訪れたい。

☐ D A T A ＆ A C C E S S

📞0187-47-3535（かたくり館）🏠秋田県仙北市西木町小山田八津・鎌足 🕘8:30〜17:15 🈺第2土曜（カタクリ開花シーズン、お盆、年末年始は無休）💰300円 🚉秋田内陸縦貫鉄道秋田内陸線・八津駅から徒歩5分 🅿あり

⬆新緑の季節を待つ栗の木。根元は紫色のカタクリの花で敷き詰められる

カタクリの花
太陽光のない曇りや雨の日は、花は閉じたまま。天気の良い日に訪問がおすすめ

かたくり群生の郷の入口にある「かたくり館」。農業体験や地域イベントの拠点

⬇日本一大きい「西明寺栗」の栽培地として全国的に有名。購入は要問い合わせ

絶景の花畑

かたくり群生の郷

白カタクリ

白いカタクリは突然
変異種で、自生地の
場合は数万本に1本
とまれな存在だ

園内の
施設

かたくり館

古くから西木町小山田鎌足
地区に伝わる「鎌足和紙」
の紙漉をインストラクターの
指導で体験をすることがで
きる（要事前予約）。

どこまでも続く菜の花ロード
桜とのコラボレーションが魅力

桜・菜の花ロード
さくら・なのはなロード

秋田県大潟村 ◆ 桜、菜の花 4月下旬～5月上旬

　村内を東西に走る県道298号。4月下旬から5月上旬は、桜と菜の花が一斉に咲き、沿道約11kmにわたり大潟村の春の風物詩となる。桜は約4000本のソメイヨシノ、続いて八重桜、紅山桜が咲き、桜の木々の間には緑濃い黒松。重なりあう色彩のコラボレーションは道ゆく人の気持ちを弾ませる。開花期間中、桜と菜の花まつりを開催。

↑桜・菜の花ロード上には駐車スペース（さくら・もしもしピット）を設置。車を停めて写真撮影が可能

DATA & ACCESS
☎0185-45-3653（大潟村産業建設課）働秋田県南秋田郡大潟村 働休料見学自由 交JR八郎潟駅から車で10分 Pなし

夏は県道298号が「ひまわりロード」になる。さわやかな花に見守られてのドライブもいい

桜と菜の花まつり

**菜の花畑に電車が走り
花を間近に楽しむまつり**

ホテルサンルーラル大潟前の菜の花畑を主会場に開催される桜と菜の花まつり。ミニ電車の運行や菜の花摘み取り体験など各種イベントが開催される。最寄りの干拓博物館や生態系公園でもイベントがあり多くの人で賑わう。

←↑コスモスは村内の秋の風物詩。県道男鹿八竜線潟端橋付近から約4kmを植栽

菜の花
満開の菜の花畑のなかをミニ電車に乗って。目線を低くして花を見られるのがいい

国内屈指の面積を誇る
広大な菜の花畑は圧巻

横浜町の菜の花
よこはままちのなのはな

青森県横浜町 ◆ 菜の花 5 月上旬〜中旬

下北半島の陸奥湾に面した横浜町の春の風物詩といえば、国内トップクラスの作付面積を誇る菜の花畑。毎年5月に入ると、町内各所が黄色い菜の花に彩られ、その美しさから「春もみじ」と呼ばれている。夕暮れどきには夕日を浴び黄金色になった菜の花畑に沈む美しい夕日を見ることができる。5月中旬頃の週末には菜の花フェスティバルが開催される。

DATA & ACCESS

☎0175-78-2111(横浜町役場) 📍青森県横浜町大豆田 🕐休料見学自由 🚃JR陸奥横浜駅から車で15分 Ｐあり(イベント開催時のみ)

⬆菜の花畑の先に見えるJR大湊線(P348)の車両と陸奥湾

イベント会場には無料で散策できる菜の花小路が登場

菜の花
風力発電の風車が立ち並ぶ菜の花畑の風景。空の青と黄色のコントラストに白い風車が美しい

道の駅よこはま「菜の花プラザ」

町の花・菜の花を使った商品がたっぷり

国道279号沿いにある道の駅。物産館は町の特産品である、ナマコやホタテ、菜の花の加工品が豊富。一番人気は店内のキッチンで作る「菜の花ドーナツ」。生地に菜の花を練り込んでいる。

広大な敷地を埋め尽くす
色とりどりの芝桜

羊山公園
ひつじやまこうえん

埼玉県秩父市 ◆ 芝桜、ヤマブキ 4月中旬～5月上旬／
花菖蒲 5月中旬～6月上旬

　埼玉県立武甲自然公園の中にあり、市
街地を一望できる高台にある公園。見頃
を迎えると10品種40万株、白やピンク、
淡いブルーの芝桜がパッチワークのよう
に流線形の模様を描く。背後には秩父の
シンボルである雄々しい武甲山がそびえ、
愛らしい芝桜の風景と対照的で美しい。
谷を挟んだ両斜面にある観覧用のベンチ
や芝生の広場でのんびりできる。

☐ D A T A ＆ A C C E S S
☎0494-26-6867(秩父市役所都市計画課) ⓟ埼玉
県秩父市大宮6360 ⓞ8:00～17:00(芝桜の丘見頃
の時期) ⓗ無休 ⓨ300円(芝桜の丘見頃の時期) ⓧ
西武秩父駅から徒歩20分 ⓟあり(芝桜開花時期は
有料)

⬆公園内の菖蒲田に咲く約1万株の花菖蒲

⬇秩父のシンボルであ
る標高1304mの武甲
山を背後に望む丘陵地
に芝桜の丘が広がる

羊山公園馬場●
ふれあい牧場
中央広場 🚻
ポテくまくんの家●
●秩父こもれびの庭 芝桜の丘

芝桜
秩父市の師走の名物
「秩父夜祭」の躍動感と
山車の囃子手の襦袢を
イメージした花模様

4月上旬～中旬にか
けては、ソメイヨシノ、
しだれ桜、八重桜と約
1000本の桜が咲き誇る

●牧水の滝

見晴しの丘

忠霊塔

芝生広場　わんぱく広場●
葛葉稲荷神社卍

●羊山グラウンド

西武秩父線

菖蒲田

姿の池

武甲山資料館●

やまとーあーとみゅーじあむ●

⬅白やピンク、
淡いブルーの芝
桜が丘に咲く

武甲山資料館

羊山公園の見晴らしの丘近くにある武甲山資料館。秩父の基幹産業であるセメントの原料、石灰石の採掘により山容が変貌した秩父のシンボル・武甲山。その名山の姿を後世に伝えるために開設された。
☎0494-24-7555 ⏰9:00～16:00 休火曜(祝日は営業) 料210円、小・中学生100円

⬆芝桜の見頃には公園のテニスコートの反対側にヤマブキが色づく

ふれあい牧場

「芝桜の丘」途中に出会える かわいい綿羊たち

羊山公園に入り、芝桜の丘へ向かう途中にある「ふれあい牧場」。綿羊たちと気軽にふれあえるよう放し飼いにされている。公園の名前の由来にもなったモフモフの羊たちに会いに行こう。

約6.5haの広大な場所で
16種類のラベンダーを観賞

千年の苑ラベンダー園
せんねんのそのラベンダーえん

埼玉県嵐山町 ◆ ラベンダー6月上旬~下旬

　埼玉県のほぼ中央に位置する嵐山町に、東京ドームの約1.4個分のラベンダー畑が広がっている。例年6月上旬頃、約2万2000株のラベンダーが順に開花して、独特の香りとともに訪れる人たちを楽しませてくれる。イベントではラベンダー関連グッズに加え新鮮な農産物や特産品も並び、摘み取り体験をはじめ、香りのいいラベンダースティックづくりもできる。

☐ D A T A ＆ A C C E S S

☎0493-81-4511(嵐山町観光協会) 所埼玉県比企郡嵐山町鎌形2326 開9:00~16:00(入場は~15:00) 休まつり期間中は無休 料500円、小学生以下は無料 交関越自動車道・嵐山小川ICまたは東松山ICから約8km Pあり

↩香りと花を楽しめる摘み取り

ラベンダー
癒やされる香りも魅力的。原産は地中海沿岸、シソ科常緑性低木の多年草植物

ラベンダー園内の指定場所で50本程度の摘み取りを体験できる(有料・天候・花穂の状況で変動あり)

↩園内の見晴台から眺める

❸茎の下部に次第に花穂(かすい)が付きボリュームを増し徐々に開花する

体験

ラベンダースティックを作ってみよう

最初はフレッシュな香り、だんだんと甘く落ち着いた香りになるラベンダースティック。およそ30分ほどで自分オリジナルの完成。当日会場で受け付けをし、誰でも参加できる(有料)。

❸香りごと自宅に持って帰れるのが魅力

❸敷地内にある体験教室用の建物

イベント

6月の見頃に らんざんラベンダーまつり

見頃を迎える6月上旬から下旬にかけて毎年行われている摘み取り体験をはじめ、地元特産品やラベンダーグッズの販売のほか、飲食ブースなども出店し、週末を中心に賑わう。広い敷地内で行われる開放的な時間。

❸食事やひと休みできるテントがある

高原の丘に広がる赤いポピー
青空とのコントラストが鮮烈

天空のポピー
てんくうのポピー

埼玉県皆野町 ◆ ポピー 5月下旬～6月上旬

　標高500mの広大な斜面に約1200万本のポピーが咲き誇る「天空のポピー」。高原を漂う霧のなか、幾重にも広がるなだらかな丘一面に咲く赤いポピーは、まさに天空の花園だ。遊歩道から斜面の花畑を見上げるため混み合う時期でも人が写り込まない写真を撮れる写真好きにはうれしいスポット。撮影時間や場所に配慮して行きたい。また、彩の国ふれあい牧場では、動物たちとふれあうことができる。

▢ D A T A & A C C E S S

☎0493-82-1223（東秩父村役場産業観光課）🅟埼玉県秩父郡皆野町三沢 🕘9:00～17:00 🈂無休（5月下旬～6月上旬頃のみ開園）🉐500円、小学生以下無料 🚗関越自動車道・花園ICから約22km 🅿あり

⬆彩の国ふれあい牧場にいる動物たちとふれあえるのも魅力

眼下に広がる雲海がより天空らしさを演出する。風がひらひらと花びらを揺らす

ポピー
花畑のポピーには早咲きと遅咲きがある。年により変動はあるが、両方が咲く6月初旬が狙い目

⬆つぼみは下向きにうつむいているが、開花を迎えると首をもたげ、空に向かって花を開く

⬆ポピーの丘を縫うように設けられた遊歩道。立ち入り禁止エリアもあるが、「ポピーの摘み"撮り"イベント」の際は中に入って写真を撮れる

↑赤いポピーが目立つが、ところどころに白やピンクのものも混じっていて、アクセントになっている

南アルプスの山並みを背に
鮮やかな大輪が花開く

明野ひまわり畑
あけのひまわりばたけ

山梨県北杜市 ◆ ヒマワリ7月下旬～8月中旬

　毎年サンフラワーフェスを開催する北杜市明野町は、日本一日照時間が長いエリア。光合成活性が高いヒマワリが生長するのに適した環境で、ハイブリッドサンフラワーを中心としたヒマワリが力強く咲き誇り、直径30cmほどの大輪の花が間近に見られる。南アルプスや富士山などの山々をバックにヒマワリが一面に広がる景色が圧倒的スケールで迫る。

DATA & ACCESS

📞0551-42-1112(北杜市役所明野総合支所) 🏠山梨県北杜市明野町 ⏰見学自由 🈳無休 💰協力金あり 🚃JR韮崎駅から車で20分 🅿あり

⬆南アルプスの山々を背景にしたヒマワリが見られる人気スポット

⬆太陽の光をたっぷり浴びたヒマワリが空に向かって力強く花開く

ヒマワリ
茅ヶ岳広域農道沿いの南アルプスや八ヶ岳、富士山が見渡せる丘の斜面に広がるヒマワリ畑

北杜市明野
サンフラワーフェス

明野の夏の風物詩
1カ月にわたるヒマワリの祭典

例年7月下旬～8月中旬に行われる「北杜市明野サンフラワーフェス」は、農村公園を中心に周辺のヒマワリ畑を開放。ヒマワリ畑の迷路やフォトコンテストなどイベント満載。

ヒマワリ
東北最大級を誇るヒマワリ畑。
花が咲くみはらしの丘には「幸福
の鐘」があり来場者に人気

ゲレンデを埋め尽くす
太陽に向かって笑う夏の花

三ノ倉高原花畑
さんのくらこうげんはなばたけ

福島県喜多方市 ◆ヒマワリ 8月上旬〜下旬

　標高約650mにあり、会津盆地が一望
できる県内随一のビュースポット。スキー
場のゲレンデなどを利用した約8haもの
広大な敷地・みはらしの丘に咲くおよそ
250万本のヒマワリをバックに撮影できる
のが魅力。8月に開催の「ひまわりフェス
タ」では、コンサートやウォークラリーな
どのイベントが行われる。また、5月中旬
から下旬は、約350万本の菜の花が咲く。

☐ D A T A ＆ A C C E S S
☎0241-36-2114(喜多方市熱塩加納総合支所産業
建設課) ⑯福島県喜多方市熱塩加納相田北権現森
甲857-6 ⑯休⑯見学自由 ⊗磐越自動車道・会津若
松ICから約32km Pあり(協力金500円)

◑春から夏の終わり
まで花が迎える高原

⬆会津市街地を眺めながら菜の花畑を散策できる

真っ白な三ノ倉スキー
場のゲレンデが、春は
ガラリと装いを変え
菜の花畑になる

ゲレンデ跡地が菜の花畑に変身
特産品・菜の花オイルも誕生！

中山高原
なかやまこうげん

長野県大町市 ◆ 菜の花 4月下旬〜5月上旬

　　北アルプスと緑の森を背景に、黄色い
菜の花が広がる絶景を実現したのは、荒
廃したスキー場跡地を再生したいと立ち
上がった市民たち。この菜の花畑は美し
いだけでなく、コミュニティビジネスの
成功例としても注目を集めている。シー
ズン中は特産品の販売店だけでなく、ジ
ビエ料理や菜の花ソフトクリームを楽し
めるカフェなどが周辺で営業する。

□ D A T A ＆ A C C E S S

☎0261-85-8040(合同会社菜の花ステーション) 働
長野県大町市中山高原 働休料見学自由 交JR信濃
大町駅前から大町市民バスふれあい号美麻コース
(境の宮線)で10分、大町スキー場下車、徒歩6分 Ｐあり

⬆8月下旬〜9月上旬にかけてはソバの花が見頃

菜の花

元ゲレンデの丘陵地
に黄金色の花が波打
つ。菜の花畑にそび
える通称「一本桜」
の取り合わせがフォト
ジェニックと評判

近くにある「幻の湖」。
雪どけ水から出現。
湖に映る菜の花畑
が神秘的な光景に

ロケ地

連続テレビ小説
思い出のワンシーン

　県内がロケ地となった連続テレビ小説
の中で登場するのが中山高原。印象的
なシーンは、北アル
プスと白いソバの花
が広がる高原という
美しい情景。いつま
でも思い出に残る場
所のひとつ。

絶景の花畑

中山高原

◐最初に植えたのはソバなのだとか。ソバを栽培し始めたら菜の花も咲いた

霧ヶ峰高原に咲くニッ
コウキスゲの花の群落
と八ヶ岳、その先
に富士山を望む

◆国の天然記念物に指定される八
島湿原。多くの高原植物と出会える

人気のドライブルートに群生
高原の風に可憐な花が揺れる

霧ヶ峰
きりがみね

長野県諏訪市・茅野市・下諏訪町 ◆ ニッコウキスゲ 7月上旬〜中旬

　日本屈指のドライブルート・ビーナスライン。森林地帯から高原へ、季節ごとにさまざまな表情を見せるこの道はまさに爽快の一言に尽きる。ビーナスライン沿いの霧ヶ峰・車山高原は、高原植物が咲き乱れ、7月頃から見頃を迎えるニッコウキスゲは、車山肩から車山山頂に向かう遊歩道沿い、車山肩「ビーナスの丘」などでラッパ状の黄色い花を咲かせる。

DATA & ACCESS
☎0266-58-0120(諏訪市観光案内所) 所長野県諏訪市霧ヶ峰 営休料見学自由 交中央道・諏訪ICから約20km Pあり

↑ニッコウキスゲが咲く夏の霧ヶ峰。夕映えも幻想的

⚑7〜8月頃に開花する
高山植物のウツボグサ

↻霧ヶ峰を代表する花
ニッコウキスゲは朝開い
て夕方にはしぼむ一日花

車山高原

車山からの絶景を堪能

霧ヶ峰の最高峰車山の山頂へ。リフト
を2回乗った先には北アルプスや富士
山が望める360度の大パノラマ。山
頂にあるオブジェのような白い球体は
気象レーダー観測所。長野県を中心と
した広い範囲の気象を観測している。

ニッコウキスゲ

アルプスの稜線が美しい、平
均標高1600m、大自然の絶
景ロード・ビーナスライン

残雪の北アルプスに見守られ
春の花々が一斉に咲く岸辺

あさひ舟川
「春の四重奏」

あさひふねかわ「はるのしじゅうそう」

富山県朝日町 ◆桜、菜の花、チューリップ4月

　朝日町の舟川べりに並ぶ約280本のソメイヨシノは、昭和32年(1957)に住人たちの手で植えられ、今も大切に育てられている。周辺の畑では、農家の方が極早生のチューリップと菜の花を栽培。それらの花が桜と同時に咲いて、背景に広がる残雪の北アルプスとともにカラフルな春の四重奏を奏でる。夜にはライトアップやかがり火で幻想的な風景に。

D A T A ＆ A C C E S S

☎0765-83-2780(朝日町観光協会) ⓐ富山県下新川郡朝日町舟川新 ⓗ見学自由 ⓣあいの風とやま鉄道・泊駅から無料シャトルバスで15分 Ⓟあり(平日のみ)

↑夜空に浮かび上がる桜もひときわ美しい

↑全盛期は30軒ほどのチューリップ球根農家がいたが現在は1軒に。平成21年(2009)から四重奏に取り組む

北アルプス・桜
菜の花・チューリップ

残雪の北アルプスを背景に、川沿いの桜と畑の菜の花、チューリップが織りなす風景

↑秋には真っ赤なヒガンバナが登場。9月中旬〜10月上旬まで舟川べり約600mを彩る

⬆春風が吹くたびに、黄色い花がゆっくりと揺れてのどかで穏やかな時間を過ごせる

⬆花明かりと北アルプスの残雪が夕刻を幻想的な雰囲気にする"夕暮れの四重奏"

春の四重奏の花守り

**手をかけて花開く
元気なチューリップ**

春の四重奏の美しい景観をつくり出す、チューリップの球根と菜の花を栽培している農家「チュリストやまざき」さん。ボランティアの力も加えて手入れされたチューリップは4月下旬まで長く楽しめる。

憩い・安らぎ・癒やしを体感
花畑を望む極上のさじき席

兵庫県立公園
あわじ花さじき

ひょうごけんりつこうえんあわじはなさじき

兵庫県淡路市 ◆ 菜の花、ムラサキハナナ 1 月上旬〜 4 月中旬

↑「花さじき」の名のとおり、さまざまな色が入り組んで
特別感を見せてくれる　　　　　　　写真提供:あわじ花さじき

　花の島にふさわしい花の名所として平成10年(1998)に設置された「あわじ花さじき」。明石海峡・大阪湾を背景に花の大パノラマが展開され、さまざまな花が咲き誇り、憩い・安らぎ・癒やしが体感できる場所。菜の花は1月上旬から咲き始める早咲き品種から菜種油を収穫できる遅咲き品種まで幅広く植栽しているため、長期間美しい景色が楽しめる。

□ D A T A ＆ A C C E S S

☎0799-74-6426 ㊟兵庫県淡路市楠本2805-7 ㊟
9:00〜17:00(最終入園16:30) ㊡休園日あり ㊣無料
㊨神戸淡路鳴門自動車道・淡路ICから約7km ㋹あり
(有料)

写真提供:あわじ花さじき

↑7月下旬から見頃を迎えるヒマワリ

写真提供:あわじ花さじき

↑大きな牧草畑を刈り込んで地上絵を描く、
あわじ花さじきアースワーク

菜の花・
ムラサキハナナ

明石海峡・大阪湾を背景に菜の花とムラサキハナナの大パノラマを展開する

←赤いサルビアは8月上旬～10月下旬まで見頃。花畑に真紅の絨毯が広がる

希望の丘
ふれあいの花園
花さじきテラス館
空中回廊・WC
展望デッキ・
天空の花園
天空の小径
歓びの丘
友愛の丘
歓びの庭
共生の花園
癒しの花園
花海廊

↑ブルーサルビアは8月下旬～10月下旬まで見頃。暑い時期に涼やかな光景が見られる

↑ムラサキハナナは3～4月中旬に咲く菜の花と同じアブラナ科の一年草

冬の淡路も素敵

ストックの大花壇

ストックの有名な産地である淡路島。温暖な気候の淡路ならではのストックの色鮮やかな景色が広がる(11月中旬～2月下旬)。冬は空気が澄んでいるため、阪神方面の眺望とともに楽しめる。

117

あたり一面を淡い薄紫に染める
ラベンダーのふくよかな香り

メナード青山リゾート

メナードあおやまリゾート

三重県伊賀市　◆ ラベンダー 6月中旬~7月上旬

　標高600mに位置する青山高原の中に
ある総合リラクゼーションリゾート「メ
ナード青山リゾート」。敷地内にあるハー
ブガーデンは、8haの敷地に年間300種
類以上のハーブが植えられているハーブ
のテーマパークだ。最盛期には2万株のラ
ベンダーが咲き誇り、淡くやさしい薄紫
色の花とふくよかな香りに包まれる。7月
上旬にはラベンダーの収穫体験もできる。

☐ D A T A ＆ A C C E S S

☎0595-54-1326 ⓐ三重県伊賀市霧生2356 ⓣ9:00
~17:00 ⓗ12月上旬~4月下旬 ⓨ1100円、小学生以
下無料(季節変動あり) ⓧ近鉄大阪線・伊賀神戸駅
から無料送迎バスで35分(予約制) ⓟあり

⬆ハーブの女王と呼ばれ香りと可憐な花が人々を
魅了するラベンダー

メナード青山リゾート
でハーブ、花三昧の
後はショップでゆっ
くりお買い物

⬆リンゴのような香りのジャーマンカモミール

⬆初夏にはネモフィラの花が見頃に

◎300種類以上のハーブが
四季を通して咲いている

青山リゾートの自然感じる
ウォーキングコース

メナード青山リゾート内にある高原の
景色や緑の息吹を感じられる全長
2300m、所用時間約60分のウォーキ
ングコース。コース内には大自然の景
色が眺められるビュースポットがある。

◎ハーブ園のランドマークは展望台とシュッとした
背の高い木。ここを中心に広い園内を歩けば安心

ブランチカフェ
「ルッコラ」

ブランチカフェ「ルッコラ」
で味わえるカモミールのハー
ブティー。ショップにはハー
ブ関連のグッズが揃う。

清流と自然林に囲まれた渓谷
ツツジの群生を愛でながら散策

るり渓高原

るりけいこうげん

京都府南丹市 ◆ ミツバツツジ 4月下旬～5月上旬

2つの谷の合流点に造られたダム湖・通天湖に桜が咲き乱れる

　瑠璃のように美しいということから「るり渓」と名付けられた、標高500mの高原。4kmに及ぶ散策路を歩きながら滝や岩を眺めたり、季節の草花を眺めたりできる。4月下旬頃からヤマツツジやミツバツツジの薄紫色や紅紫色の花が渓谷一帯を染める。最上流にある人造湖・通天湖周辺では、湖面にツツジの花が映し出される景色が広がり、特に美しい。

↑色鮮やかな紅葉が圧倒的に美しい

るり渓温泉

宿泊でも日帰りでもOK
ラドン含有量の豊富な温泉

美しい渓谷を楽しんだあとは、ラドン含有量が全国でも上位の「京都るり渓温泉 for REST RESORT」で宿泊客はもちろん、日帰りでもリフレッシュできる。

DATA & ACCESS

☎0771-68-0050(南丹市役所観光交流室) 所京都府南丹市園部町大河内 開休料見学自由 交京都縦貫自動車道・園部ICから約17km Pあり

↑光のアートに壮大な音楽が融合

ミツバツツジ

国の名勝地に指定されるるり渓。岩々の間をしぶきを上げる滝とミツバツツジの花が調和する

芝桜
南アルプスを望む愛知県内で一番高い場所にある。5月は夜間ライトアップもあり

空に浮かぶような天空の花畑を
リフトから見下ろす楽しみ

茶臼山高原
ちゃうすやまこうげん

愛知県豊根村 ◆ 芝桜 5月中旬～6月上旬

愛知県、長野県、静岡県にまたがる天竜奥三河国定公園内にある高原。標高1385mの萩太郎山山頂付近の芝桜の丘に約7種類の芝桜が咲く。山麓から山頂まではリフトを利用して上っていくことができ、リフトに乗ってゆったりと約12分の空中散歩をしながら、足元にピンクや薄紫、白色の花が咲くサンパチェンスの景色を見下ろすという楽しみ方もできる。

DATA & ACCESS
☎0536-87-2345 所愛知県北設楽郡豊根村坂宇場御所平70-185 開9:00～16:30(芝桜まつり期間8:30～18:00) 休木曜(イベント期間中は無休) 料リフト往復800円 交三遠南信道·鳳来峡ICから約41km Pあり

↑愛知県内で最も早く紅葉が楽しめる。なかでも萩太郎山斜面がひときわ美しい

茶臼山高原スキー場

ビギナーや家族連れに愛知県唯一のスキー場

なだらかな傾斜の、初心者や家族連れ向けのスキー場。スキー教室も子どもから大人まで受講できスキーの楽しさを学べる。動く歩道ベルコンも人気。平日のみスノーボードの滑走が可能。

春～秋に楽しむ12分間の空中散歩。6～10月にはサンパチェンスの絨毯が広がる

動物とのふれあい体験も多彩
花いっぱいの農業公園

滋賀農業公園
ブルーメの丘
しがのうぎょうこうえんブルーメのおか

滋賀県日野町 ◆チューリップ 4月上旬〜下旬／
ヒマワリ 7月中旬〜8月下旬

中世ドイツの農村をモチーフにし、ドイツ語で花の意を持つ"ブルーメ"を冠した花のあふれる公園。動物たちとのふれあいや、多彩な体験が楽しめ、園内の花畑では、春のチューリップ、夏のヒマワリ、秋のコスモスなど、四季を通して花の景色が広がる。4月上旬から見頃を迎えるチューリップは12万本。色や形、高さもさまざまで訪れる人の目を楽しませてくれる。

DATA & ACCESS

☎0748-52-2611 ⓐ滋賀県蒲生郡日野町西大路843
⏰10:00〜17:00(土・日曜は9:30〜、12〜2月は〜16:00)
㊡水曜(12〜2月は水・木曜) ㊎1500円、子ども800円
🚗名神高速道路・八日市ICから約13km ㋐あり

➡「あそびのエリア」には72のアトラクションがある

チューリップ
4月上旬〜下旬に咲く12万本のチューリップは絵本から飛び出したような美しさ

↑42品種と見応えがあるチューリップが花畑を彩る

↑ふれあい広場で動物たちとふれあえる

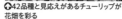

↑馬のえさやりや乗馬の体験ができる

夏の代名詞ヒマワリは2品種10万本。畑の中に入れる場所もある

山頂から見下ろす水仙は
関西最大級30万株のスケール

びわ湖バレイ
びわこバレイ

滋賀県大津市 ◆ 水仙 5 月上旬〜中旬

　琵琶湖の西岸にある蓬莱山の麓にあるアウトドアのメッカであり、冬はスキー客で賑わう。山の斜面の一角に30万球の水仙が植えられていることから「スイセンの丘」とも呼ばれ、5月中旬に見頃を迎える。ロープウェイで山頂まで昇り、リフトまたは徒歩でスイセンの丘へ。山肌を黄色に染める水仙と遠くに琵琶湖を望む絶好のロケーションが広がる。

□ D A T A ＆ A C C E S S

📞077-592-1155 所滋賀県大津市木戸1547-1 時9:00〜17:00 休3月下旬〜4月下旬、定期休業日あり 料ロープウェイ3500円、小学生1500円 交名神高速道・京都ICから湖西道路でから約44km Pあり

↑ジップラインアドベンチャーは鳥目線で琵琶湖の絶景を楽しもう

↑冬は変化に富んだ9つのコースが自慢のスキー場に

水仙
琵琶湖が眼下に広がる蓬莱山山頂付近は高原の風に吹かれ春の香りが漂う

カエデやミズナラの木々が色づく紅葉はロープウェイから堪能

レストランエキナカキッチン

琵琶湖と蓬莱山を望む
絶景レストラン

ロープウェイ山頂駅2階にある琵琶湖や蓬莱山の美しい景色が広がるレストラン。海老カツバーガー1300円。テイクアウトして青空の下で味わうのもおすすめ。営業時間10:30〜15:30(11月は11:00〜)予定

多種多様なダリアが彩る
絵本のような色鮮やかな世界

世羅高原農場
せらこうげんのうじょう

広島県世羅町 ◆ ダリア 9 月中旬〜10月下旬

　標高500mに位置する観光農園。秋の
フォトスポットは550品種 約7500株の
ダリア。そして愛らしいフォルムで鮮や
かな色合いが目を引く30品種1万2000
株のガーデンマムの畑は、まるで絵本の
ような花の重なりが堪能できる。春の桜
とチューリップ、夏のヒマワリ、秋のダ
リアとガーデンマムと、開花時期ごとに
イベントを開催する(各花の開花時期以
外は休園)。

DATA & ACCESS

📞0847-24-0014 🏠広島県世羅郡世羅町別迫1124-
11 🕐9:00〜18:00(最終入園は〜17:00) 🈳無休(イベ
ント期間中) 💴1000円、子ども500円 🚗山陽自動車
道・河内ICから約37km 🅿あり

⤴土日祝日限定のダリアプール。生花がプールに浮か
ぶフォトスポット

⤴4月中旬〜5月中旬は200種75万本のチューリップに感動

ガーデンマム畑
コスモス畑
農場レストラン R
WC
● こもれびデッキ
● 風車展望台
R バーガーショップ C 花カフェ
WC
ブルーサルビア
ダリア畑
花マルシェ S
WC 🚻
S 花ショップ・売店
入口
※園内植栽は年ごとに
ローテーション。マップ
は2022年の配置
ダリア畑
N
ポンポン咲
P
森の展望
P
P

⤴夏の思い
出になるひま
わりまつり

ダリア

色も形も違う7500
株のダリアが咲き競
う百花繚乱の丘。ダ
リアを敷き詰めて描
く花絵は圧巻

ガーデンマムの花畑

真ん丸な形の花が描く華やかな絵本の世界

丸い花が鮮やかに咲き誇るキク科のガーデンマムは9月下旬からが見頃。見どころは、毎年デザインが変わる約30品種1万2000株で描く花の地上絵。絵本の1ページのような華やかさ。

⬆世羅高原農場は世羅町内に4つの花園を運営。(上)芝桜(見頃4月上旬〜5月上旬)は「Flowervillage花夢の里」で、(下)藤(見頃4月下旬〜5月下旬)は「せらふじ園」で観賞できる

徳島市街を見下ろす高原に
真っ青な絨毯が広がる

大川原高原
おおかわらこうげん

徳島県佐那河内村 ◆ アジサイ 6月中旬〜7月中旬

⬆高原の天文台の上に現れた天の川

　徳島市街から車で1時間ほどにある標高
約1000mのエリア。年間を通して市街地
よりも気温が4〜5℃低く、真夏でもひん
やりするほど。6月頃には斜面に約3万株
のアジサイが咲きあたりを青く染める。
この地の土壌は酸性が強く、通常よりも
青色が濃く出るという。風車や放牧され
ている牛、条件が揃えば現れる雲海、高
原の素晴らしい景色とともに楽しみたい。

☐ D A T A ＆ A C C E S S

📞088-679-2115（佐那河内村産業環境課）🏠徳島県
名東郡佐那河内村 🕐休料見学自由 🚗徳島南部自
動車道・徳島津田ICから約28km 🅿あり

⬆徳島市街地を望む高台に立つ大川原高原

⬆土壌の性質上青色が多いアジサイのなかで色
とりどりの光景が目を引く

126

大川原牧場

見応えのある風景のなか
のどかに牛が草を食む

徳島平野、阿讃山脈、紀伊水道などを
見渡せる大川原牧場。4月下旬〜9月
中旬まで放牧された牛が草を食むのど
かな姿が見られる。

⬆雨上がりなど、タイミングが良ければ一面が雲海に包まれた絶景が広がる

アジサイ
アジサイの近くには高さ60m
の風車が並ぶ。徳島県の風力
発電の拠点でもある

127

高原の澄んだ風と美しい自然
絵画的風景に癒やされて

白木峰高原
しらきみねこうげん

長崎県諫早市 ◆ コスモス10月上旬～下旬

　五家原岳の中腹に位置する白木峰高原。秋になると約1.1haの斜面一帯に20万本のコスモスが咲き誇り、訪れる人の目を楽しませる。隣接するコスモス宇宙館3階には展望デッキがあり、雲仙岳や有明海を望む。さらに2階のコスモスミュージアムには、コスモス画家として知られる荒木幸史氏の作品を展示している。春には10万本の菜の花が斜面を埋める。

☐ **D A T A　&　A C C E S S**

📞0957-23-9003(コスモス花宇宙館) 🏠長崎県諫早市白木峰町 🕐休料見学自由 🚉JR諫早駅から車で20分 Ｐあり

⬆遠くに雲仙岳と有明海を望み、ハイキングで賑わう夏の高原

⬆空と海が黄金色と茜色に染まり、花たちが美しい朝日を浴びる

菜の花

**白木峰高原の春は
約10万本の菜の花と桜**

白木峰高原の春は10万本の菜の花。斜面一帯が黄色の絨毯に覆われる。諫早平野、雲仙岳、有明海の雄大な景色と菜の花、桜の共演は3月下旬～4月上旬まで楽しめる。

コスモス

ピンク、白、赤、赤紫など多彩な色の20万本のコスモス

四季折々の花にあふれる
広さ3haの広大な公園

上場高原コスモス園

うわばこうげんコスモスえん

鹿児島県出水市 ◆ コスモス 10月上旬～中旬

↑春も活気づけようと地元住民が協力し菜の花を咲かせた

上場高原の楽しみ方

コスモス畑で写真撮影とお買い物

撮影スポットのフォトブースでコスモスの美しい姿を撮ったら、古代竪穴式ならではのグッズや地元産の高原野菜を販売する古代マーケット。出水産の牛乳を使ったジェラートも販売する。

標高500m、熊本県との県境にある広大な公園は、秋を迎えると地元のボランティアが植えた約25万本のコスモスが咲き乱れる。おすすめの観賞場所はコスモス畑の頂上まで行った場所にある展望台で、広範囲にわたって咲くコスモスが一望できる。春は10万本の菜の花やボタン、初夏にはアジサイが咲き、四季折々の花々が楽しめる。

DATA & ACCESS

☎0996-63-2111(出水市役所) 所鹿児島県出水市上大川2648-4 開休料見学自由 交JR出水駅から車で40分 Pあり

↑高原をわたる秋風が心地よい秋の行楽シーズンに、家族、友人と出かけたい

コスモス

30年前は畑だった丘に地元住民が植えた25万本のコスモス。今では鹿児島を代表する名所に

亀岡ききょうの里

かめおかききょうのさと

京都府
亀岡市

◆ キキョウ 6月下旬～7月下旬

明智光秀公ゆかりのききょうの里

ここ「ききょうの里」では、明智家の家紋であるキキョウが育てられている。紫や白色のキキョウだけでなく、ピンクや八重咲きのキキョウも観賞できる。

DATA & ACCESS
📞0771-22-0691 🏠京都府亀岡市宮前町猪倉土山39 🕐9:00～16:00 (受付終了15:30) 🈺無休 💴600円(中学生以上) 🚃JR亀岡駅から園部駅西口行きで猪倉下車、徒歩5分 🅿あり

⬆キキョウだけでなく、ユリやアジサイの花もきれいに咲く

ひるがの高原牧歌の里

ひるがのこうげんぼっかのさと

岐阜県
郡上市

◆ サンパチェンス 7月上旬～10月中旬

家族や女子旅、楽しみ方いろいろ

サンパチェンスやコキアが広大な畑に広がる。園内では動物とふれあったり、自然素材を使った手づくり体験をしたり、いろいろな遊び方を楽しめる。

DATA & ACCESS
📞0575-73-2888 🏠岐阜県郡上市高鷲町鷲見2756-2 🕐4月20日～11月23日 🈺無休 💴大人1200円 🚃東海北陸自動車道・ひるがの高原スマートIC(ETC専用)から約3km、名鉄バスセンター～牧歌の里下車すぐ 🅿あり

⬆夏から秋にかけて長く咲くサンパチェンス

尾瀬ヶ原

おぜがはら

群馬県
片品村

◆ ニッコウキスゲ 7月中旬～8月上旬

国内でも屈指の規模を誇る

日当たりの良い湿原に群生する。毎朝一輪咲いては夕方に萎んでしまう一日花だが、一株は一週間ほどの間にわたって次々に咲き続ける。

DATA & ACCESS
📞0278-58-3222 🏠群馬県利根郡片品村戸倉 🕐🈺散策自由 🚃JR上毛高原駅から関越交通バスでバス停清水町経由、尾瀬戸倉行で1時間48分、終点下車シャトルバス、乗合タクシー乗り換え 🅿あり

⬆綺麗な黄色の花が咲くニッコウキスゲの見頃を合わせるのは難しい

みかも山公園

みかもやまこうえん

栃木県
栃木市

◆ カタクリ 3月

栃木県最大の都市公園

園内には四季折々の花が咲く。春には桜やツツジ、夏は紫陽花や新緑、秋は紅葉と、季節ごとにそれぞれの表情を見せる。みかも山は万葉集にも詠まれていたという。

DATA & ACCESS
📞0282-55-7272 🏠栃木県栃木市岩舟町下津原1747-1 🕐8:30～18:30(10～2月は～17:30) 🈺無休 💴無料 🚃JR栃木駅南口からふれあいバス岩舟線(東回り)で30分、とちぎ花センター前下車すぐ 🅿あり

⬆和歌でも詠まれた光景を花々が咲き誇る姿と一緒に楽しめる

田んぼを使った花畑
たんぼをつかったはなばたけ
静岡県
松崎町
◆ アフリカキンセンカなど6種類 2月中旬～3月上旬

農閑期の田んぼが、花の絨毯に

約3万平方m²の田んぼに、アフリカキンセンカ、ルリカラクサ、ヒナゲシなど6種類が咲く。5月1日から5日は無料の花摘みができる。

DATA & ACCESS
📞0558-42-0745(松崎町観光協会) 🏠静岡県賀茂郡松崎町那賀 🗓2月中旬～5月5日終日 休無休 料1組9名まで500円 ※10人は1000円 🚃伊豆急下田駅から東海バス松崎・堂ヶ島行きで45分、宮小路下車、徒歩1分 Pあり

⬆那賀川のソメイヨシノと併せて、春のお花見を楽しんでみたら

御船山楽園
みふねやまらくえん
佐賀県
武雄市
◆ ツツジ 4月下旬～5月上旬

「花まつり」で春の主役を演じるツツジ

見どころはすり鉢状の「つつじ谷」に咲く色とりどりのツツジ。「久留米」「平戸」など約20万本、推定樹齢170年の大藤も、15万坪の敷地に美しく輝く。

DATA & ACCESS
📞0952-26-6754(佐賀県観光連盟) 🏠佐賀県武雄市武雄町4100 🗓8:00～18:30 休無休(雨天開催) 料700円 🚗長崎自動車道・嬉野ICから約10km Pあり

⬆地上約30mの高さの花見台から眺めるツツジ群の姿は圧巻

生駒高原
いこまこうげん
宮崎県
小林市
◆ ポピー、コスモス 4月下旬～5月中旬、10月初旬～下旬

宮崎の花の名所フラワーパーク

2023年からネモフィラの植栽にチャレンジ。秋のコスモス祭り、春のポピー祭り、南九州最大級のドッグフェスなど多数のイベントが開催される。

DATA & ACCESS
📞0984-27-1919 🏠宮崎県小林市南西方8565-28 🗓9:00～17:00 休無休(12～2月は木曜) 料600円 🚗宮崎自動車道・小林ICから約4km Pあり

⬆センセーションコスモス、キバナコスモスなど色とりどりの花

岩井親水公園
いわいしんすいこうえん
群馬県
東吾妻町
◆ 桜、水仙 3月下旬～4月上旬

さわやかな水仙の香りに、桜とのコラボ

岩井親水公園脇の畑には約30万本の白や黄色のラッパ水仙が咲き誇り、その畑の側には約1kmの桜並木も続く。そのコラボレーションは圧巻。

DATA & ACCESS
📞0279-70-2110 🏠群馬県東吾妻町岩井 🗓9:00～17:00 休無休 料無料 🚃JR群馬原町駅から車で5分 Pあり

⬆東吾妻町は全国でも有数のラッパ水仙の名所

鬼怒グリーンパーク
きぬグリーンパーク

栃木県
高根沢町

◆ コスモス 9 月下旬〜 11 月上旬

水とのふれあいをテーマにした公園

3 つのエリアから構成、白沢側には5月〜ポピー、宝積寺では4月中旬〜菜の花、9月下旬〜コスモスなどが咲く。水上アスレチックや貸自転車もある。

DATA & ACCESS ☎028-675-1909 所栃木県塩谷郡高根沢町宝積寺86-1 時8:00〜18:00(4〜9月)、8:00〜17:30(10〜3月) 休12月31〜1月2日 料無料 交JR宝積寺駅から車で10分 Pあり

↑秋の訪れとともにコスモスが花畑を埋め尽くす

三島江レンゲの里
みしまえレンゲのさと

大阪府
高槻市

◆ レンゲ 4 月

本格的な春の訪れを感じるイベント

遠くから見れば鮮やかなピンク色の絨毯のように見えるが、実際、近づいてみると単色ではなく白とピンクの複雑な色合いが特徴のレンゲの花畑。

DATA & ACCESS ☎072-634-2551(神安土地改良区) 所大阪府高槻市三島江2〜4丁目 時休料見学自由(レンゲ畑内立入禁止) 交JR高槻駅から市営バス 柱本団地行き乗車、三島江南口下車、徒歩5分 Pなし

↑レンゲの花言葉は「心が和らぐ」と言われ、田圃一面に咲き誇り人気だ

柳川ひまわり園
やながわひまわりえん

福岡県
柳川市

◆ ヒマワリ 7 月中旬〜下旬

見ごたえたっぷりのヒマワリ畑

2022年には24回目が開催された恒例イベント。柳川あまおうスムージーの販売や、地元特産物の販売なども行われる。5ha50万本のヒマワリが見事。

DATA & ACCESS ☎0944-72-0819 所福岡県柳川市橋本町 時9:00〜17:00 休無休 料無料(環境整備協力金あり) 交西鉄大牟田線・柳川駅から車で20分(西鉄柳川駅東口から臨時バス運行) Pあり(有料)

↑開催期間が花の開花に合わせて短いため確認をしたほうがよい

幸手権現堂桜堤
さってごんげんどうさくらつつみ

埼玉県
幸手市

◆ 桜 3 月中旬〜 4 月上旬

3つのエリアからなる広大な敷地

関東屈指の桜の名所。約1km続く千本のソメイヨシノのトンネルに、隣には広大な菜の花畑が広がる。夏はアジサイ、秋は曼珠沙華、冬には水仙も楽しめる。

DATA & ACCESS ☎0480-44-0873 所埼玉県幸手市内国府間887-3 時休料見学自由 交東武日光線・幸手駅から朝日バス五霞町役場前行きで10分、権現堂下車、徒歩1分 Pあり

↑桜のピンクと菜の花の黄色の色のコントラストが素晴らしい

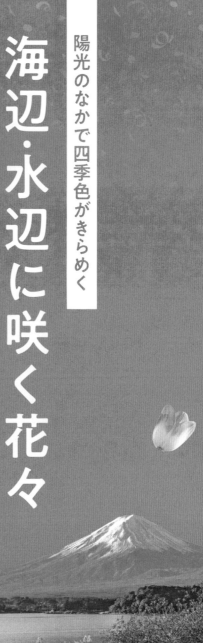

海辺・水辺に咲く花々

九州最大の湖にイッシーと
一面に広がる菜の花の世界

池田湖

いけだこ

鹿児島県指宿市 ◆ 菜の花 12月下旬〜2月上旬

　池田湖は周囲15km、水深233mの九州
最大のカルデラ湖で、謎の生物イッシー
が棲むといわれている。湖越しに、標高
924mの開聞岳が望める。湖のほとりに
広がる菜の花畑は1月に満開の時期を迎え、
冬の日本列島にひと足早く春の便りを伝
える。神秘的な青い湖と明るい黄色の菜
の花とのコントラストは、思わずため息
の出る美しさだ。

☐ **D A T A ＆ A C C E S S**

☎0993-22-2111（指宿市観光課）⊕鹿児島県指宿
市池田 ⊛見学自由 ⊗JR指宿駅から車で20分
Ⓟあり

↩池田湖畔は「美し
い日本の歩きたくな
るみち500選」に選
ばれている

色鮮やかに咲き誇る
ビオラ。湖を背景に
いっそう映える。見頃
は3月下旬〜5月上旬

↥イッシーの正体は
謎だが看板も立つ
地元の人気者

菜の花

12月下旬〜2月上旬に見頃を迎える。池田湖の向こうに見える開聞岳は、別名「薩摩富士」とも呼ばれる指宿のシンボル

❉開聞岳山頂から見た池田湖。ここに立つと湖がカルデラ内にできたことがよくわかる

〔 2022年10月オープン 〕

IKEDAKO PAX

新しい拠点に
観光客が集う

「IKEDAKO PAX（いけだ湖パクス）」は池田湖の観光誘客や滞在時間の延長を目指し整備。カフェや水上デッキもあり早くも池田湖の定番スポット。

☎0993-23-1411 所鹿児島県指宿市池田5123-7 時9:00〜18:00 休無休

⟵⟶鹿児島市内でベーカリーを展開する「danken」提案のコーヒーショップが中心

135

潮風の甘い香りに誘われて
日本有数の水仙群生地へ

越前海岸
えちぜんかいがん

福井県越前町 ◆水仙 12月下旬〜2月上旬

　越前海岸の周辺には複数の水仙の群生
地があり、淡路島、房総半島と並んで日
本三大水仙群生地として知られる。越前
岬灯台から越前海岸にかけて水仙の群生
地が広がり、海と空をバックに咲くその
光景は絶景。2020年に水仙の群生地や集
落の景観が国の重要文化的景観に選定さ
れる。厳しい冬を彩る水仙の可憐ながら
も凛とした姿を目に焼きつけたい。

◻ D A T A ＆ A C C E S S

☎0778-37-1234(越前町観光連盟) ㉠福井県丹生郡
越前町梨子ヶ平 ㉑㉠㉠見学自由 ㊋北陸自動車道・
鯖江ICまたは武生ICから約30km ㉟あり(水仙群生地
近くの越前岬灯台の駐車場を利用)

↑斜面を覆う水仙とコバルトブルーの日本海。天候や時間、
季節などによって刻々とその表情を変える

←越前海岸に咲くもの
は「越前水仙」として
広く知られている品種

↑越前海岸のなかでも水
仙の群生地が特に集中し
ているのが「梨子ヶ平」（な
しがだいら）

水仙

水仙は冬場の花であるが、越
前海岸での見頃は12～1月。こ
の時期は潮風に乗って水仙の
甘い香りが漂う

梅雨の温泉街を彩るアジサイ
蒲郡に初夏の訪れを告げる

形原温泉 あじさいの里
かたはらおんせん あじさいのさと

愛知県蒲郡市 ◆アジサイ6月

　豊かな緑に包まれた三ヶ根山の山麓にある形原温泉。その温泉街の一角にある補蛇ヶ池周辺の遊歩道に5万株ものアジサイが植えられ、梅雨空に彩りを添える。毎年6月の1カ月間は、あじさい祭りも開催される。夜間にはライトアップも行われ、ひときわ美しく、幻想的な雰囲気を味わうことができる。

□ D A T A ＆ A C C E S S
☎0533-57-0660 所愛知県蒲郡市金平町一ノ沢28-1 時8:00～21:00(あじさい祭り期間中)※最終入園は20:30 休無休 料500円 交JR蒲郡駅／三ヶ根駅から車で15分(蒲郡駅からはあじさい祭り期間中直行バス運行) Pあり(有料)

↑形原温泉は緑豊かな東海地方有数の温泉地としても人気

↑梅雨の時期にはアジサイの姿は癒やしを与えてくれる

←あじさい祭り期間中にはアジサイの花の販売もある

アジサイ
日本の初夏を代表する花であるアジサイは、多くの人を魅了する。寒暑にも強く日本の気候に適している

あじさい祭り期間中は夜間のライトアップ開催。カラフルなアジサイが一層華やぐ

⤴会場は広く5万株のアジサイは種類が豊富

⤴温泉街の風情ある補蛇ヶ池の遊歩道散策

⤴毎年6月に開催されるあじさい祭りには全国から多くの人が訪れ、その姿に魅了される

自然が織りなす海と花々
日本海を見下ろす丘の水仙

唐音水仙公園
からおとすいせんこうえん

島根県益田市 ◆水仙 12 月下旬～2 月上旬

　毎年12月から翌年の2月にかけて見頃を迎える唐音水仙公園の水仙。日本海の荒波をバックに凛とした姿で咲く水仙は見事。同園の水仙はニホンスイセンで、その数は200万球を超える。群生地の近くには、国の天然記念物に指定されている「唐音の蛇岩」と呼ばれる蛇がくねったような岩脈があり、自然の雄大さを感じさせてくれる。

☐ **D A T A ＆ A C C E S S**

☎0856-27-0501(鎌手地区振興センター) ㊿島根県益田市西平原町1598 ㊲㊡㊢見学自由 ㊩JR鎌手駅から車で5分 Ⓟあり

❧木洩れ日がやさしく水仙に降り注ぐ。波音を聞きながら時間を忘れて水仙の花々を見ていたい

❧青い日本海の沖合には高島が望める

水仙
地元の人たちが植え大切に育てた水仙は200万球を超え、冬の日本海に彩りを添える。

❧同園の近隣では「唐音の蛇岩」と呼ばれる切り立った岩脈が連なっている

❧唐音水仙公園は中国地方でも有数のニホンスイセンの名所として知られる

ラベンダー
河口湖ハーブフェスティバル開催
中は、特設テントにて地元の農作
物や屋台などがずらりと並ぶ

紫色に染まる花畑とともに
河口湖と富士山を一望する

大石公園
おおいしこうえん

山梨県富士河口湖町 ◆ラベンダー 6月下旬〜7月中旬

　富士山の景勝地である大石公園は花の
名所としても名高い。湖畔遊歩道に沿って
全長350mにわたり90種類以上の花々が
植えられ、一面に広がるラベンダー畑の向
こうに、河口湖の湖面と雄大な富士山がそ
びえる光景はまさに絶景。ラベンダーの見
頃になると河口湖ハーブフェスティバルが開
催され、メイン会場のひとつでもある大石
公園には連日たくさんの花見客が訪れる。

```
□ D A T A   &   A C C E S S
```
☎0555-76-8230(河口湖自然生活館) 所山梨県南
都留郡富士河口湖町大石2585 開休料見学自由 交
中央自動車道・河口湖ICから約8.5km Pあり

うっすらと雪化粧をした
富士山頂と真っ赤なコ
キア。10月中旬〜
下旬に紅葉

⬆雄しべが突き出して、蝶々が舞うような花
姿のクレオメの見頃は8月上旬〜下旬

⬆ラベンダーと見頃が同じガイラルディア、
トリトマ、ラムズイヤーなども見られる

中禅寺湖畔の浜辺と林
可憐に咲くクリンソウが人気

中禅寺湖千手ヶ浜
ちゅうぜんじこせんじゅがはま

栃木県日光市 ◆ クリンソウ 6月

　透明度の高い中禅寺湖の西の端にある南北2kmにわたる千手ヶ浜。6月になると小さなかわいらしいクリンソウのピンクや紫の花が水辺に咲き、奥日光に初夏の訪れを告げる。周囲には樹齢200年以上のミズナラやハルニレなどが林をつくる。自然保護のため車の乗り入れができず、専用の低公害バスか、クリンソウが咲く6月の間は中禅寺湖遊覧船が利用できる。

🔲 DATA ＆ ACCESS

☎0288-22-1525((一社)日光市観光協会) 🏠栃木県日光市中宮祠 🕐休料見学自由 🚗日光宇都宮道・清滝ICから車で赤沼駐車場、低公害バス(季節運行)に乗り換えて30分、千手ヶ浜下車 🅿あり

クリンソウ
千手ヶ浜の澄んだ水辺に咲くクリンソウは、川面にも可憐な姿を映す

⬆木洩れ日を感じられる千手ヶ浜の遊歩道

⬆樹齢200年以上のミズナラやハルニレの林

日光の中禅寺湖西側にある千手ヶ浜。奥日光のなかでも抜群の風景。正面は男体山

紅葉

静寂に包まれた湖畔に
色づく紅葉の美しさ

樹齢200年以上のミズナラやハルニレが10月中旬〜下旬にかけて美しく色づく。霞が立ち込める湖面と色鮮やかな木々に朝日が差し込む早朝の様子は、一度は見ておきたい感動の光景。

↑「仙人庵」と呼ばれるクリンソウの群生地がある。花のもつ穏やかさに引き込まれていくのがわかる

↑日光国立公園を代表する美しい中禅寺湖をクルージング。湖のさまざまな表情を堪能できる

周回線歩道を
ゆっくり散策

散策は
徒歩&船

ミズナラ、ハルニレなどを主体とした広葉樹林や、西ノ湖岸のヤチダモ純林を森林浴しながら歩くのがいい。

中禅寺湖の
名所を巡る

中禅寺湖を1周する航路(1周限り乗り降り自由)と千手ヶ浜コース(期間限定。中禅寺湖クルージングHP要確認)がある。4月中旬〜11月30日まで運航する。

143

岬の先端で五感を磨く
周防湾をバックに大輪の花

花とアートの岬
長崎鼻

はなとアートのみさき ながさきばな

大分県豊後高田市 ◆ヒマワリ 8月上旬〜下旬

長崎鼻春の花畑は 約2000万本 もの菜の花と桜のコラボレーション

↓同じ方向を向いて咲くフォトジェニックなヒマワリは夏の風物詩

　国東半島の先端に位置し、周防灘に向かい鼻のように突き出した岬が長崎鼻。岬に広がる花公園には夏になると160万本のヒマワリが咲き誇り、黄色い花とバックに広がる青い海と空が一体となった壮大な風景に圧倒される。またアートの岬と呼ばれる長崎鼻には散策コースに国内外の芸術家によるアート作品が常設されているので、併せて楽しみたい。

↑好みのスタイルでキャンプが楽しめる

長崎鼻

国東半島北部の
代表的な行楽地

近くに姫島、遠くに周防灘をへだてて四国・中国地方を望む風光明媚な半島・長崎鼻。白砂が敷き詰められた人工海水浴場にキャンプ場が整備された人気のマリン&アウトドアスポットだ。

↑6人まで宿泊できるコテージもある

DATA & ACCESS

📞0978-54-2237(長崎鼻リゾートキャンプ場) 所大分県豊後高田市見目4060 時9:00〜17:00 休シーズンオフの木曜 料無料 交JR宇佐駅から車で30分 Pあり(イベント時以外は無料)

さわやかな高原のリフトに乗って
色とりどりの花巡り

白樺湖
しらかばこ

長野県立科町 ◆ ユリ 7月中旬〜8月中旬
コスモス 9月〜10月中旬／コルチカム 9月下旬〜10月中旬

↑白樺湖畔にはビーナスラインが走り、霧ヶ峰につながっている

標高1450mの白樺高原にある一周3.8kmの小さな湖。湖畔を散策すると、高原植物が多く観察でき、花散歩が楽しめる。また、白樺リゾートレイクサイドガーデンでは6月下旬から見頃を迎える約3000株のニッコウキスゲ、夏は10万株80種類のユリ、秋はコスモスやコルチカムをはじめとした花々を展望リフトに乗りながら愛でることもできる。山頂展望台からの眺めが絶景ポイント。

DATA & ACCESS

☎0266-68-2100（白樺リゾート）㊟長野県北佐久郡立科町芦田八ヶ野 ㊙10:00〜18:00（展望リフト）※季節により変動あり ㊡11月下旬〜4月中旬 ㊙展望リフト1300円、子ども1000円（6月19日〜9月24日の料金）㊍上信越自動車道・佐久南ICから約37km ㊊あり

↑白樺湖一帯が紅葉に染まる

ユリ
白樺湖畔に咲くユリ。赤や黄、オレンジなど色鮮やかな花が高原の風に揺れる

チョコレートコスモス

**秋晴れの湖畔に香る
チョコレート香の花**

秋の白樺湖畔に咲くコスモスのなかでもひときわ目を引く赤茶色のチョコレートコスモス。その名のとおりチョコレートパウダーを振りかけたような甘い香りが湖畔周辺に漂う。

裏磐梯の夏を告げる黄色い花
湿原を彩るニッコウキスゲ

雄国沼
おぐにぬま

福島県北塩原村 ◆ ニッコウキスゲ 6月中旬〜7月上旬

　磐梯朝日国立公園に位置する雄国沼は
裏磐梯にある湖沼。湿原はニッコウキス
ゲの大群落があることで知られていて、
雄国沼湿原植物群落として国の天然記念
物に指定。ニッコウキスゲの面積あたり
の生息数では尾瀬を上回り日本一となる。
湿原に張り巡らされた木道を行くと、両
側には黄色に輝く花が揺れ、その様子は
儚げであり強さを感じられる。

□ DATA ＆ ACCESS

☎0241-32-2349(裏磐梯観光協会) 所 福島県耶麻
郡北塩原村檜原 開休料 見学自由 交 磐越自動車道・
猪苗代磐梯高原ICから雄国萩平駐車場まで30分、6
月上旬〜7月中旬マイカー規制期間のため雄国萩平
駐車場から金沢峠までシャトルバスで25分、金沢峠か
ら湿原まで徒歩10分 P なし

←標高1090mに位置す
る雄国沼は、50万年前
の火山活動から生まれた

ニッコウキスゲの群生写真のキャプション:

ニッコウキスゲ
ニッコウキスゲは濃い黄
色のはつらつとした花姿
だが朝に咲き夕方には
しぼんでしまうだけに咲
く姿に心を奪われる

コバイケイソウの群生
も美しい。時期が合
えばニッコウキスゲと
の共演も見られる

雄国沼に咲くレンゲツツ
ジ。初夏から秋にかけ
約280種類ものさまざま
な植物が見ごろになる

⬆約43haの雄国沼は貴重な高山植物の宝庫。
昭和34年(1959)に国の天然記念物に指定

➡無数の黄色い花の
間を行く木道は1周約
20分。散策にはほどよ
い距離として人気

147

水郷の街に咲く花菖蒲を
サッパ舟から風流に眺める

水郷佐原あやめパーク
すいごうさわらあやめパーク

千葉県香取市 ◆ 花菖蒲5月下旬〜6月下旬

イベント期間
中はサッパ舟
に乗って間近で
花を楽しめる

　水郷の街・佐原の昔懐かしい水郷風景が広がる公園。小島が浮かび、橋の架かる水辺の周辺を、初夏になると約400品種150万本の花菖蒲が開花する。園内の水路を周遊する手漕ぎのサッパ舟に乗って、水辺から花を眺める風情も味わえる。5月下旬〜6月下旬に開催されるあやめ祭りでは、嫁入り舟や佐原囃子の演奏などを実施する。

↑7月上旬からは約300品種の蓮を楽しめる

広大なパーク内

水路を巡って味わう
昔懐かしい水郷の情緒感

約8haのパークに島や橋、水面を配置し、花菖蒲や藤、蓮などを植栽。サッパ舟(別料金)で、昔懐かしい水郷の情緒を感じながら巡れる。パークから与田浦の景色が見渡せるのも魅力。

↑花菖蒲を中心にアヤメ類の花が咲く

☐ D A T A ＆ A C C E S S
☎0478-56-0411 ⑰千葉県香取市扇島1837-2 ⑭8:00〜18:00(あやめ祭り期間中) ⑭月曜(あやめ祭り期間中は無休) ㊙800円、65歳以上700円、小中学生200円(あやめ祭り期間中) ⊗東関東自動車道・佐原香取ICまたは大栄ICから約16km Ⓟあり

花菖蒲
水郷の四季を体感できる水辺の花のテーマパーク。カフェやドッグラン、遊具などを併設

写真提供:©水郷佐原観光協会

マーガレット
マーガレットが日本に上陸したのは明治時代。温暖な気候の香川県は好適地

手入れが行き届いたマーガレット畑。瀬戸内の青い海の色と粟島によく似合う

波打つマーガレットの大海原
瀬戸内に浮かぶ粟島とコラボ

フラワーパーク浦島

フラワーパークうらしま

香川県三豊市 ◆ マーガレット 5月頃

マーガレットの生産高が全国1位の三豊市。同市詫間町では、地元の子どもたちの協力のもと、1haの休耕地を利用してマーガレットの苗を植えている。見頃を迎える5月には一面にマーガレットが咲き、花畑と瀬戸内海との美しい光景は圧巻。瀬戸内国際芸術祭の会場でもある粟島と、花畑そして海とのコラボレーションはSNSでも話題で海外からの来訪者も多い。

三豊市の花・マーガレットは市民に愛される

☐ D A T A ＆ A C C E S S

☎0875-83-3639(花と浦島イベント実行委員会)
⑰香川県三豊市詫間町積528-1 ⑱見学自由 ⑭無休
⑯500円(運営協力金) ⑳JR詫間駅から三豊市コミュニティバスで30分、大浜バス停下車。バス荘内線(東周り)に乗り換え5分、南郷バス停下車、徒歩2分 ⑰あり(マーガレット開花時期の駐車場は予約車のみ可。詳細はHP要確認)

フラワーパーク浦島のマーガレットは小ぶりだが長持ちすることで定評がある

体験しよう

**パーク内の
お気に入りをご自宅へ**

期間中、花摘み体験を開催。1束300円と手ごろな価格で好きな花が摘めるためとても人気。開催日は公式サイトで確認して出かけたい。

149

香り高きハマユウが咲く岬は
プロポーズの名所として有名

夏井ヶ浜はまゆう公園
なついがはまはまゆうこうえん

福岡県芦屋町 ◆ ハマユウ 7月下旬〜8月上旬

　玄海国定公園に指定されている響灘に面する穏やかな地・夏井ヶ浜。プロポーズにふさわしい名所を選ぶプロジェクトで選定され人気。この浜で夏場に自生するハマユウが満開となる。南方原産のハマユウが、海流に乗って夏井ヶ浜へたどり着いたと推測されている。夕方に咲き夜に満開になる白い花。うっとりするほど濃厚な香りが特徴だ。

☐ DATA & ACCESS

☎093-223-3542(芦屋町産業観光課商工観光係)
⊕福岡県遠賀郡芦屋町山鹿796 働休料見学自由 ✆
JR遠賀川駅から芦屋タウンバスはまゆう団地行きで
30分、夏井ヶ浜下車、徒歩5分 Pあり

⬆隣の夏井ヶ浜のはまゆう自生地。海辺へ降りられる

ハマユウ
ハマユウは漢字で書くと「浜木綿」。ヒガンバナ科ハマオモトのこと。常緑の多年草で芦屋町のシンボルになっている

公園にある「響愛の鐘」には仕掛けがあり、下からのぞくと「愛」の文字がわかる

⬆「響愛の鐘」を鳴らすとカップルや家族の愛がより深まるといわれる

⬆日没近くに甘い香りがいちばん濃く漂う

⬆夕方から花が開き真夜中に満開になる

⬆海岸沿いの日がよく当たる水はけの良い土地を好む

敷石の秘密

ハート型の敷石を
そっと見つけたい

響灘を一望できる公園内の2つの展望台。どちらの敷地内にもハート型の敷石が隠れていて、見つけた人は幸せになれるという。ハマユウの花の香り漂うなか探してみたい。

冬の房総がやさしい芳香に包まれる
清楚で愛らしい水仙の道

佐久間ダム湖

さくまダムこ

千葉県鋸南町　◆桜2月中旬～4月上旬／水仙12月中旬～2月上旬

　湖1周2.1kmの佐久間ダム湖。親水公園も整備され子どもから大人まで楽しめる。散策路は約2200本の桜が植えられた南房総でいちばんの桜の名所。また、佐久間ダムから北へ向かう「をくづれ水仙郷」は往復2.2kmほどの間に水仙がみっちりと咲く。特に12～4月にかけて、水仙、梅、頼朝桜、ソメイヨシノが咲き、花のリレーが繰り広げられる。

↑ダム周辺の桜は種類がさまざまで2カ月ほど楽しめる

DATA & ACCESS

☎0470-55-8115(佐久間ダム湖観光案内)　⌖千葉県安房部鋸南町大崩39　⦿休⦿見学自由　⦿富津館山道・鋸南富山ICから約6km　Ⓟあり

紅葉

**水仙の開花を待つ
湖畔のモミジ**

春は桜色に包まれた佐久間ダム湖周辺も、秋には赤や黄色に色づく紅葉の季節を迎える。11～12月には湖畔のモミジが赤く色づき、水仙との共演が見られることもある。

水仙

鋸南町は越前、淡路島と並ぶ日本三大水仙群生地。水仙は12月から1月にかけて見頃を迎える

花菖蒲

神楽女湖の花菖蒲は、江戸系、伊勢系、肥後系など80種。紫、青、黄、淡紅、白など色も豊富

鶴見・由布の山々に抱かれる湖に
淡い紫色の花菖蒲が花開く

神楽女湖しょうぶ園
かぐらめこしょうぶえん

大分県別府市　◆花菖蒲6月

神楽女湖は、平安時代に鶴見神社の歌舞女が住んでいたといわれる、伝説に包まれた周囲1kmの小さな湖。湖畔に約80種1万5000株の花菖蒲が開花。水上に渡された八つ橋やあずま屋から、由布岳や鶴見岳とともに風景を楽しめる。標高約600mの高原にあり、朝霧に包まれた風景は幻想的。小鳥のさえずりを聞きながら、初夏の彩りを楽しみたい。

DATA & ACCESS

📞0977-25-3601（RECAMP別府志高湖）🏠大分県別府市別府5115-4 🕐6月1日〜30日 8:30〜18:00(土・日曜は7:30〜18:30) 🈺無休 💴無料 🚃JR別府駅から車で30分 🅿期間中のみあり(有料)

↑鶴見岳神社の歌舞女伝説が残る

神秘の景色

朝霧の神楽女湖

標高600mの高地にあり、鶴見・由布の山々に抱かれた神楽女湖。早朝には湖から朝霧が立ち昇り神秘的な空間を演出。花菖蒲は朝霧に濡れ、花が露を置く姿がいちばん美しいといわれる。

よく見ると花の形や大きさもそれぞれ。多種の花菖蒲による紫色のグラデーションを楽しんで

国営みちのく杜の湖畔公園

こくえいみちのくもりのこはんこうえん

宮城県
川崎町

◆ ポピー 5月下旬～6月下旬

子どもから大人まで楽しめる公園

仙台市中心部から車で40分ほどの豊かな自然を感じられる公園。6つのエリアで季節の花が咲き、遊具や古民家、キャンプ場などがあり一日中楽しめる。

DATA & ACCESS 📞0224-84-5991 🏠宮城県柴田郡川崎町小野二本松53-9 🕐9:30～17:00(7～8月9:30～18:00、11～2月9:30～16:00) 🈺火曜 💴450円 🚉JR仙台駅から秋保線・川崎仙台西部ライナーでみちのく公園前下車すぐ 🅿あり

⬆東北唯一の国立公園

巾着田

きんちゃくだ

埼玉県
日高市

◆ 曼珠沙華 9月中旬～10月上旬

500万本の曼珠沙華群生地

直径約500m、面積約22haの川に囲まれた平地に、菜の花やコスモスも咲き、なかでも秋の曼珠沙華群生地はあたり一面が真紅に染まる。

DATA & ACCESS 📞042-982-0268 🏠埼玉県日高市高麗本郷125-2 🕐8:00～17:00 🈺無休 💴無料(曼珠沙華開花期間中は500円) 🚉西武池袋線・高麗駅から徒歩15分 🅿あり

⬆群生地はあたり一面、まるで赤いじゅうたんを敷き詰めたような美しさ

地蔵川

じぞうかわ

滋賀県
米原市

◆ 梅花藻 7月下旬～8月下旬

全国でも生育場所が限られる梅花藻

地蔵川は、居醒の清水などから湧き出る清水によってできた川で、大変珍しい水中花「梅花藻」(バイカモ)で有名。水温14℃前後の清流にしか育たないといわれている。

DATA & ACCESS 📞0749-51-9082((一社)びわ湖の素DMO) 🏠滋賀県米原市醒井 🕐🈺見学自由 🚉JR醒ケ井駅から徒歩10分 🅿あり

⬆梅花藻梅の花に似た、キンポウゲ科の白い小さい花

野反湖

のぞりこ

群馬県
中之条町

◆ ニッコウキスゲ 7月上旬～中旬

標高2000m級の山に囲まれた高原の湖

別名「天空の湖」とも呼ばれる、標高1513m、上信越高原国立公園内にあるダム湖。毎年初夏になると、湖畔の斜面にニッコウキスゲが咲き乱れる。

DATA & ACCESS 📞0279-75-8814(中之条町観光協会) 🏠群馬県中之条町入山国有林223林班 🕐🈺見学自由(11月中旬～4月下旬は冬季閉鎖) 🚉JR長野原草津口駅から六合地区路線バス野反湖行きで1時間4分、野反峠下車すぐ 🅿あり

⬆野反湖のコバルトブルー色とニッコウキスゲの鮮やかな黄色が美しい

水仙の丘
(長崎のもざき恐竜パーク)
すいせんのおか(ながさきのもざききょうりゅうパーク)

◆ 水仙 12月~1月

一千万本の水仙が咲き誇る

長崎半島の先端にある野母崎地区の「水仙の里」では野母崎の美しい海と軍艦島を望む小高い公園に、6万m²の敷地におよそ1000万本の水仙が咲き誇る。

DATA & ACCESS 📞095-898-8009 所長崎県長崎市野母町568-1 開休料見学自由 交長崎バス樺島行、岬木場行で恐竜パーク前下車、徒歩5分 Pあり

⬆水仙の甘い香りと海からの潮風が混ざり合い、独特な香りを楽しめる

水の公園 福島潟
みずのこうえん ふくしまがた

◆ 菜の花 4月上旬~4月下旬

菜の花の名所としても有名

潟と名のつく湖のなかでは新潟県内で最大といわれ、水の公園福島潟内(約3ha)一面に菜の花畑が広がり、黄色い絨毯のようになる。

DATA & ACCESS 📞025-387-1491 所新潟県新潟市北区前新田乙493 開9:00~17:00(最終入館~16:30) 休月曜(祝日の場合は翌平日) 料無料(水の駅「ビュー福島潟」4F以上は400円、小中高生200円) 交JR豊栄駅から車で5分 Pあり

⬆五頭連峰を映す湖面、「21世紀に残したい日本の自然100選」にも指定

爪木崎
つめきざき

◆ アロエ 12月~1月下旬

静岡県伊豆半島の南部にある爪木崎

暑すぎず寒すぎない伊豆の気候は、日本国内でアロエの栽培に最も適しているという。白い水仙と赤いアロエの花は、色彩のコントラストが楽しめる。

DATA & ACCESS 📞0558-22-1531 所静岡県下田市須崎 開休料見学自由 交伊豆急下田駅から東海バス爪木崎行で15分、終点下車すぐ Pあり(8:00~14:00は有料)

⬆伊豆大島の景色も眺められる絶景のスポットでアロエも育っている

桧原湖
ひばらこ

◆ ミソハギ 8月上旬~中旬

「桧原湖の夏」に咲くミソハギと磐梯山

磐梯山の噴火により五色沼をはじめ数多くの湖沼がつくられ、なかでも一番大きく、美しい島々が浮かぶ桧原湖。湿地帯に濃いピンク色の花ミソハギが咲く。

DATA & ACCESS 📞0241-32-2349 所福島県耶麻郡北塩原村桧原細野 開休料見学自由 交磐梯東都バス・裏磐梯高原駅から喜多方駅行きで道の駅裏磐梯下車、徒歩3分 Pあり

⬆裏磐梯最大の湖で周囲31km、奥には桧原湖と磐梯山の雄大な景色も

睡蓮を愛した画家、モネ

光と色彩と時間が捉えた睡蓮を見つめた男

　モネが生涯描き続けた「睡蓮」。43歳からフランス・ノルマンディー地域にあるジヴェルニーの自宅兼アトリエに造成した「水の庭」の池と、フランス国内の白睡蓮と太陽のシンボルとされたエジプトから取り寄せた黄、青、白ピンクなどの睡蓮をモチーフにした作品を制作し始める。

　日本風の太鼓橋に柳や藤などを配して、時とともに移り変わる池の様子、光による水面の反映と花の美しさを捉えようと試みた。約30年間にわたり250枚以上の睡蓮シリーズを描いたが、白内障を患った晩年には、神秘的な池の水面にその思いを集中したとされる。

⬆北川村「モネの庭」マルモッタン。水面に浮いたように大きな花を咲かせる睡蓮は、蓮とは異なり、花期は長く見頃は6〜9月

北川村「モネの庭」マルモッタン

高知県
北川村

きたがわむらモネのにわ マルモッタン
◆睡蓮 4月下旬〜10月下旬

高知にあるもうひとつのモネの庭

フランスのジヴェルニーの庭を再現した庭。地中海風の「ボルディゲラの庭」、睡蓮が咲く「水の庭」、画家のパレットのような「花の庭」など3つの庭が楽しめる。

DATA & ACCESS
☎0887-32-1233 所高知県安芸郡北川村野友甲1100 時9:00〜17:00(最終入園16:30) 休6〜10月の第1水曜、12〜2月 料1000円 交高知自動車道・南国ICから約51km Pあり

⬆名画を彷彿とさせる「水の庭」の睡蓮は5月〜9月中旬が見頃

ガーデンミュージアム比叡

京都府
京都市

ガーデンミュージアムひえい
◆睡蓮 5月下旬〜9月上旬

印象派絵画の世界を楽しむ空に近い庭園

モネやルノワールなど印象派の画家たちが描いた風景や花々の色彩をモチーフに作った庭園美術館。「睡蓮の庭」はモネが思い描いた日本風の庭園を再現。

DATA & ACCESS
☎075-707-7733 所京都府京都市左京区修学院尺羅ケ谷四明ケ嶽4 時10:00〜17:30(最終入園17:00)※季節により変動あり 休木曜 料1200円 交叡山ロープウェイ・比叡山頂駅下車すぐ Pあり

⬆京都市街地より気温が4〜5℃低い比叡山頂の庭園

花のある植物園

珍しい植物とともに世界の花々を見る

日本初の公立総合植物園
最大級の観覧温室がシンボル

京都府立植物園

きょうとふりつしょくぶつえん

京都府京都市　◆通年

　日本初の公立総合植物園として大正13年(1924)に開園。植物は約1万2000種類に上り、四季折々の花と樹木を観賞することができるほか、日本最大級の観覧温室もある。春のソメイヨシノとチューリップや秋の約200本のイロハモミジやフウの大木の紅葉は見事であり、この期間は夜間のライトアップが行われ、京都の美しい季節を心ゆくまで堪能できる。

DATA & ACCESS

☎075-701-0141 ⑰京都府京都市左京区下鴨半木町
⑱9:00～17:00(イベント時期などにより変動) ⑭無休
⑲200円 ⊗京都市営地下鉄烏丸線・北山駅からすぐ
Ⓟあり

4月上旬は園内が一斉に華やかに。ソメイヨシノの開花で京都に本格的な春の到来

花の見頃カレンダー

1	2	3	4	5	6	7	8	9	10	11	12月
	フクジュソウ	アンズ			アジサイ		スイレン		菊 ダリア		サザンカ
ロウバイ		桜	シャクヤク								
椿	桜		ツツジ		花菖蒲						
	チューリップ		バラ								

●日本で親しまれてきた花々をそれぞれのシーズンで。なかでも秋の紅葉は秀逸

園内は花畑だけでなく庭園や噴水、池、神社、森があり京都の自然環境を表す

159

京都市内にありながらも広大な敷地を誇る園内では見応えたっぷりの季節の花を観賞でき、日本最大級の観覧温室もある。

⬆晴天の日の園内は青空と植物が美しく映え散策にも最適

春

チューリップ
若葉が芽吹く木立の中で気持ちよさそうに咲くチューリップは春の植物園の風物詩

夏

⬆サルビアとハゲイトウ。日差しを浴びながら元気に花を咲かせる

花菖蒲
さわやかな初夏にみずみずしく花を咲かせる

⬆大輪の花を咲かせるシャクヤクに初夏の訪れを感じる

↻10～11月にかけては紅葉の見頃。園内の木々も鮮やかに色づき京都の秋を彩る

↻京都の秋といえばやはり燃えるような紅葉。園内でも美しい紅葉を観賞できる

ダリア
秋はダリアが美しい季節。黄色やオレンジ系統のダリアはひときわ目を引く

秋

☆☆

園芸売店
原色の花々に癒やされる。園内には園芸売店もあり花苗を販売している。園芸売店のほか同園施設の植物園会館には園芸サロンなどもある。

↻園内、池の中州に鎮座する「半木神社 (なからぎ)」。約5500㎡の森にムクノキなどが自生する

↻紅葉のライトアップ。昼とは違った植物園の表情を見ることができる

椿
鮮やかなピンク色の椿。冬の寒さにも凛として咲いている

冬

ハルニレの巨木が迎える
北海道の自然と歴史を凝縮

北大植物園

ほくだいしょくぶつえん

北海道札幌市 ◆ 5～10月

札幌農学校(現・北海道大学)の初代教頭として招かれたクラーク博士の提唱により明治19年(1886)に開園。学生の教育や研究機関としての役割も果たしている。広大な敷地内には歴史的な建物のほか、ライラック、エゾヤマザクラ、ハルニレなど北海道らしい植物を観賞。ときにはエゾリスの姿を目にできるなど心地よい空間。11月からの冬季期間は休園となる。

□ D A T A ＆ A C C E S S

☎011-221-0066 ㊿北海道札幌市中央区北3条西8 ㊿9:00～16:30(4月29日～9月30日)、9:00～16:00 (10月1日～11月3日) ㊿開園期間中の月曜(祝日の場合は開園、翌日休園)、11月4日～4月28日は冬季休園 ㊿420円 ㊰JR札幌駅から徒歩10分 ㊿なし

⬆北海道を代表する花ハマナスは海辺に自生

⬆初代園長として植物の研究に貢献した宮部金吾記念館。建物は国登録有形文化財

⬆5～6月にかけて淡い紫色の花を咲かせる藤

⬆小さな花から愛らしい香りが鼻をくすぐるスズラン

博物館は大正期の建物。重文指定で現在内部は非公開。北海道の自然と歴史を発信、見守ってきた場所

↑黄色く色づいたシラカンバの木。秋の深まりを感じる

↑札幌市の市木でもあるライラック。寒さに強く4月に開花。北の大地・札幌に春を運ぶ花

↓エゾヤマザクラは5月に開花。ソメイヨシノと比べて花弁が濃いピンク色なのが特徴

↓高く伸びた花茎に花をつけるシュウメイギク

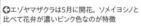

瀬戸内海国立公園を一望
世界の珍しい花々に出会う

広島市植物公園
ひろしまししょくぶつこうえん

広島県広島市 ◆ 通年

　広島と宮島の中ほど、瀬戸内海国立公園の高台にある植物公園。約1万種類の世界の植物を育てる。西日本で最大級といわれる大温室などでは洋ランをはじめベゴニア、サボテン、熱帯スイレンなどを観賞できる。藤、菖蒲、アジサイ、バラ、マリーゴールドなども見事。桜の開花の頃、秋、クリスマスシーズンには各夜間ライトアップ、イルミネーションを行う。

DATA & ACCESS

☎082-922-3600 所広島県広島市佐伯区倉重3-495 開9:00〜16:30(イベント時期によって変動あり) 休金曜 料510円 交山陽自動車道·五日市ICまたは廿日市ICから約8.5km Pあり

●同園の目玉でもある大温室に咲くサガリバナ

↑バラ園ではさまざまな種類のバラを季節ごとに楽しめる

バラ園
サボテン温室
茶室
アジサイ
N
フクシア温室
展示温室
世界の野生ランコーナー
里山の野草園
日本庭園
ハナショウブ園
大温室
ロックガーデン
花の進化園
かくれ里の「うらら池」
熱帯スイレン温室
樹林観察園
カスケード
ツツジシャクナゲ園
カエデ園
屋外展示場
大花壇
ベゴニア温室
花の迷路
イベント広場
R森のレストラン
WC
森のカフェ C (ログハウス)
WC
正門
WC
S売店
ツバキ園
展示資料館
WC
休憩展望塔
WC
木の実の森
ログガーデン
サクラ
フジ棚
針葉樹園
ウメ
芝生広場
ザイルクライミング
ハギ園
あずま屋
モクレン
香りの小径

↑一面に咲いたコスモス。鮮やかに秋空に映える

大花壇

正面ゲートの先にある
大花壇は年4回ほどの
植栽を行い花で迎える

➡水辺を彩り咲く多年生の
水草スイレン

➡フジバカマにとま
るアサギマダラは、
秋に園内に飛来

クリスマスの時期は植
物園を夜間開園。イル
ミネーションのな
か散策もできる

165

11の専門園が充実の装い
四季折々の植物を観賞する

大阪市立長居植物園
おおさかしりつながいしょくぶつえん

大阪府大阪市 ◆ 通年

　大阪市東住吉区の長居公園の一角にある植物園。約1200種類の植物があり、バラやボタン、アジサイ、椿など11の専門園がある。開園は昭和49年(1974)。以来植物園は訪れる方々の憩いの場として親しまれ、2022年4月には新たに「里山ひろば」や「水辺の散歩道」を整備し再オープン。さまざまなイベントや展示会、講習会などを開催している。

DATA & ACCESS

📞06-6696-7117 🏠大阪府大阪市東住吉区長居公園1-23 🕘9:30〜17:00(11〜2月は〜16:30)※入園は各閉園の30分前まで 🈺月曜(祝日の場合は翌平日) 🈯200円 🚉Osaka Metro長居駅から徒歩10分／JR長居駅から徒歩15分 🅿あり

↑10〜11月にかけて園内の紅葉が見頃

↑バラをはじめ、季節を代表する花の専門園が設けられている

↑バラの「ゴールド・バニー」。太陽の光を浴び黄色が引き立つ

↑高貴な美しさが魅力のシャクヤク

↑日本原産で古くから親しまれるヤブツバキ

↑色の大きさ、形などバリエーション豊富なのダリア

↑春の足音を感じる梅

↑大阪という都市にありながら広大な敷地

間氷期植物群
氷期植物群
アジサイ園
小池
古第三紀/新第三紀植物群
里山広場
シャクナゲ園
万葉のみち
明石植物群
水辺の散歩道
N
ハナショウブ園
芝生広場
竹・笹見本園
展望島
二次林
一文字橋
大池
ダルマボタン園
マグノリア園
ヘメロカリス園
正門
バラ園
ジャーマンアイリス園
花と緑と自然の情報センター
大花壇
ツバキ園
照葉樹林
シャクヤク園
自然史博物館
ハーブ園
ライフガーデン

動物、植物、生物の歴史にふれる
日本でも数少ない総合公園

豊橋総合動植物公園
とよはしそうごうどうしょくぶつこうえん

愛知県豊橋市 ◆ 通年

　本格的な動物園と植物園、自然史博物館・遊園地が併設された総合公園。植物園はジャングル探検気分が味わえる大温室や、約5万株の花や緑にあふれる屋外植物園ゾーンなどで構成。モネコーナーでは〝睡蓮〟の絵で有名な画家、クロード・モネが描いたスイレンをフランス・モネガーデンより譲り受けて展示。スイレンは5月中旬〜9月にかけて4色の花が咲く。

↑屋外植物園ゾーンにある噴水を取り囲む大花壇を、1万株の草花が彩る

DATA & ACCESS

☎0532-41-2185 ㊤愛知県豊橋市大岩町大穴1-238 ㊱9:00〜16:30(入園は〜16:00) ㊡月曜(祝日の場合は翌平日、12月29日〜1月1日) ㊎600円、小中学生100円(乗り物は別途) ㊟JR二川駅から徒歩6分 ㋿あり

「花と香りの園」では季節ごとの花の香りや手ざわりが楽しめる

↑巨大なガラスの建物は熱帯・亜熱帯の植物が展示されている温室

↑温室内には花茎を水面より上に伸ばし、大きな花を咲かせる熱帯スイレンが咲いている

↑遊園地ゾーンの大観覧車で市内を一望。動物園ではアジアゾウが広い放飼場で過ごす

ボート池
紅葉の森
花と香りの園　日本の庭
ちびっこさくら広場
大花壇
自然史博物館 ●　憩いの広場　温室　東門
中央門
野外恐竜ランド ●　噴水　R展望塔　● のんほいサーキット
　　　　夜行性動物館 ●　遊園地
郷土エリア
ライオン舎　アフリカエリア
レッサーパンダ舎
西門　大沢池　● 大観覧車
極地動物館 ●
なかよし牧場エリア
もぐもぐひろば
N

レストラン・カフェ

レストランやカフェでもかわいい動物たちに会える

ライオンカレーやゾウのソフトクリームなど、園内のレストランやカフェでは動物たちをモチーフにしたオリジナルメニューを展開。ビジュアルだけでなく味も本格的だ。

いつ訪れても旬の花が咲く
のんびり楽しみたい憩いの場所

和歌山県植物公園
緑花センター

わかやまけんしょくぶつこうえんりょっかセンター

和歌山県岩出市 ◆ 通年

12haの広い敷地に花と緑があふれる憩いの場。花に埋め尽くされるパノラマ花壇をはじめ、ブーゲンビリアやランなどの花が咲き乱れる温室、バラ園、梅園、あじさい園、つばき園、フィリピン諸島のごく限られた熱帯雨林にしか自生していないヒスイカズラや「山里の貴婦人」と呼ばれる紀伊半島特産の希少な花、キイジョウロウホトトギスなどの珍しい植物も見ることができる。

DATA & ACCESS

☎0736-62-4029 ㊟和歌山県岩出市東坂本672 ㊞9:00～17:00 ㊡火曜(祝日の場合は翌平日) ㊎無料 ㊋東奈和自動車道・岩出根来ICから約2km ㋚あり

❿7つの主要エリアの中央部にある遊歩道。森林浴をしながら散策できる

パノラマ花壇

メインスポットのパノラマ花壇は季節感あふれる約2万株の草花が咲く

⬆温室には熱帯、亜熱帯の色彩豊かな植物が育つ。日頃目にしない花も多い

なじみの花から珍しい花まで、いつ訪れても旬の花々が出迎えてくれる

温室の中は多種多彩な植物

南アフリカ原産のゴクラクチョウカ、ブラジル原産の常緑低木のアブチロンなど、じっと見つめていたくなるものばかり。また、同

センターにはなじみのあるものや、人の背丈ほどもあるものなど、サボテンの宝庫でもある。

アブチロン
温室で咲くアブチロンは通年観賞できる

↑黄色やオレンジの花が鮮やかなガザニア

温室のフルーツ

南国で育つフルーツが実をつける様子を観察

パイナップル、パパイア、モンキーバナナ、ドラゴンフルーツなど南国のフルーツも温室で育てられている。おいしそうなフルーツたちがどのように実をつけるのか知ることができる。

ドラゴンフル

植物の歴史や物語も楽しめる
日本の近代植物学発祥の地

小石川植物園
こいしかわしょくぶつえん

東京都文京区 ◆ 通年

　東京大学の植物学の研究・教育施設で
日本最古の植物園。徳川幕府が設けた「小
石川御薬園」が前身で、世界でも有数の
歴史を誇る。4万8880坪の園内には由緒
ある植物や遺構が数多く残され、国指定
の名勝の景観が見られるほか、台地や傾
斜地、泉水地など変化のある地形に植え
られたさまざまな植物が楽しめる。温室
や植物標本約80万点収蔵の本館も必見。

□ DATA & ACCESS

☎03-3814-0138 ⑮東京都文京区白山3-7-1 ⑯9:00
～16:30（入園は～16:00、温室は10:00～15:00、本
館、本館の標本は各非公開）⑭12月29日～1月3日、月
曜（祝日の場合は翌日）⑲500円、小中学生150円 ⓧ
都営地下鉄三田線・白山駅から徒歩10分 Ⓟなし

⬆噴水は明治期に造られた「公開温室」

⬆園内のソメイヨシノは樹齢約130年

⬆シマカコソウは冬～春にかけ
て開花する絶滅危惧種

東京大学総合研究博物館
小石川分館
建築ミュージアム

重文・旧東京医学校の建物内
に建築模型、東京大学建築な
どテーマで分類し展示（2023
年3月現在閉鎖中）。

園内の
施設

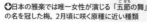
（地図）
WC　公開温室　WC　柴田
記念館
震災記念碑　ソメイヨシノ林
日本庭園　旧養生所の井戸　本館
東京大学総合研究博物館 小石川分館　分類標本園　薬園保存園
建築ミュージアム　山地植物栽培場
WC　N
WC　正門

⬇日本の雅楽では唯一女性が演じる「五節の舞」
の名を冠した梅。2月頃に咲く原種に近い種類

⬅10月開花の
キイジョウロウ
ホトトギス

「日本の植物分類学の父」牧野博士
研究を後世へつなぐ総合植物園

高知県立牧野植物園
こうちけんりつまきのしょくぶつえん

高知県高知市 ◆ 通年

　高知が世界に誇る植物分類学者、牧野
富太郎博士の業績を顕彰するため昭和33
年(1958)に開園した四国唯一の植物園。
標高約130mの五台山頂上付近に自然の
地形をいかして造園され、博士ゆかりの
植物をはじめ3000種類以上を観賞できる。
ほかにも博士直筆の植物図の展示や温室、
植物に関する豊富な蔵書を誇る図書室な
ど、植物好き必見のスポットだ。

D A T A ＆ A C C E S S

☎088-882-2601 ⓐ高知県高知市五台山4200-6 ⓞ
9:00〜17:00(入園は〜16:30) ⓗ年末年始、年数日の
メンテナンス休園あり ⓟ730円、高校生以下無料 ⓔ
JR高知駅からMY遊バスで30分、牧野植物園正門前
下車、徒歩2分 ⓟあり

写真提供:高知県立牧野植物園

牧野富太郎記念館

牧野博士の歩みは
日本の近代植物学の歴史

NHKの連続テレビ小説『らんまん』
で、俳優・神木隆之介演じる主人公
のモデルが牧野博士。博士の生涯を
紹介する常設展示もある。

写真提供:高知県立牧野植物園

⬆展望デッキのある
こんこん山広場

⬆博士がこよなく愛したバイカオウレン(左)と、博士
が発見し学名を付けたヨコグラノキ(右)

〔地図内表記〕
薬用植物区
牧野富太郎記念館展示館
さくら・つつじ園
芝生広場
北園
展望台
南園
少年広場
ふむふむ広場
カンナ＆ローズ園
混々山
牧野富太郎像
結網山
回廊
こんこん山広場
展望台
蛇紋岩生植区
石灰岩生植区
牧野富太郎記念館本館
連絡道
お馬場
連絡道
土佐寒蘭センター
50周年記念庭園
新研究棟(仮称)
温室
土佐の植物生態園
正門
南門

⬇本館と展示館の2棟構造は建築家・内藤廣氏の設計。「サステナビリティ(持続性)」がテーマの一つ

⬇春の南園50周年記念庭園

⬇展示館の中庭は博士ゆかりの植物を植栽

⬇滝を設けた温室のジャングルゾーン

楽しみながら緑を学べる
都市緑化植物園

福岡市植物園
ふくおかししょくぶつえん

福岡県福岡市 ◆ 通年

　福岡市の市街地からほど近い丘陵地に
位置する「福岡市動植物園」。その中にあ
る「福岡市植物園」は熱帯植物などを育
てている「温室」をはじめ、バラ園、花壇
などがあり約2600種、19万本の植物を展
示している。廻廊温室のヒスイカズラや、
春と秋にバラまつりを開催するバラ園は
植物園の目玉のひとつ。展望台1階にはピ
ザ窯のあるカフェもある。

□ D A T A ＆ A C C E S S

☎092-522-3210 ⬛福岡県福岡市中央区小笹5-1-1
🕘9:00～17:00 ㊡月曜(祝日の場合は翌日) 💴600円、
高校生300円、中学生以下無料 🚇福岡市地下鉄七
隈線・薬院大通駅から徒歩15分 🅿あり

⬆園内を走るガーデントレイン(期間限定)は家族連れに人気

⬆バラ園では、約280種1300株のバラを展示

⬆四季折々の草花が楽しめる花壇

⬆フジバカマに集まるアサギマダラ

温室

温室の10のゾーンに珍しい植物が集う

夜に咲くサガリバナ(上)の神秘的で甘く妖艶な香りは「夜の動植物園」開催時に楽しめる。また、ほかにも花姿がウサギのように見えるウサギゴケ(下)など珍しい食虫植物に会える。

ヒスイカズラ

廻廊温室は、ヒスイカズラやブーゲンビリアなど熱帯の花を一年中見ることができる

↑展望台1階にあるカフェ。テイクアウトメニューも充実している

↑今春オープンしたボタニカルライフスクエア

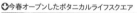
↪ゆったりくつろげるサロン

園内の施設

「見る」植物園から「参加する」植物園へ

芝生広場にオープンしたボタニカルライフスクエアは、福岡市の一人一花運動の輪を広げる活動拠点。最大100人収容できるホールがあり、講演会や個展、飲食イベントなど様々な活動に利用可能。

ちょっとひと息飲食スペース

ボタニカルライフスクエアのサロンは、少人数の講座などに利用できるほか、展望台1階のカフェでテイクアウトしたコーヒーなど飲みながらくつろげる憩いのスペース。

北九州唯一の花木公園
桜のコレクションが秀逸

白野江植物公園
しらのえしょくぶつこうえん

福岡県北九州市 ◆ 通年

　周防灘を望む丘に昭和27年(1952)、民間公園として開園、平成8年(1996)に市が買い取り改修した北九州唯一の花木公園。特に昭和初期から手がける桜のコレクションは九州圏下でも群を抜く素晴らしさで園内には樹齢40年の河津桜や緑色のサクラ御衣黄、天然記念物の白野江のサトザクラ、秋冬の桜も咲く。ツツジ、モミジ、冬期はボタンなど四季折々の花木の名所。

DATA & ACCESS

☎093-341-8111 ⑰福岡県北九州市門司区白野江2 ⑱9:00~17:00 ㉁火曜(祝日の場合は翌日) ㉓300円、小中学生150円 ⓧJR門司港駅から西鉄バスで20分、白野江二丁目下車、徒歩3分 ℗あり

↑11月下旬~12月初旬は約800本あるモミジが色づく

ツツジ
標高約120mの丘陵の一角に位置。花の谷を望む場所に広いツツジ園がある

桜
園内には60品種700本の桜が10~4月下旬頃まで長期間咲き続けている

↑10月に咲くフジバカマの蜜を吸うアサギマダラ

↑1~2月は約50株の冬ボタンが寒中でも鮮やかに咲く

花を育てる

花壇管理や
菊づくり

花壇の花の手入れをはじめ、地域の人たちが交流を深めることを目的とした活動を花を通して行っている。毎年11月には公園内で1年の成果を披露する菊の展示も行われる。

↑ガーデニングを通じた交流サークル「ガーデニング倶楽部」が手入れをお手伝い

↑蓮は7〜8月にかけて水鉢で展示。約30品種、50鉢が並ぶ

同園の白野江のサトザクラは樹齢500年の県指定天然記念物。4月上旬に新芽を出すのと同時に開花

山頂広場

見晴らし台

水仙の丘

落葉の森

第2展望広場

展望広場

木漏れ日の路

ツツジ園

花の谷

WC

竹林

木漏れ日広場

湿性園

桜広場

花畑

ボタン園

水生園

彩の広場

N

WC

R御花茶屋

休憩室

WC

芝生広場

チケット売り場

入口広場

白野江のサトザクラ

P

WC

正面入口

175

沖縄らしいビビッドカラー
一人の男の夢から始まった楽園

美らヤシパークオキナワ・東南植物楽園

ちゅらヤシパークオキナワ・とうなんしょくぶつらくえん

沖縄県沖縄市 ◆ 通年

4万5000坪の敷地に約1300種、5万株以上の熱帯植物が育つ、日本有数の規模の屋外植物園。開業は昭和43年(1968)。台湾から沖縄に移住、帰化した大林政宗さんが「植物の楽園を作りたい」と、小さな農園にこつこつと種や苗を植え、広大な敷地へと育て上げた。平成22年(2010)の廃園の危機も後継企業が名乗りを上げ復活。一年中熱帯の花木が楽しめる楽園だ。

□ D A T A & A C C E S S

☎098-939-2555 ⋒沖縄県沖縄市知花2146
⏰9:30〜22:00(5月下旬〜10月中旬は〜18:00) 休
無休 ￥1540円、1050円(13〜17歳)、600円(4〜12歳)
※季節によって料金変動あり ✉那覇バスターミナルから琉球バス交通で1時間20分、農民研修センター前下車、徒歩20分 Ｐあり

⬆噴水のしぶきが気持ちいい「水上楽園エリア」

ブーゲンビリア
2〜4月に開催される「おきなわブーゲンフェア」で高さ8mのブーゲンタワーが登場する

➡ブーゲンビリアで花びらと思われているのは「苞(ほう)」と呼ばれる葉。花は中心部の白いところ

⬆マダガスカル原産のザーバオバブ

⬆オウムバナ科に分類のヘリコニア

沖縄南国イルミ
ネーションは毎
年10月～5月
に開催する

美らヤシパークオキナワ・東南植物楽園

⬆鮮やかに咲くツル性植物のカエンカズラ

⬆トックリヤシの並木は沖縄らしい光景

⬆ユスラヤシの並木道。創業者の大林さんが台湾から持ち帰った種が50年かけ育った

177

古代より歌に詠まれてきた万葉植物を巡る

元号「令和」の出典元となった日本最古の歌集『万葉集』の4500首の歌には、梅をはじめ約160種の植物が登場する。歌数の多い花として、萩、梅、橘、桜、尾花の順番となっており、古来日本人はどのような植物を愛し、どんな花を歌に織り込んできたのか。当時の自然に寄り添う詠み人たちの感性を偲ぶことができる。

藤

藤波の　咲き行くみれば
ほととぎす
鳴くべきときに　近付きにけり
　　　　　田辺福麻呂（巻十八-四〇四二）

⤴藤山神社の藤のカーテンは開花時期には夜間ライトアップも
⤴春日大社の「砂ずりの藤」は花房が大きく、地面の砂にすれてしまうほど長いことからその名がある

言問はぬ　木すらあぢさゐ
諸弟らが
練りのむらとに　詐かれけり
　　　　　大伴家持（巻四-七七三）

藤に出会えるスポット

春日大社→P.216
藤山神社→P.221
亀戸天神社→P.222 など

万葉集では藤は長くたれる花房が波のように風に揺らぐので、藤波と表現されることが多い。また花札にもあるように藤には初夏に渡ってくるホトトギスと対になることも多く、花が散るのを惜しんで、ホトトギスが今城の岡を越えて藤の花へと飛んでゆくと詠じている。

アジサイ

⤴明月院のアジサイは青一色で明月院ブルーともいわれる
➡三河湾を望む形原温泉のアジサイの色や形は多種多彩

春されば　木末隠りて
うぐひすそ
鳴きて去ぬなる　梅が下枝に
　　　　　山氏若麻呂（巻五-八二七）

➡富士山を背景にした小田原の曽我梅林
⤴大田区の花である梅が丘陵斜面の庭園を彩る

梅

万葉集にアジサイの歌は大伴家持と橘諸兄の二首しかない。家持の妻となる坂上大嬢に贈った歌のひとつで、言葉を言わない木でさえアジサイのように移り変わりやすい。諸弟らの練達な心に騙されたと色の移ろいを不実なものに例えているが、諸兄は八重咲きのアジサイをめでたい花として詠んでいる。

アジサイに出会えるスポット

形原温泉 あじさいの里→P.138
明月院→P.180
大王あじさい園→P.308 など

梅に出会えるスポット

曽我梅林→P.266
偕楽園→P.268
池上梅園→P.274 など

奈良時代に中国から伝わった梅は貴族たちのトレンド花であった。上の歌は梅花の宴で詠み比べをした32首のなかの一首。「春になると梢の物陰で鶯が鳴いては飛び去っている。梅の下枝に」と、太宰府の大伴旅人の庭に植えられた自慢の梅を愛でている。

心しみじみ華やかな古刹めぐり

ご利益授かる花の寺

独特の色彩明月院ブルー
鎌倉随一のアジサイ寺

明月院
めいげついん

神奈川県鎌倉市 ◆ 花菖蒲 5月下旬～6月上旬／アジサイ6月

　鎌倉のアジサイ寺として知られる人気スポット。境内は2500株のアジサイで埋め尽くされ、見頃になるにつれてさらに濃さを増す、独特な青色は美しさから明月院ブルーと呼ばれる。聖観世音菩薩が祀られる本堂にある、悟りや真理、大宇宙を円形で表現したという「悟りの窓」から眺める景色もまた美しく、紅葉の時期の眺めも格別だ。

□ DATA & ACCESS

☎0467-24-3437 所神奈川県鎌倉市山ノ内189 時9:00～16:00(6月8:30～16:30受付終了、17:00閉門) 休無休 料拝観料500円 交JR北鎌倉駅から徒歩10分 Pなし

↑白砂が美しい枯山水庭園。晩春にはしだれ桜が優美

明月院ブルーで彩られた美しい明月院参道。6月の鎌倉で最も賑わう場所

アジサイ
境内のほとんどがヒメアジサイ。意図的に青一色に統一された透明感のある美しさ

明月院
月笑軒

院内の施設

水琴窟の心地よい音が響く茶屋「月笑軒」。壁一面ガラス張りの窓からアジサイを眺めながらお茶が楽しめる（利用には拝観料500円必要）。和菓子がついたお抹茶は800円。営業は9時30分〜15時45分LO。

↑アジサイと同時期に本堂裏の花菖蒲も見頃に

↑後庭園の紅葉。悟りの窓を覆う燃え立つようなモミジやドウダンツツジ

アジサイ三昧

アジサイの時期は
お寺もアジサイ一色に

鎌倉のアジサイ寺の象徴として明月院の絵馬もアジサイ模様。開山堂の入口でやさしく見守る「花想い地蔵」もこの時期はアジサイが飾られる。ブルーに染まる世界を存分に楽しんで。

花菖蒲

本堂右側にある「悟りの窓」からの庭園。通常非公開だが花菖蒲開花期と紅葉期のみ公開

181

鎌倉の西方極楽浄土
古刹をアジサイが彩る

長谷寺
はせでら

神奈川県鎌倉市 ◆アジサイ6月

　古都・鎌倉を代表する長谷寺は一年を通じて花々が美しく咲く「花の寺」としても知られる。1300年という歴史を持ち日本最大級の木彫仏である十一面観音や重要文化財の梵鐘がある。なかでも毎年6月が見頃のアジサイは2500株40種類に上る。見晴台からは鎌倉の街並みや海が望め、アジサイとともに風情あふれる景色を楽しむことができる。

□ DATA & ACCESS
☎0467-22-6300 ⬚神奈川県鎌倉市長谷 3-11-2
⬚8:00〜16:30(4〜6月は〜17:00) ⬚無休 ⬚400円
(アジサイ観賞は別途有料) ⬚江ノ島電鉄・長谷駅下車、徒歩5分 ⬚あり

見晴台からは街並みと由比ヶ浜が一望でき、鎌倉の景色を堪能

⬇鎌倉の西方極楽浄土、花の寺は秋の紅葉も見事

アジサイ
散策路に咲く色とりどりのアジサイ。花に癒やされる至福の時間を過ごしたい

⬇日本でも有数のアジサイの名所として名高い長谷寺

⬆鎌倉長谷寺でしか鑑賞できない特別なアジサイもある

⬆アジサイといえば雨であるが、雨上がりや晴天の日の太陽を浴びて輝く姿もまた美しい

歴史にふれる

**鎌倉を代表する名所
開創は奈良時代**

1300年の歴史を持つ鎌倉の長谷寺。十一面観音や梵鐘など歴史的文化財もあり国内外から訪れる人が多い。

山があでやかな原色に染まる
花と歴史の真言密教の寺

塩船観音寺
しおふねかんのんじ

東京都青梅市 ◆ツツジ 4月上旬～5月上旬

　真言宗醍醐派の別格本山で、山号は大悲山。約2万本のツツジが寺を彩る頃に開催される「つつじ祭り」をはじめ、新緑や初夏のアジサイ、ヤマユリ、秋の彼岸花、萩など季節ごとの花が楽しめる「花の寺」としても有名。寺の名の「塩船」は、周囲の地形が船に似ていたことから、仏が衆生を救おうとする大きな願いの船「弘誓の船」になぞらえてつけられたもの。

▢ DATA & ACCESS

📞0428-22-6677 🏠東京都青梅市塩船194 🕘8:00～17:00 ㊡無休 💴つつじ祭り：300円、小学生100円 🚉JR河辺駅から徒歩35分 🅿️あり(つつじ祭り期間中は有料)

↑境内に漂う護摩の香りに包まれ観賞

↑塩船平和観音立像がつつじ山の最上部に立つ

↓赤いクルメツツジやキリシマツツジなどが順番に咲く

> つつじ祭りは開花状況で日程が異なるが、例年4月上旬から5月上旬まで開催される

↑早咲き種のミツバツツジが鮮やか

↑つつじ祭りで賑わう境内

ツツジ
境内各所でツツジが見られるが暑さには弱く、同寺では5月上旬までが見頃

文化財に注目

茅葺きの山門は
国指定重要文化財

山号「大悲山」の扁額が掲げられた重文の山門は室町時代建立。八脚門・切妻造りの茅葺き屋根に安置されている金剛力士像2体は都指定有形文化財。

ボタンの花香る緑豊かな寺院
都会の喧騒を忘れて花時間を

薬王院
やくおういん

東京都新宿区 ◆ ボタン 4月中旬〜下旬

　真言宗豊山派の寺院で奈良県にある長
谷寺の末寺。長谷寺から移植されたボタ
ン100株が現在では40種類800株に生長
し毎年4月になると鮮やかに花開く。赤、
ピンク、黄色、白と多彩な色合いは実に
美しく訪問者の目を楽しませてくれる。
近隣には野鳥の森公園もあるなど、新宿
という都心に位置しながらも、閑静で緑
豊かな環境を保つ。

🔲 D A T A & A C C E S S
📞03-3951-4324 🏠東京都新宿区下落合4-8-2 🕐
9:00〜17:00 🈚無休 💴無料 🚃西武鉄道新宿線・下落
合駅から徒歩5分 🅿なし(ボタン見学用の場合)

🔼山門を抜け本堂までは石段
を上がっていく。ボタンの花々
を楽しみながら歩きたい

🔽大きく花開いたボタン。その
堂々たる姿から「花の王」とも
呼ばれる

🔼都心から近い住宅地にありながら広々と閑静な境内。
四季の花々が訪れる人を楽しませてくれる

ボタン
薬王院のボタンは大輪。庫裏
から本堂への石段の脇、傾斜
地一面に植えられている

カキツバタ
漢字では「杜若」や「燕子花」と記し、池や沼などの近くや湿地に自生する。花言葉は「幸運は必ず訪れる」。

多種多様な花々に出会える
滝音も涼やかな花寺

青龍山 吉祥寺
せいりゅうざん きちじょうじ

群馬県川場村 ◆ カキツバタほか通年

南北朝時代の暦応2年(1339)創建の鎌倉建長寺を本山とする禅寺。ヤマトタケル東征の故事による武尊山や谷川連峰からの清流など大自然に囲まれた地で、四季折々、100種類以上の花が咲き継ぎ「花寺」としても知られる。端正に掃き清められた枯山水やいくつもの滝が流れる庭など、抹茶をいただきながら楽しめるスペースもあり、いつ訪れても閑雅な雰囲気に浸れる。

DATA & ACCESS
☎0278-52-2434 所群馬県利根郡川場村門前860
時9:00〜17:00 休無休 料800円 交関越自動車道・沼田ICから約7km Pあり

シュウメイギク
漢字では「秋明菊」と書き秋を代表する花。キンポウゲ科の多年草で白やピンクの花は可憐

↑クリンソウは下の方から次々と咲く様子が寺の五重塔頂上の九輪のようなのでこの名がある。開花は春から初夏まで

ハート型の窓

恋人の聖地に選ばれた
SNS映えポイント

本堂の庭園や滝を眺めながら抹茶を楽しめる「抹茶処」にある窓はハート型。「猪目窓」と呼ばれ、「災いを除き、福を招く」という願いが込められている。

185

骨波田の藤から紫のしずく
樹齢650年の県天然記念物

長泉寺
ちょうせんじ

埼玉県本庄市 ◆ 藤4月下旬〜5月中旬

　室町時代に縁起を持つ長泉寺。東国花
の寺・百ヶ寺に選ばれる花のあふれる寺
の境内には樹齢650年と推定される「骨
波田の藤」が咲く。埼玉県の天然記念物
でムラサキナガフジという品種で、本堂
前の総棚面積2500㎡の棚には1.5mもの
長さの花房をつけ、花の下にいると紫の
しずくに包まれる。樹齢250年、350年の
古木もあり8種類、8棚の花を観賞できる。

▦ D A T A ＆ A C C E S S

☎0495-72-3122 ⑰埼玉県本庄市児玉町高柳901 ⑭
8:00〜18:00(藤の開花期のみ) ⑭期間中無休 ⑭500
円、小学生以下無料 ⊗関越自動車道本庄・児玉ICか
ら約9km

⬆釈迦如来と藤の花に守られる寺は、かつて修行道場
といわれ奥院がその修行の場であったと伝わる

関東の103の寺が
集まり東国花の
百ヶ寺として花で
人々を迎える

骨波田の藤
寺の所在地・高柳骨波田
が由来。期間限定で18
時からライトアップあり

187

四季の花々の香りに包まれて
荘厳で平穏な時間を過ごす

長福寺
ちょうふくじ

茨城県大子町 ◆ シャクナゲ 5月中旬〜6月上旬

　茨城の観光名所でもある袋田の滝から車で15分ほどのところにある長福寺は「東国花の寺百ヶ寺」のひとつとしても知られる。獣害により一時数を大きく減らしたこともあるが、その後、境内には四季折々の花が絶えることなく咲いている。特に5月中旬〜6月上旬にかけて見頃のシャクナゲは寺院を代表する花。華麗で優雅な色合いと甘くやさしい香りが特徴。

シャクナゲ
ピンク色に色づき美しく咲くシャクナゲ。初夏の寺院を鮮やかに染め甘い香りを広げる

▢ DATA & ACCESS

☎0295-74-0417 🏠茨城県久慈郡大子町頃藤3357 🕐8:00〜17:00（御朱印受付9:00〜16:00（昼休憩12:00〜14:00）※葬儀、法事がある場合は御朱印の受付なし）🈚無休 🈂300円 🚗常磐自動車道・那珂ICから約35km 🅿あり

🔔風格が漂う歴史ある寺院。四季を通じて華やかな花が絶えることなく咲いている

⬆境内にはシャクヤクの花も咲く。シャクヤクは一輪咲きなのが特徴

東国花の寺百ヶ寺

関東1都6県の「花の寺」が参集

平成13年（2001）に東国花の寺百ヶ寺が発会される。茨城県内の寺で一番に名乗りを挙げたのが長福寺。宗派や宗旨の隔てなく仏さまの教えを提唱。現在は103の寺が参集するまでになった。

古刹の禅寺を彩る
ハナモモと花の天井絵

大龍寺
だいりゅうじ

千葉県香取市 ◆ ハナモモ 4月上旬～中旬

　春の大龍寺を鮮やかに彩るハナモモは、赤、白、桃色と豊富な花色が特徴。ハナモモが咲く寺の裏山の竹林には散策が楽しめる遊歩道が通り、境内奥には千年の歴史がある男滝、女滝といわれる小滝が見られ、4月中旬には水芭蕉が咲く。また日本画家・豊川蛻子画伯により本堂天井の中央に描かれた雲龍図と、両脇には季節の花の数々を描いた絵も見応えがある。

DATA & ACCESS

☎0478-58-1336 所千葉県香取市与倉1012 時9:00
～17:00 休無休 料志納 交東関東自動車道・大栄ICから約6km Pあり

ハナモモ
平安初期・大同年間(806～810)に眩円律師に創建され、のちに鎌倉より大航和尚を開山に迎え、禅寺となる

↑1本の木から紅白の花が咲く「咲き分け」も見られるハナモモの花

↑竹林と遊歩道

赤・白・ピンクに色づいたハナモモが大龍寺の境内を彩る

天井絵

こちらも見どころ
本堂に描かれた天井絵
開山和尚600年遠諱を記念して豊川蛻子画伯が描いた本堂の天井絵。中央に大きな龍を描いた『雲龍図』、両脇の格天井には、季節の花の数々を描いた『春夏秋冬不絶百花図』がある。

50種が花開くアジサイ寺
ハート型の花は要チェック

三室戸寺
みむろとじ

京都府宇治市 ◆ 桜3月中旬〜／アジサイ6月中旬〜下旬

　京都・宇治市にある西国札所第十番の観音霊場。「アジサイ寺」といわれるほど美しいアジサイ園がある。セイヨウアジサイやカシワバアジサイ、幻のアジサイ・七段花など、50種2万株ものアジサイが色彩豊かに園を染める。見つけると恋愛運がアップするといわれるハートのアジサイも存在するので、探してみては。アジサイが見頃の週末にはライトアップが行われる。

□ DATA & ACCESS

☎0774-21-2067 ㊟京都府宇治市菟道滋賀谷21 ㊞8:30〜16:30 ㊡8月13・14・15日、12月29・30・31日 ㊄拝観料1000円、子ども500円 ㊋京滋バイパス・宇治東ICから約1.1km ㊅あり

↑文化2年(1805)に建立された重層入母屋造りの本堂

しだれ桜
三室戸寺の桜は宇治の撮影
穴場スポットといわれる場所

アジサイ園の約50種2万株のアジサイが木立の間に咲く姿は優美

⬆秋の境内に建つ三重塔は質実の極み。京都府指定文化財で江戸中期の創建

アジサイ
朱色の山門周辺が色とりどりのアジサイに埋まる初夏のアジサイ園

⬆本堂前に植えられた蓮は7月に開花

狛兎

狛犬ならぬ狛兎で昇運のご利益を

本堂前に立つのは狛犬ではなく狛兎。御影石製の高さが1.5mある巨大な兎の像。兎の抱いている球の中には卵形の石があり、その卵が立てば願いが叶うといわれている。

国宝・重文の像に祈る
四季の花咲く極楽浄土

法金剛院
ほうこんごういん

京都府京都市 ◆蓮7月上旬～8月上旬

蓮
6～8月にかけて咲くが見頃は7月で「観蓮会」が蓮の開花に合わせ早朝から行われる

第74代天皇・鳥羽天皇の皇后・待賢門院が極楽浄土に模して大治5年(1130)に造らせた。昭和45年(1970)の発掘調査をきっかけに、故・川井戒本前住職が復元。なかでも蓮の生育に力を入れ、国内外約90種を集めた。開花期間は「観蓮会」と称し、最も香りが高くなる早朝から寺を開ける。蓮以外の花も多彩で、「関西花の寺25ヵ所霊場」の第13番霊場となっている。

□ DATA & ACCESS

☎075-461-9428 ⌂京都府京都市右京区花園扇野町49 ⊕毎月15日9:30～16:00(蓮の開花時期は7:30～12:30、13:00閉門)季節により変動あり。HP要確認 ㊡不定休 ¥500円 ㊚JR花園駅から徒歩5分 Ｐあり

⬅花びらが淡黄色から黄色の「黄蓮」

国宝・重文

仏像に栄華
豪華な彫刻

本尊の阿弥陀如来坐像は国宝。十一面観音菩薩像、文殊菩薩像などが重要文化財。

アジサイ
大ぶりのアジサイの間を縫うように設けた小道を浄土を感じながら歩いてみたい

歌人・西行との恋物語でも知られ、紅葉を詠んだ西行の歌は有名

⬆名木「待賢門院桜」。紫色を帯びたピンクの色合いが艶っぽい

沙羅双樹
早朝に咲き夕方には花を落と
すため「一日花」と呼ばれ、
諸行無常の象徴となった

沙羅双樹の寺でのひととき
苔むす庭に花が散る

東林院
とうりんいん

京都府京都市 ◆ 沙羅双樹 6月中旬〜下旬

東林院は、境内で十数本の沙羅双樹(夏
椿)が咲く期間のみ庭を公開している。深
緑に苔むした地面に白い花が点々と散る
さまは、まさに一幅の絵画。静謐な空間
で抹茶をいただきながら眺める最中にも
花が微かな音を立て枝から地面へ。枯山
水庭園は水琴窟の響きが心地よい。風情
あふれる空間で、沙羅の花にちなんだ精
進料理もいただける。

DATA & ACCESS

☎075-463-1334 ㊑京都府京都市右京区花園妙心
寺町59 ㊟9:30〜16:00 ㊡6月中旬〜下旬のみ公開
㊙抹茶付1600円、抹茶&精進料理付き6100円(要確
認) ㊋JR花園駅から徒歩8分 ㋆あり

↑白い椿のような
五弁の花

↑庭には水
琴窟の音が
響きわたる

抹茶と和菓子以外に
も、精進料理を注文
できる。住職の法
話も拝聴できる

菩提寺

**本尊は
観世音菩薩**

東林院は、享禄4年(1531)に戦国
武将の細川氏綱が建立。のちに但
馬村岡領主の山名豊国に受け継が
れ、現在まで山名家の菩提寺。

↑予約すれば宿坊にも泊まれる

↑日本では夏椿を沙羅双樹に見立て植える

193

後水尾天皇が愛した日光椿
尼門跡寺院に華麗に咲く

霊鑑寺
れいかんじ

京都府京都市　◆椿3月下旬〜4月上旬

代々皇女、皇孫女が入寺する皇室ゆかりの深い由緒あるお寺。椿愛好家であった後水尾天皇がその風情を愛でたという日光椿や、白牡丹椿や舞鶴椿といった霊鑑寺の固有種である貴重な椿など、広い庭内に100種類以上が植えられている。手水鉢に浮かべられた椿の花など撮影スポットも多数。通常は非公開だが、椿が咲く春と紅葉の秋に特別拝観が行われる。

↑京都市指定天然記念物の日光椿や白牡丹椿など100種類以上の椿がある

↑後水尾天皇が好んだという日光椿

苔や岩の美しい江戸中期の池泉式鑑賞庭園。桜と椿の共演も楽しめる

DATA & ACCESS

📞075-771-4040 📍京都府京都市左京区鹿ヶ谷御所ノ段町12 🕐特別拝観時のみ10:00〜16:30 🏖通常非公開 💴特別拝観時のみ600円、小学生300円 🚌市バスで真如堂前下車、徒歩7分 🅿あり

椿
緑の苔の上で花が咲いているように見える散り椿。参道の周辺も色鮮やかに

霊鑑寺映えスポット

椿のデコレーション
華やかさと風情を表現

毎年趣向を凝らしたデコレーションが話題になる霊鑑寺の椿の花。大玄関前では竹の花器に飾ったり手水鉢に浮かべたり、名庭園を椿であしらうなど撮影スポットが多彩。

数多の和歌に詠まれてきた
極楽浄土を彩る花房

浄瑠璃寺
じょうるりじ

京都府木津川市 ◆ アセビ2月下旬〜3月下旬

浄瑠璃寺の庭園は、庭全体で浄土思想を表現する浄土式庭園を中世の姿のまま残すとして、国の特別名勝に指定されている。参道に並ぶ3mを超す十数本のアセビは春先には可憐な花を咲かせ境内はいっそう華やかになる。『万葉集』にはアセビを詠んだ歌が10首もある。アセビは有毒物質を含むため獣害に遭わず、中世から寺の境内に多く植えられてきた。

↑参道をやさしく彩る。ジャスミンにも似た甘く独特の香りが漂う

□ D A T A & A C C E S S
☎0774-76-2390 ㊟京都府木津川市加茂町西小札場40 ㊙9:00〜17:00(12〜2月は10:00〜16:00) ㊡無休(法要などは除く) ㊚400円、小学生以下無料 ㊛JR加茂駅から木津川市コミュニティバス当尾線・加茂山の家行きで25分、浄瑠璃寺前下車すぐ ㊅なし

↑浄土式庭園は、同寺建立時の流行。秋の紅葉も見事

↓堀辰雄の『浄瑠璃寺の春』にも同寺のアセビが登場する

アセビ
ツツジ科アセビ属の常緑性低木で「馬酔木」が和名。馬が食べるとフラフラになることから

水面に浮かぶ天竺牡丹
春の陽を浴び輝く華の池

岡寺
おかでら

奈良県明日香村 ◆ツツジ、シャクナゲ4月下旬～5月上旬／
天竺牡丹4月下旬～5月上旬

天竺牡丹

"天竺"はインドを指すが"遠方""舶来"の意も。遠来より伝わるダリアが天竺牡丹として華の池に

　古来より「飛鳥の岡にある寺」から「岡寺」と親しみを込めて呼ばれる由緒ある寺。約3000株のシャクナゲが春の境内を彩る。また、ゴールデンウィーク限定で境内にある池に奉納された天竺牡丹（ダリア）が浮かぶ華の池が登場。ほかにも、手水舎や鉢などにも花が浮かびあでやかな風景に。シャクナゲと天竺牡丹は同時期に見頃を迎え共演が楽しめる。

◻ D A T A ＆ A C C E S S

☎0744-54-2007 ⓐ奈良県高市郡明日香村岡806
🕐拝観8:30～17:00(12～2月は～16:30) 🚫無休 💴
拝観料400円、高校生300円、中学生200円 🚗南阪道路・葛城ICから約16km 🅿あり

奈良県明日香村の東、岡山の中腹にある岡寺。日本最初の厄除け寺

❶丘の斜面に植えられた約3000株ものシャクナゲは岡寺の春の名物

白書院　表書院　古書院

手水舎　華の池　　開山堂

受付　　　　寺務所　　本堂　納経所

仁王門　　　楼門

　　　　樹齢500年のさつき　　　　十三重石塔　　卍稲荷社
WC　　　　　　　　　　　　　　　　　　　瑠璃井

大師堂　　　　　鐘楼堂　龍蓋池　　　　　奥之院石窟

N　　　　　　　　　　　　　　　　　じゃくなげの道

　　　　　　　　義淵僧正廊所　　歴代墓所

三重宝塔　　もみじのトンネル

❶手水舎や鉢などに浮かべ華やかに

↑鎌倉様式の鮮やかな三重宝塔。ツツジやシャクナゲの花で華やぐ

寺宝

日本最初の厄除け寺の
寺宝と出会う

江戸時代の六曲屏風「両部大経感得図」
(りょうぶだいきょうかんとくず)は岡
寺の寺宝。花咲く春が描かれた岡寺三
重宝塔壁画は両部大経感得図の印象的
な場面を採用したもの。毎年10月第3
日曜の開山忌に一般公開される。

緑から赤へと移りゆく
四季の彩りを映す古刹

高源寺
こうげんじ

兵庫県丹波市　◆ ツツジ 5月上旬〜中旬

「丹波のモミジ寺」として知られる禅宗
の寺院。鎌倉時代に同寺を開創した遠谿
祖雄禅師が中国杭州の天目山より持ち
帰って植えたといわれる「天目カエデ」を
はじめとするカエデの紅葉が広い境内を
埋め尽くす。惣門から山門までの参道が
色づく「紅葉のトンネル」や多宝塔周辺も
見どころ。新緑の頃は深い緑とツツジの
ピンクとのコントラストが美しい。

DATA & ACCESS

☎0795-87-5081 所兵庫県丹波市青垣町桧倉514
時9:00〜17:00 休無休 料入山料300円 交北近畿豊
岡道・青垣ICから約5km Pあり

↑惣門から山門へ続く道の両脇に
モミジの新緑。秋は赤く色づく

ご本尊

300年ぶりの仏殿改修

享保5年(1720)、江戸時代中期に建
立された仏殿には本尊の釈迦如来坐
像が安置。300余年の時を経て
2023年10月完成予定で改修中だが、
参拝は安全に配慮されており可能。

新緑がまぶしい時
期には、ツツジの
花が見頃を迎
え境内を彩る

天目カエデは葉が小
さく枝が垂れ下がる

ツツジ
4月上旬〜5月中旬には新緑
に包まれる高源寺。天目カ
エデの葉が青々と茂る

ヤマボウシ
緑が広がる山上全体を
真っ白に覆うヤマボウシ

深緑に純白のヤマボウシ
初夏に雪をまとうように

摩耶山天上寺
まやさんてんじょうじ

兵庫県神戸市 ◆ ヤマボウシ、アジサイ 6月上旬〜中旬

日本で唯一お釈迦さまの生母・摩耶夫人を祀る寺で、女性からの信仰が篤く、子宝祈願や安産腹帯の寺として知られる。花の寺としても名高く、特に6月上旬頃に見頃を迎えるヤマボウシは、雪が降り積もったように白い花が密集して咲く姿が素晴らしい。梅雨どきにはヤマアジサイやセイヨウアジサイが咲き競い、摩耶山全体がアジサイの名所となる。

DATA & ACCESS

☎078-861-2684 住兵庫県神戸市灘区摩耶山町2-12 時9:00〜17:00 休無休 料入山料志納 交JR三ノ宮駅から神戸市バス18系統で15分、摩耶ケーブル下下車、摩耶ケーブル・ロープウェーに乗り換え星の駅下車、徒歩10分 Pなし

⬆金堂には本尊の十一面観音のほか、
たくさんの仏さまが祀られている

子宝スポット

**おめでた蛙さま
なでてご利益を**

寺自体が子宝のご利益があるとされるが、「おめでた蛙さま」という子宝スポットがある。おめでた蛙さまの背にいる小さな子どもの蛙の背をなでると子宝に恵まれるという。

摩耶山のアジサイ
は山中にあるので、
変化に富んだ景
観が楽しめる

199

↑藤の花が見頃の4月下旬にかけて
さまざまな花が見られる

↑3月に藤棚の下に咲くクリスマスローズ

藤

俳句では藤の花は晩春の季語。
滝のように花房がしたたり落ちる
姿が優雅。万葉集、枕草子、源
氏物語などにも多く登場する

紫、ピンク、白
降り注ぐ藤の花の共演

子安地蔵寺

こやすじぞうじ

和歌山県橋本市 ◆藤 4月下旬～

　天平9年(737)、行基によって開基された
安産守護の古刹。紀州徳川家の安産祈願
の寺であり、関西花の寺第24番「藤の寺」
としても知られている。境内には樹齢120年
以上の「九尺藤」や色鮮やかな「赤長藤」、
花先に紅がのる「口紅藤」など8種類約25
本の藤が咲く。また椿、ツツジ、サツキ、ク
リスマスローズ、ユキワリイチゲなどの山野
草も彩りを添えて華やか。

□ DATA & ACCESS

☎0736-32-1774 働和歌山県橋本市菖蒲谷94
働8:00～17:00 働無休 働300円 図南海線御幸辻駅
から車で6分 Ｐあり(花のシーズンは有料)

長屋門形式の山門
に映えるしだれ桜
も見事。花の季節にな
ると参拝者で賑わう

枯山水の庭園に広がる
散り椿の赤い世界

興聖寺
こうしょうじ

滋賀県高島市 ◆藪椿 4月上旬～5月上旬

　曹洞宗の開祖・道元禅師ゆかりの古刹。庭園を訪れた千利休が散っていく藪椿の花を見て「散り際がよい。一期一会の心を表したもの」と散る潔さを讃えたという逸話が残る。本堂には本尊の釈迦如来像(重要文化財)が安置されている。鼓の滝が流れ、曲水に鶴亀島が浮かび、樹齢500年の藪椿が植えられている池泉廻遊式の旧秀隣寺庭園が見どころ。

名庭に咲く老椿の花。苔の上に落ちた真っ赤な花は儚くも美しい姿

▢ D A T A ＆ A C C E S S

☎0740-38-2103 ㊟滋賀県高島市朽木岩瀬374
㊟9:00～17:00 ㊡無休 ㊚300円 ㊛江若バスで朽木学校前下車、徒歩10分 Ｐあり

興聖寺の宝

**重要文化財の仏像と
名勝指定の庭園**

境内には、本殿のほか庫裏や鐘楼などが立ち並ぶ。本尊の釈迦如来坐像は定朝様式といわれ平安時代の名作で国の重要文化財に指定。また庭園も国の名勝指定を受けている。

藪椿

「関西花の寺二十五ケ所」霊場のひとつ。4月は藪椿、5月は石楠花やシャガ、6月は紫陽花。そして11月には紅葉など、閑静な境内を穏やかにする

世界各国のアジサイが集い
風光明媚な寺を埋め尽くす

観音寺
かんのんじ

広島県広島市 ◆椿11月中旬～4月下旬／桜3月上旬
～4月下旬／アジサイ6月上旬～下旬

　広島市の瀬戸内海を見下ろせる風光明
媚な場所にある禅宗の寺。アジサイ寺と
も呼ばれ、400品種5000株のアジサイが
咲き、6月には「あじさい祭り」が開催さ
れる。本堂の裏山に咲くアジサイは散策
気分で巡りながら観賞できる。冬から春
にかけては咲き方、大きさ、色合いもさ
まざまな700種類もの椿が咲き競う椿寺
になる。

▨ DATA & ACCESS

☎082-924-1340 ⊕広島県広島市佐伯区坪井町
736 ⊕8:30～17:00 ⊛無休 ⊛無料 ⊗西広島バイパ
ス・五日市出口から約4.5km Ⓟあり

⬆桜は85種150本。本堂前の陽光桜が鮮やかに映える

⬆縁結びのご利益があるという水かけ不動

⬆ガクアジサイ、セイヨウアジサイ、世界各国のアジサイが咲く。写真はヤマアジサイ紅

6月上旬〜8月にかけて、夏の風物詩である風鈴の祭り「風鈴まつり」を開催

↑手まり形の澄んだ青い花をつけるヒメアジサイ

↑アジサイが見頃を迎える毎年6月に開催される「あじさい祭り」。祭りに合わせ初日には限定で涅槃図が公開される

アジサイ
頭をなでるとまめになれるという、かわいいお顔の「まめぶなで地蔵」も花に包まれる

椿寺としても有名

11月中旬〜4月下旬は「広島の椿寺」になる

これから寒さが厳しくなるという11月中旬から観音寺では椿が咲きはじめる。一重咲きをはじめ八重咲き、小輪、梅の花のように咲く肥後椿、大輪の西洋椿など。その凛として咲く姿に寒さを忘れて見惚れる。

アジサイ寺として親しまれる
情緒あふれる古刹

大聖寺
だいしょうじ

岡山県美作市 ◆ アジサイ6月中旬～7月上旬／
センノウゲ8月下旬～9月

　聖武天皇の勅令によって開山されたと伝わる由緒ある寺。境内に「心」の字形にアジサイが植えられ、園の周りの散策路にもアジサイが咲きのんびり歩ける。築400年の本坊では愛染明王を拝観でき、日本庭園や藩主の使っていた部屋、京都御所勅使の駕籠などの寺宝が見られる。例年「あじさい花祭り」は、アジサイが見頃の約1カ月間開催される。

☐ D A T A ＆ A C C E S S

☎0868-76-0001 ⍟岡山県美作市大聖寺1 ⏰8:30～16:30 休無休 料入山料無料(あじさい花まつり期間中は500円) 🚗中国自動車道・作東ICから約14km Pあり

幻の秘花「センノウゲ」

絶滅したと考えられた
鮮烈の赤い花

大聖寺歴代山主により大切に守り育てられている鮮烈な赤い花センノウゲ(非公開)。絶滅したと考えられていたが、近年植物学者により幻の秘花であることが発見された。8月下旬頃開花。

↑良縁成就・夫婦円満の仏様・愛染
明王が本坊客殿で拝観できる

「あじさい園」として名高い寺の鐘の音は穏やかな音色を響きわたらせる。寺には西国愛染十七霊場第七番の石仏が立つ

大聖寺は広島・山口・岡山
3県のアジサイの咲く24カ寺、
「山陽路を巡るピースロード
（平和の道）」のひとつ

アジサイ

花と緑の聖地としても愛さ
れる大聖寺の境内。四季の
移ろいを花々で感じられる

四季を通して花で迎える
高杉晋作ゆかりの地

東行庵
とうぎょうあん

山口県下関市 ◆ 花菖蒲6月上旬〜中旬

　維新の革命児・高杉晋作の霊位礼拝堂として明治17年(1884)に創建。庵内の仏壇には山縣有朋の位牌も安置されている。シンボルフラワーの沙羅双樹をはじめ四季を通じて花が楽しめ、6月になると初代庵主である梅処尼が好んだ菖蒲が東行池を中心に約100種3000株が花開く。庵のある下関の気候に合わせ真冬さえ美しい花が咲き、歴史をともに伝えてくれる。

DATA & ACCESS

📞083-284-0211 🏠山口県下関市吉田町1184 🕐休 料
見学自由 🚗中国自動車道・小月ICから約6.5km Ｐあり

↑歴史を変えた功労者を偲びながら、花菖蒲が咲く東行池を散策

> ### 東行庵を散策
>
> #### 高杉晋作慰霊の地で
> #### 歴史をたどる
>
> 晋作の墓(国指定史跡)や奇兵隊の墓があり、東行記念館には晋作や奇兵隊に関する調度品や資料が多数残されている。周辺の自然公園で四季の花を愛でながら歴史をたどってみよう。

↑高杉晋作の愛人おうの
(初代東行庵庵主・梅処尼)が好んだ花菖蒲

↑紫、ピンク、白などの花菖蒲が一斉に色づき美しいグラデーションに

菖蒲
東行池と菖蒲園の間を渡る朱色の橋と石灯籠が花菖蒲を引き立てる

206

ボタン
日本だけでなく、世界各国のボタンが植えられている。咲き方も色もさまざまだ

甘い香り漂う大輪の花
境内をあでやかに彩る

龍蔵寺
りゅうぞうじ

山口県山口市 ◆ ボタン4月中旬～5月中旬、12月下旬～2月下旬

建立は朱鳥13年(698)と歴史ある真言宗の古刹。4月中旬からは黒ボタンをはじめ、約250種600株のボタンが大輪の花を咲かせる。また冬には冬ボタンが咲き、春のボタンとはまた違った味わいがある。重要文化財に指定された大日如来像や、県指定有形文化財の十一面千手観音など見どころが多数。境内には推定樹齢1000年の大イチョウや名勝「鼓の滝」がある。

DATA & ACCESS

☎083-924-1357 所山口県山口市吉敷1750 開8:00～17:30 休無休 料拝観200円、中高生100円、小学生50円 交JR湯田温泉駅から車で15分 Pあり

↑紅葉の見頃は11月中旬～12月上旬

ボタン

世界各国のボタンが集う 多種多様な色と咲き方

濃い深みのある赤紫色の花・島大臣、ピンク色の神秘的な大輪の花・聖代、新日月、新阿房宮、八千代椿、王華錦など約250種類。アメリカ、フランス、スイス、中国などのボタンもを見られる。

冬の寒い時期には可憐に大輪の花を咲かせる冬ボタンを本堂内で観賞

国名勝に指定された
山口県下最古の庭園

宗隣寺
そうりんじ

山口県宇部市 ◆ サツキ5月下旬～6月上旬

❶鎌倉末期の作庭で、干潟様(ひがたよう)は岩手県の毛越寺(もうつうじ)と宗隣寺のみに現存

宗隣寺は奈良時代に唐僧の為光和尚(いこう)が開き、江戸中期に宇部領主の福原氏15代広俊が再興した臨済宗の名刹。本堂北側にある龍心庭は、南北朝時代に築かれた山口県下最古の庭園で、国名勝に指定されている。庭園にはサツキやツツジ、モミジなども植えられており美しさを際立たせている。紅葉の時期には池を生かした閑寂な趣のなかで鮮やかな緋色が映える。

DATA & ACCESS

📞0836-21-1087 所山口県宇部市小串210 時9:00～17:00 休無休 料庭園拝観300円、中学生以下150円 交山陽自動車道・宇部ICから約5km Pあり

❷11月中旬～12月中旬に見頃を迎える紅葉時期の美しさはひとしお

名勝・宗隣寺庭園

**禅の真髄を説くという
閑寂な趣の国の名勝庭園**

南北朝時代に築庭された庭は国の名勝。池中に二列直線八石の夜泊石(よどまりいし)を配し、護岸石組みも主なものにとどめた閑寂な趣が、禅の真髄を説くといわれている。

サツキ
山門から本堂へ至る参道。この道は「サツキの参道」と呼ばれている

シャクナゲ
春にはシャクナゲ、秋にはヒガンバナが境内に咲き誇り、参拝者を迎える花の寺

神童寺
じんどうじ
◆ミツバツツジ 3月下旬～4月上旬

京都府
木津川市

ミツバツツジ（三葉躑躅）の名所

山の斜面にミツバツツジが植えられ、薄赤紫色の花を咲かせる。本堂は室町時代の1406年（応永13年）に興福寺官務・懐乗が再建したといわれている。

DATA & ACCESS ☎0774-86-2161 ㊟京都府木津川市山城町神童子不晴谷 ㊞9:00～17:00 ㊡無休 ㊷500円 ㊸JR祝園駅から車で15分 Ⓟあり

⬆神童寺には桜も植えられ、ミツバツツジと一緒に楽しめる時期がある

清澄寺
せいちょうじ
◆ツツジ 4月下旬～5月中旬

千葉県
鴨川市

日蓮聖人ゆかりのお寺に咲くツツジ

広大な境内の中央には国の天然記念物に指定された大スギがそびえ立つ。報恩殿裏側の斜面に造成されているツツジ庭園は最高。

DATA & ACCESS ☎04-7094-0525 ㊟千葉県鴨川市清澄322-1 ㊞9:30～16:00 ㊡無休 ㊷境内自由（宝物館300円） ㊸JR安房天津駅から鴨川市コミュニティバス清澄ルートで清澄寺下車すぐ Ⓟあり

⬆山の斜面を埋め尽くすツツジ、遠方からの景観も素晴らしい

應聖寺
おうしょうじ
◆夏椿 6月

兵庫県
福崎町

境内に大小約200本の沙羅の木が

日本では夏椿と呼ばれる沙羅の花。朝に咲き夕べに散る、たった一日だけの無常の花ともいわれ、諸行無常を説く仏の花としても知られている。

DATA & ACCESS ☎0790-22-1077 ㊟兵庫県神埼郡福崎町高岡1912 ㊞9:00～17:00 ㊡無休 ㊷文化財庭園拝観500円（抹茶・菓子付） ㊸中国自動車道・福崎IC北ランプから約5.5km Ⓟあり

⬆沙羅の花が咲く「名勝應聖寺庭園」は兵庫県名勝指定文化財に指定

萬福寺
まんぷくじ
◆藤 4月中旬～下旬

香川県
三豊市

数種類の藤が咲き誇る藤寺

すぐ近くを流れる財田川のせせらぎが心地よい萬福寺。カーテンのように垂れ下がる藤はとても美しく、薄紫色の藤の花が訪れる人の心を癒やしてくれる。

DATA & ACCESS ☎0875-67-2324 ㊟香川県三豊市財田町財田上3519 ㊞8:00～17:00 ㊡無休 ㊷無料 ㊸JR比地大駅から三豊市コミュニティバス財田高瀬線でJA財田支店下車、徒歩2分 Ⓟあり

⬆藤寺としても知られ、約100㎡の藤棚いっぱいに枝を広げる

備中国分寺
びっちゅうこくぶんじ
◆ アカゴメ9月上旬~中旬

岡山県
総社市

赤い稲穂で田んぼが一面赤く染まる

江戸時代に再興された五重塔は、県内唯一のものである。その五重塔が映える田園風景も魅力的で、アカゴメだけでなく春の菜の花やレンゲとのコントラストも見事。

DATA & ACCESS ☎0866-94-3155(国分寺観光案内所くろひめ亭) ⓐ岡山県総社市上林1046 ⓣ10:00~16:00(国分寺観光案内所くろひめ亭) ⓗ無休 ⓨ無料 ⓧJR総社駅から車で15分、レンタサイクルで30分 Ⓟあり

↑秋には、アカゴメの稲穂が一面に広がり、夕陽に照らされた景色が感動もの

阿弥陀寺
あみだじ
◆ アジサイ6月上旬~下旬

山口県
防府市

西のアジサイ寺とも呼ばれる

本堂、念仏堂や仁王門など阿弥陀寺の見どころの周囲には必ず咲いている。「アジサイを見るなら阿弥陀寺」と言えるほど、山口県でもトップ3に入る名所。

DATA & ACCESS ☎0835-38-0839 ⓐ山口県防府市牟礼坂本1869 ⓣ散策自由 ⓗ不定休 ⓨ200円 ⓧJR防府駅から防長バス阿弥陀寺行で20分、終点下車すぐ Ⓟあり

↑西洋アジサイを中心に80種4000株以上のアジサイが咲きほこる

楞厳寺
りょうごんじ
◆ ツツジ4月中旬~下旬

京都府
綾部市

ミツバツツジのトンネルがきれい

楞厳寺は天平4年(732)林聖上人により開山。境内にはボダイジュ、サルスベリ、椿が「三古木」として、また「関西花の寺25ヶ所」の第2番札所としても知られている。

DATA & ACCESS ☎0773-47-0043 ⓐ京都府綾部市舘町楞厳寺6 ⓣ見学自由(カラス襖絵の見学は志納金) ⓧJR綾部駅から車で15分 Ⓟあり

↑本堂の向かい側のミツバツツジが真っピンクに染まる人気スポット

華観音寺
はなかんのんじ
◆ アジサイ6月初旬~7月初旬

京都府
福知山市

関西随一の花のお寺として知られる

藤、アジサイ、紅葉、ロウバイと、一年を通じて花や古い歴史を楽しめる。毎年6月~7月には白・青・紫・ピンクのアジサイが咲き、花浄土と呼ぶのにふさわしいたたずまいを見せる。

DATA & ACCESS ☎0773-27-1618 ⓐ京都府福知山市観音寺1067 ⓣ9:00~16:30 ⓗ無休 ⓨご朱印300円 ⓧJR石原駅から徒歩15分、福知山駅から京都交通バスで15分、観音寺で下車すぐ Ⓟあり

↑6月の第4日曜日に開催するあじさい祭り、様々な色のアジサイが並ぶ

大興善寺
だいこうぜんじ
◆ ツツジ 4月中旬〜5月上旬

佐賀県
基山町

花寺「つつじ寺」の愛称で親しまれる

茅葺き屋根の本堂は、春・夏は鮮やかに、晩秋は「もみじの葉」に彩られる。契園に入園してすぐ前の広場にツツジが咲き、その後ろにもみじの新緑も楽しめる。

DATA & ACCESS ☎0942-92-2627 所佐賀県三養基郡基山町園部3628 時8:30〜18:00 休無休 料600円、小中学生300円 交JR基山駅から車で7分(4〜5月、11月は臨時バスあり。要問合せ) Pあり

↑特に春のツツジと秋の紅葉は絶景の契園

毛越寺
もうつうじ
◆ 菖蒲 6月下旬〜7月上旬

岩手県
平泉町

池周辺の約30aの花菖蒲園に

毛越寺は、中尊寺とともに平泉を代表する寺院として知られる。紫、白、黄色などの300種、3万株の花菖蒲が見られ、緑濃い浄土庭園とのコントラストも良い。

DATA & ACCESS ☎0191-46-2331 所岩手県西磐井郡平泉町平泉大沢58 時8:30〜17:00(11月5日〜3月4日は〜16:30) 休無休 料700円 交JR平泉駅から車で3分 Pあり

↑紫、白、黄色などの菖蒲が見れ、緑濃い浄土庭園とのコントラストも良い

本光寺
ほんこうじ
◆ アジサイ 6月

愛知県
幸田町

紫や青、白色の15種類のアジサイが咲く

深溝松平家の菩提寺で「三河のあじさい寺」としても知られる本光寺の紫陽花まつりは、参道や境内を埋め尽くした約1万本のアジサイが見事に開花する。

DATA & ACCESS ☎0564-62-1626 所愛知県額田郡幸田町深溝内山17 時6:00〜18:00 休無休 料無料(一部有料) 交JR三ヶ根駅から徒歩10分 Pあり

↑山門までの両脇や、境内にたくさんのアジサイが植えられている

葛井寺
ふじいでら
◆ 藤 4月中旬〜5月上旬

大阪府
藤井寺市

神亀2年(725)に行基によって創建

千年前から咲き続けているといわれている藤の開花に合わせて、毎年4月中旬から5月上旬にかけて行われる藤まつり。一年を通して多くの巡礼者が訪れる。

DATA & ACCESS ☎072-938-0005 所大阪府藤井寺市藤井寺1-16-21 時8:00〜17:00 休無休 料300円(藤育成協力金) 交近鉄・藤井寺駅から徒歩5分 Pなし

↑甘い香りに包まれる境内は白や紫の藤が咲き誇る

白毫寺
びゃくごうじ

兵庫県
丹波市

◆ 藤 4 月中下旬〜5 月中旬

「九尺ふじまつり」が5月に開催

4月の桜にはじまり石楠花、藤、モミジと四季の花々が楽しめ、5月の九尺藤は長さ120mの藤棚から長く伸びた無数の花房がシャワーのように垂れ下がる。

DATA & ACCESS
☎0795-85-0259 ⬛兵庫県丹波市市島町白毫寺709 ⏰9:00〜17:00(藤のライトアップの期間中は〜21:00) 休無休 料300円 交JR市島駅から車で8分 Pあり

↑「九尺ふじ」と呼ばれる花穂の長い藤で、正式名称は「野田長ふじ」

勧修寺
かじゅうじ

京都府
京都市

◆ 蓮 6 月下旬〜8 月上旬

季節限定で楽しめる薄紅色の花

平安時代に醍醐天皇が創建。境内の氷室池に咲く蓮は遅咲きの花が多く、7月から8月にかけて満開の花が水面いっぱいに咲き広がる景色を楽しめる。

DATA & ACCESS
☎075-571-0048 ⬛京都府京都市山科区勧修寺仁王堂町27-6 ⏰9:00〜16:00 休無休 料500円 交京都市営地下鉄東西線・小野駅から徒歩6分 Pあり

↑午前に観音堂を背景に優雅に咲く蓮の景色を見ることがおすすめ

香勝寺
こうしょうじ

静岡県
森町

◆ キキョウ 6 月下旬〜7 月下旬

日本三大ききょう寺で知られる寺

別名「ききょう寺」とも呼ばれ、境内左手と裏山に広がる園内に植えられた約15種類、青紫、白、ピンクの4万株以上のキキョウが色鮮やかに咲き誇る。

DATA & ACCESS
☎0538-85-3630 ⬛静岡県周智郡森町草ヶ谷968 ⏰9:00〜17:00 休無休 料500円 交JR袋井駅から秋葉バスサービス森または気多行で福田地下車、徒歩15分 Pあり

↑境内にある観音様のお告げから植えられたというキキョウは約4万株

嶺岳寺
れいがくじ

長野県
松川町

◆ ヒガンバナ 9 月下旬

境内を赤く色鮮やかに彩る

天竜川や中央アルプスを望める高台に位置する寺院。住職が40年以上の歳月をかけて大切に育てている約5万株のヒガンバナが境内に美しく咲き誇る。

DATA & ACCESS
☎0265-36-3572 ⬛長野県下伊那郡松川町生田438 ⏰休料見学自由 交JR伊那大島駅から車で7分 Pあり

↑真っ赤に咲く花の中に時には白いヒガンバナが咲くことも

213

江戸時代の絵師・北斎が描いた花

「この1000年で最も重要な功績を残した世界の人物100人」として米ライフ誌が発表した『ザ・ライフ・ミレニアム』に唯一選ばれた日本人、浮世絵師・葛飾北斎。6歳で筆をとり90年の生涯を閉じるまで数多くの作品を残し、ビンセント・ヴァン・ゴッホやエドガー・ドガなどヨーロッパの芸術家にも大きな影響を与えた。北斎の花の作品はディテールの描写や一瞬を捉えた構図が見どころだ。「芙蓉に雀」は北斎70代前半の頃の作品で8月から10月にかけて咲く芙蓉ののびやかな花姿とともに、花びら1枚1枚に繊細な線が描かれている。一方で葉は刷毛で描いたような大胆な表現をしている。北斎が真剣かつリズミカルに筆を運ぶ様子まで伝ってくるよう。また、花を愛でるように飛ぶふっくらとした雀にも愛情を注いで描いたことがうかがえる。

芙蓉の繊細さを単色の背景が極め雀のさえずりが聞こえる

葛飾北斎「芙蓉に雀」
天保(1830-44)初年頃／すみだ北斎美術館蔵
企画展『北斎バードパーク』で前期展示

葛飾北斎「桜に鷹」
天保5年(1834)頃／すみだ北斎美術館蔵
企画展『北斎バードパーク』で前期展示

満開の桜と凛とした表情の鷹
鷹狩りに選ばれし艶やかな羽色と淡い桜のコントラスト

すみだ北斎美術館
すみだほくさいびじゅつかん

東京都
墨田区

現在の東京都墨田区で生まれた世界的にも名高い浮世絵師・葛飾北斎の作品を所蔵。北斎や門人の作品を紹介するほか、「すみだ」との関わりなどについて気軽に学べる。常設展示では北斎の生涯に沿って代表作を実物大高精細レプリカで紹介。企画展も多彩で、年間を通じてさまざまな作品に出会える。

DATA & ACCESS
☎03-6658-8936 所東京都墨田区亀沢2-7-2 開9:30〜17:30(入館は17:00) 休月曜(祝日の場合は翌平日)、ほか臨時休館あり 料AURORA(常設展示室)400円ほか※企画展は展覧会により異なる 交JR両国駅から徒歩9分 Pなし

企画展『北斎バードパーク』2023年3月14日〜5月21日
最新情報は公式サイトを確認 https://hokusai-museum.jp/

↑外壁には風景が映り公園と地域が一体化。設計は建築家・妹島和世氏

↑建物の四方に設けられたスリットの内部はカレイドスコープ(万華鏡)のよう

施設写真:尾鷲陽介

境内を色とりどりに咲き染める

神さまに寄り添う花

樹齢700年"砂ずりの藤"
境内随所に社紋の花

春日大社
かすがたいしゃ

奈良県奈良市 ◆藤4月中旬〜5月上旬

　奈良公園東側の一帯、御蓋山(春日山)の麓を中心とした広大な敷地にある春日大社。世界遺産「古都奈良の世界遺産」のひとつとして登録、創建は奈良時代・神護景雲2年(768)。往時、栄華を誇っていた藤原氏に庇護され同氏の家紋が「藤」であったことから境内随所に咲く藤を大切にし社紋も「下り藤」に。なかでも房が地面につきそうな"砂ずりの藤"は名木。

□ DATA & ACCESS

☎0742-22-7788 ㊟奈良県奈良市春日野町160 ㊟6:30〜17:30(11〜2月は7:00〜17:00) ㊡無休 ㊟境内無料、回廊内特別参拝500円 ㊢奈良交通バスで春日大社本殿下車すぐ Ｐあり

↑高さ12mの境内最大の門で大社の正門にあたる南門

丹塗りの回廊が
節分と中元に灯る

節分と中元(8月14・15日)の年2回、境内の石燈籠と釣燈籠3000基すべてに明かりが灯る「万燈籠」。回廊がいっそう華やかに。

[地図]
一言主神社
祈祷所
桂昌殿
藤浪之屋　御本殿
宝庫　風宮神社
内侍殿　中門・御廊
春日大社本殿
船戸神社
国宝殿　貴賓館
酒殿
直会殿
御蓋山浮雲峰遥拝所
幣殿・舞殿
社務所
砂ずりの藤
回廊
南門
二之鳥居　表参道
車舎

N

藤
樹に近いところから
咲き始め花房の先に
向け7〜8割開花し
た状態が花の見頃

⬆見頃は4月中旬〜5月上旬。境内の萬葉
植物園では20種200本の藤を観賞できる

➡"砂ずりの藤"は花
房1m以上、地面につ
くことから名付けられる

写真提供：春日大社

217

1700年の歴史を誇る古社
神に捧げる花菖蒲

宮地嶽神社
みやじだけじんじゃ

福岡県福津市 ◆ 花菖蒲 5月中旬～6月中旬

↑花菖蒲の池には木道が整備され快適に散策できる

宮地嶽神社は西暦300年頃、神功皇后が祭壇を設け、渡韓に向けた安全祈願をここで行ったのが始まりと伝わる。昭和40年(1965)に境内の菖蒲を35種300株に増やし江戸菖蒲苑として開放した。今では100種10万株の規模に育ち、名所として名を馳せる。毎年5月31日には花菖蒲を刈り取り神に奉る。この神事を皮切りに6月中旬まで「菖蒲まつり」を開催。

□ DATA & ACCESS

☎0940-52-0016 ⑰福岡県福津市宮司元町7-1 ⑱見学自由(社務所は7:00～19:00) ㊡無休 ㊤無料 ㉔JR福間駅から西鉄バスで10分、宮地嶽神社前下車、徒歩3分 Ⓟあり

花菖蒲

花菖蒲の品種には江戸系、肥後系、伊勢系の3系統あり、宮地嶽神社の菖蒲園は江戸系から始まった

菖蒲まつり期間中は夜9時までライトアップを行う。厳かな装いの夜の菖蒲園

↑日本一大きいしめ縄。商売繁昌にご利益あり

授与品

毎月通いたくなる
数量限定

参拝の方々に移りゆく季節を感じてもらいたいと、毎月神職・巫女が特別に奉製した授与品がある。それぞれの季節のものをとり入れ、毎月1日午前0時より限定で授与している。

江戸菖蒲初刈神事

福津の夏の風物詩
菖蒲を手に雅に舞う

5月末の江戸菖蒲初刈神事では、宮司が刈り取った花菖蒲を神前に奉る。巫女による舞も奉納され、境内は厳かな雰囲気に包まれる。

←白、青紫、黄色と絞りのタイプも豊富な花菖蒲

↑参道から直線上の沖合に太陽が沈む「光の道」は2月と10月

絢爛豪華な楼門に藤の花
斜面をツツジが埋め尽くす

祐徳稲荷神社

ゆうとくいなりじんじゃ

佐賀県鹿島市◆ツツジ、藤 4月上旬～5月上旬

創建貞享4年(1687)、商売繁昌をはじめ衣食住の守護神として信仰を集める日本三大稲荷のひとつ。極彩色の本殿や神楽殿などが特徴だ。四季折々の花が見られる日本庭園や、5万本のツツジを咲かせる外苑のつつじ苑・花園を中心に、境内の随所で楽しめる花の名所としても知られる。神社所蔵の宝物や歴史・郷土の資料などを展示している祐徳博物館も訪れたい。

DATA & ACCESS

☎0954-62-2151 所佐賀県鹿島市古枝1855 開9:00～16:30 休無休 料無料 交長崎自動車道・武雄北方ICまたは嬉野ICから約20km Pあり

↑藤と日光東照宮陽明門を模した楼門。総漆塗で極彩色の美しいたたずまいに藤の甘い香りが似合う

↑萩の小粒の花が弾けるように咲き出すと秋の気配が境内に漂う

祐徳博物館

神社所蔵の御宝物
郷土の歴史・美術工芸を知る

神社敷地内にある祐徳博物館には、院殿御遺物をはじめ、神社宝物、旧鹿島藩歴代藩主の鎧兜、美術刀剣・陶磁器・絵画・鹿島錦など歴史や美術工芸品が常設展示されている。

→ヒガンザクラは3月に入ると咲き始め、春が近いことを教えてくれる

ツツジ

祐徳稲荷神社の外苑(東山公園)には一目5万本のツツジの花が斜面を覆い尽くすように咲く

九州随一の藤の庭園
華やかな花房が揺らめく

藤山神社
ふじやまじんじゃ

長崎県佐世保市 ◆藤4月上旬〜5月上旬

　九州随一の藤の名所藤山神社。藤の花言葉が「えんむすび」であることから縁結びの神社としても知られる。県指定天然記念物の大藤と、招霊の木として祀られている樹齢800年の古木があり、4月上旬には紅白藤、中旬からはだるま藤と紅藤、5月上旬は大藤や野田藤と5種類40本の藤が華麗に花を咲かせる。咲きはじめの軽やかな香りは満開の頃、甘く深い香りに変わる。

◻ DATA & ACCESS

☎0956-46-0762 ⓐ長崎県佐世保市小舟町122-5
⊛⊛⊛見学自由 ⊗JR佐世保駅からバス・矢峰経由柚木行きで30分、藤山神社入口下車すぐ Ⓟあり

大藤
神社の前庭にある大藤と招霊の木。2つの巨木が神聖な空気を醸し出している

⬆大藤が満開の時期は息をのむほどの美しい景色と甘くやさしい香りに包まれる

⬆大藤と合わせてさまざまな花が咲き、色鮮やかな境内に

大藤と招霊の木

**九州随一の藤の名所
からみ合う2つの巨木**

県指定天然記念物の大藤と招霊の木は、約600年前に藤山神社を現在の場所に遷宮した際、大藤と招霊の木はそのまま残され、当時の自然林の一部が今日に残っているという。

春風に甘い香りを漂わせ
時代を超え愛される天神さま

亀戸天神社

かめいどてんじんしゃ

東京都江東区 ◆藤4月中旬～下旬

↑毎年4月中旬～下旬にかけて見頃を迎える藤。「藤まつり」ではその姿を見ようと多くの参拝・観光客が亀戸天神を訪れる

菅原道真公が祀られ古くから「天神さま」として親しまれてきた亀戸天神。新春の初詣をはじめ、一年中多くの参拝者、観光客で賑わう。東京の下町風情が感じられ、季節ごとにさまざまな花が彩る名所としても知られている。梅や桜に加えて藤はとりわけ有名で、毎年4月下旬には「藤まつり」が開催される。鮮やかな紫色に染まった姿は美しいのひと言。

←藤の花が見頃のピークを迎える頃、恒例の「藤まつり」が開催される

↓2月中旬～3月上旬にはしだれ梅の花。春の訪れも近い

□ D A T A & A C C E S S
☎03-3681-0010 ㊟東京都江東区亀戸3-6-1 ㋓8:30～17:00 ㊡無休 ㉖無料 ㊍JR亀戸駅から徒歩15分 Ⓟあり

←藤の紫色が新緑にさわやかに映える

↑ライトに照らし出された藤棚

藤
藤の花は『古事記』や『風土記』にも登場。古くから親しまれてきた

↑亀戸天神の境内には15の藤棚があり50株以上が満開の花を咲かせる。色合いの美しさに加え甘い香りを漂わせる

天神さま

江戸を代表する神社建築
「下町の天神さま」として親しまれている亀戸天神。四季を通じて花が絶えることなく参拝客の目を楽しませる。

↑亀戸天神からの眺望。藤棚とスカイツリーとのコントラストが素晴らしい

国重文・徳川綱吉が奉建し
文豪に愛された歴史的な神社

根津神社
ねづじんじゃ

東京都文京区　◆藤 4月中旬～5月上旬

根津神社の始まりは1900年前に遡るといわれ、歴史ある古社として知られている。現在の社殿は徳川5代将軍・綱吉が奉建したもので、国の重要文化財に指定されている。また、森鷗外や夏目漱石が近隣に居を構えるなど文豪たちにも愛された神社。そんな根津神社を象徴するのがツツジの花。春に100種3000株が咲き競う様子は圧巻。

↑古代より長い歴史を持つ根津神社。荘厳なたたずまいは多くの人を魅了してやまない

↑秋の根津神社。赤い鳥居と黄色く色づいた木々

◻ DATA & ACCESS

☎03-3822-0753　⌂東京都文京区根津1-28-9　⏰9:00～17:00　休無休　料無料　交東京メトロ千代田線・根津駅から徒歩5分　Pあり

根津神社の「ツツジまつり」は毎年4～5月に開催。多くの参拝者で賑やか

ツツジ
さまざまな種類のツツジが咲き、見頃となる時期が異なり長期間にわたり観賞できる

蓮
西湖紅蓮は開花すると直径20cmにもなる大輪の花を咲かせる品種

気品高く神聖な蓮の花
薄紅色の大輪が魅せる

長岡天満宮
ながおかてんまんぐう

京都府長岡京市 ◆蓮7月上旬〜下旬

⤵夏の始まり、大輪の花を咲かせる西湖紅蓮

菅原道真公が九州の太宰府に左遷されたとき、名残を惜しんで木像を彫り、それをご神体として祀ったことがはじまりとされる長岡天満宮。八条ヶ池の西池に平成8年(1996)に中国・寧波市から贈呈され、現在は約300株ある西湖紅蓮の花が咲く。薄紅色と純白の花びら、つぼみの頃はまんまるのフォルムが愛らしい姿を水上橋を渡る際に眺めることができる。

☐ D A T A ＆ A C C E S S

📞075-951-1025 ㊟京都府長岡京市天神2-15-13 ㊟9:00〜17:00(社務所) ㊡無休 ㊤無料 ❀京都縦貫自動車道・長岡京ICから約1.6km ㋹あり

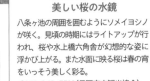

⤵4月中旬にはキリシマツツジが見頃に

1000段の石段を上り
神社へと続くあじさい坂

太平山神社
おおひらさんじんじゃ

栃木県栃木市 ◆ アジサイ6月下旬〜7月上旬

瓊瓊杵命・天照大神・豊受姫大神を祀る太平山神社。太平山自然公園六角堂前から随神門に至る太平山神社表参道、約1000段の石段両側に西洋アジサイをはじめ、ガクアジサイ、ヤマアジサイなど、約2500株が咲き競う。アジサイの開花に合わせて「太平山とちぎあじさいまつり」が開催され、太平山神社では、まつり期間中のみの限定御朱印の授与も行われる。

↑あじさい坂の入口にある六角堂。六角形の本堂もアジサイに彩られる

▦ DATA & ACCESS

☎0282-22-0227 ㊟栃木県栃木市平井町659 ㉕9:00〜16:30(祈祷受付) ㊡無休 ㊚無料 ㊟東北自動車道・栃木ICから約7.5km ㋐あり

↓本殿前の「撫で石」をなでると災いが転じて福となる

桜の名所

太平山でお花見
太平山の桜は「日本さくら名所100選」に選定されるほど多くの魅力がある。山麓から続く遊覧道路には、約2kmにわたって桜並木が続く。山頂付近の見晴らし場所から絶景が望める。

アジサイ
山頂付近にある太平山神社への表参道は、約1000段の石段。通称「あじさい坂」と呼ばれる

225

大田の沢に自生する
一面のカキツバタ群落

大田神社
おおたじんじゃ

京都府京都市 ◆ カキツバタ 5月上旬〜中旬

寛永5年(1628)に建てられた本殿に
は、天照大御神が天の岩屋戸に隠
れた際に踊ったとされる天鈿女命
(あめのうずめのみこと)を祀る

大田神社は世界文化遺産・上賀茂神社
の境外摂社。平安時代からカキツバタの
名所として知られ、神社の南側に広がる
大田ノ沢には、初夏に鮮やかな紫色の花
を咲かせる天然記念物のカキツバタ群落
が見られる。「神山や大田の沢のかきつば
た　ふかきたのみは色にみゆらむ」と藤
原俊成が歌に詠み、尾形光琳の『燕子花
図屏風』のモデルともいわれている。

□ D A T A ＆ A C C E S S

☎075-781-0011(上賀茂神社) ㊑京都府京都市北区上
賀茂本山340 ㊟㊡㊞見学自由(育成協力金300円) ㊋
京都市営地下鉄烏丸線・北山駅から徒歩15分 ㋠なし

⬆カキツバタが開花の頃にツツジも満開にな
り、新緑の頃は散策にぴったり

いずれ菖蒲か杜若

優劣つけがたい
美人を形容する慣用句

元は平安時代の武将・
源頼政がぬえ退治の褒
美に天皇から菖蒲前と
いう美女を賜る際、12
人の美女から見つけ出
すよう命じられた時に詠
んだ和歌にちなむ。

カキツバタ
天然記念物の約2万5000株
のカキツバタ群落は5月上旬
〜中旬に沼地を青みのある鮮
やかな紫と緑に染め上げる

アジサイ
手水舎に浮かぶフォトジェニックなアジサイたち。この光景が話題となり人気スポットに

手水舎に浮かぶ人気のアジサイ
フォトジェニックな姿に心踊る

御裳神社
みもじんじゃ

愛知県一宮市 ◆ アジサイ 6月中旬～下旬

寛徳2年(1045)に創建された歴史ある神社は、古くより盛んだった織物業や染物業の守護神としての崇敬を集め、社名が御裳神社となった。約70種約8000株が咲くアジサイの名所としても名高く、なかでも手水舎にアジサイが浮かぶ光景はフォトジェニックだとSNSで注目を集める。その様子は毎年6月に開催される「尾西あじさいまつり」で楽しめる。

↑平安時代に創建された神社

尾西あじさいまつり

**アジサイの魅力を
たっぷり楽しむ2日間**

手水舎にアジサイが浮かぶ光景が見られる「尾西あじさいまつり」。お茶席が設けられ、和太鼓や剣詩舞、大正琴、雅楽などを鑑賞できる。毎年6月上旬に開催。この期間のみ御朱印がいただける。

鮮やかな色合いのアジサイが咲く。そのなかにハート形のものが。ぜひ見つけてみて

🗒 **D A T A ＆ A C C E S S**
📞0586-62-5980 🏠愛知県一宮市三条宮西1145 🕐
🈺💴見学自由 🚗東海北陸自動車道・尾西ICまたは一宮西ICから約3km 🅿あり

花が降り注ぐ桃色の迫力
結城宗広を祀る結城の森

結城神社
ゆうきじんじゃ

三重県津市 ◆しだれ梅2月中旬〜3月中旬

結城神社は後醍醐天皇を奉じて「建武の新政」の樹立に貢献した結城宗広公が祀られている。梅の名所であり、梅苑にある約300本のしだれ梅が見頃を迎えると、垂れ下がった枝に連なり咲いた花が視界いっぱいに広がる桃色の世界に。2月中旬から3月中旬に開催される、しだれ梅まつり期間中には土日を中心に奉納行事が開催され、梅の苗木の販売も行われる。

↑手入れされた美しい樹形のしだれ梅。園内は梅の香りに満ちる

DATA & ACCESS
☎059-228-4806 ㊟三重県津市藤方2341 ㊕9:00〜16:00(梅まつり期間中は〜17:00) ㊡無休 ㊎無料(梅まつり期間入園料800円、子ども400円) ㊩伊勢自動車道・津ICから約7.5km ㊟あり

↑長崎の平和祈念像の作者・彫刻家の北村西望氏制作の146cmの狛犬

結城宗広公 墳墓

しだれ梅が咲き乱れる園内に結城宗広公を祀る

建武の新政に貢献した武将・結城宗広公を祀る結城神社は古くから「結城塚」「結城明神」と崇められてきた。しだれ梅が咲く梅園に、結城宗広公の墳墓があり、墓石碑を亀が支えている。

しだれ梅
流れるように咲く姿に迫力が感じられる。散り梅もまた美しい

萩

「萩の宮」ともいわれる京都を代表する萩の名所。可憐な花が秋らしい情景をつくり出す

明治維新の功労者を祀る
京都随一の萩の名所

梨木神社

なしのきじんじゃ

京都府京都市 ◆萩9月中旬～下旬

　京都御苑の東端にある梨木神社は、明治18年(1885)に明治維新の功臣である三条実万を祭神として創建。のちに子息の実美が合祀された。京都の三名水のひとつ「染井の井戸」が神社境内の手水舎にある。萩の名所として知られ、本殿・拝殿の周囲や参道の両脇に色鮮やかな萩約500株が可憐に咲き揃う。毎年9月下旬頃には萩まつりが催される。

↑大正4年(1915)に建築された能舞台

萩まつり

萩と伝統芸能を楽しむ
梨木神社の萩まつり

毎年9月、萩の花が咲く頃に一般の方が詠んだ俳句・短歌の短冊が結ばれる。また第3・第4日曜前後に行われる「萩まつり」では、舞踊、邦楽、弓、居合などの奉納行事やお茶席が設けられる。

紅葉の時期には茜色のカエデと黄色の萩、木々の緑の色で参道が染まる

◻ **D A T A ＆ A C C E S S**

☎075-211-0885 所京都府京都市上京区染殿町680
開6:00～17:00(授与所は9:00～) 休無休 料無料 交市バスで府立医大病院前下車すぐ Pあり

玉川公園
たまがわこうえん
◆ 水仙 4月下旬〜5月中旬

北海道
せたな町

標高約80mの丘に位置する公園

水仙の名所として知られ、30種類30万株の水仙が見られる。毎年5月の第2日曜日には水仙まつりが催される。約7haの広い敷地には、ブナやスギなどが生育。

DATA & ACCESS 📞0137-84-5111(せたな町役場) 🏠北海道久遠郡せたな町北檜山区丹羽14-63 🕐見学自由 🚃JR長万部駅から函館バス・上三本杉行きで80分、玉川公園下車すぐ Ｐあり

⬆タイミングが合えば、水仙と桜のコントラストが楽しめる

笞崎宮
はこざきぐう
◆ 冬ボタン 1月初旬〜2月上旬

福岡県
福岡市

日本三大八幡宮のひとつとして知られる

枯山水を楽しめる本格的な回遊式日本庭園として、雪よけのわら帽子をまとった「冬ぼたん」を観覧できる。笞崎宮迎賓館では庭園を眺めながら、食事も楽しめる。

DATA & ACCESS 📞092-641-7431 🏠福岡県福岡市東区箱崎1-22-1 🕐9:30〜16:30 🈷1〜2月は無休 💴入園料500円(迎賓館) 🚃福岡市営地下鉄箱崎線・箱崎宮前駅から徒歩1分 Ｐなし

⬆わらぼっちに包まれた「冬ぼたん」。約20種の鮮やかで大輪の花が咲く

大縣神社
おおあがたじんじゃ
◆ しだれ梅 2月中旬〜3月中旬

愛知県
犬山市

梅の名所として知られる古社

全国の著名な梅園・神社よりご奉納戴いた梅をはじめ紅白340本のしだれ梅を集めた梅林があり、梅まつり期間中は「豊年祭」などさまざまな行事が行われる。

DATA & ACCESS 📞0568-67-1017 🏠愛知県犬山市宮山3 🕐8:30〜17:00 🈷無休 💴協力金100円 🚃名鉄小牧線・楽田駅から車で3分 Ｐあり

⬆梅の花は傾斜地に植えられており、有数の梅のスポットして知られる

浦臼神社
うらうすじんじゃ
◆ カタクリ 4月下旬〜5月上旬

北海道
浦臼町

運が良ければリスなどの野生動物も

境内一面にエゾエンゴサクとカタクリがじゅうたんのように広がり、その幻想的な風景を撮影しようと全国よりカメラマンが集まる穴場スポット。

DATA & ACCESS 📞0125-68-2114 🏠北海道樺戸郡浦臼町キナウスナイ186 🕐見学自由 🚃町営バス浦臼滝川線で鶴沼公園前下車、徒歩5分 Ｐあり

⬆カタクリは、下向きで赤紫の花びらを上に大きく広げるように咲く

テーマパーク

花と緑に包まれるレジャースポット

アンデルセン童話のオブジェ点在
5つのおすすめゾーンを散策

ふなばしアンデルセン公園

ふなばしアンデルセンこうえん

千葉県船橋市 ◆ 通年

船橋市とアンデルセンの故郷デンマーク・オーデンセ市が姉妹都市であることから平成8年(1996)に開園。アンデルセンの童話の世界をモチーフに5つのゾーンに分かれ、それぞれ散策コースを設けるなど充実の空間。アスレチックや動物とふれあえる広場もあり夏は水遊びができるなど終日過ごしても遊び足りないほど。もう一度童話を読み返したくなる場所。

DATA & ACCESS

☎047-457-6627 所千葉県船橋市金堀町525
開9:30~16:00(季節により変動あり) 休月曜(変動の場合あり) 料900円 交東関東自動車道・千葉北ICから約18.5km Pあり

コミュニティセンターと黄色や赤のアイスチューリップとのコントラストが絶妙

↑アンデルセンの生まれ故郷であるデンマークの風景

↑夏の代名詞ともいえるヒマワリ。青空に向かって咲き、一面を黄色に染める姿は美しい

↑秋にはコスモスが咲く。四季折々の花とともに公園もさまざまな表情を見せる

チューリップ

冬と春に風車を背景に咲くチューリップ。アンデルセンの童話の世界に入り込んだよう

↑初夏の訪れを告げるアジサイ

↑敷地も広く一日たっぷり楽しめる

太陽の池

メルヘンの丘ゾーン
水遊びに親しむ

太陽の池は公園の中央にある。ボート遊びが楽しめるエリアやアシ、ガマなど水辺の植物が茂る中にいる小さな生物の観察もできる。

国内最大のベゴニアガーデン
人気イルミネーションも必見

なばなの里
なばなのさと

三重県桑名市 ◆ 通年

⬆️約5000鉢のベゴニアが咲く温室は約9000㎡。ベゴニアに囲まれたカフェもある

　花と緑と食のテーマパーク「なばなの里」。平成10年(1998)開業、約30万㎡の敷地内には、国内最大のベゴニアガーデンや季節ごとにいろいろな花が埋め尽くす花ひろばがある。また、約330本のしだれ梅が咲く梅苑、和・洋・中7種類のレストランや温泉など終日過ごせる場所もある。一年を通してイベントも多く、10月中旬～春にかけてのイルミネーションは人気。

📋 **D A T A ＆ A C C E S S**
📞0594-41-0787 🏠三重県桑名市長島町駒江漆畑270 🕐10:00～21:00 休不定休 料1600～2500円(園内で利用できる金券1000円付) 🚌近鉄名古屋駅・名鉄バスセンターからなばなの里直通バスで30分 Ｐあり

⬆️5月上旬はネモフィラの青い花畑が出現。おとぎ話の一場面のよう

10月中旬～春にかけて開催されるイルミネーションは人気で遠方からも客が訪れる

花ひろば
春はチューリップを中心に、秋はダリアやコスモスなど、季節に沿った花壇

チューリップ

2月下旬から咲きはじめ4月上旬まで咲く。期間中「100万本のチューリップ祭」を開催

日本一広いテーマパークで
ヨーロッパの街並みを

ハウステンボス

ハウステンボス

長崎県佐世保市 ◆ 通年

　日本最大級のテーマパークとして知られ、17世紀のオランダの街並みを再現している。同パークの魅力は園内に咲く100万本の花々。花や光、音楽をテーマにしたフラワーフェスティバルやイルミネーションなど一年中夢のような世界を楽しむことができる。園内にはこのほかにもアトラクションタウンやアドベンチャーパークも併設されている。

↑風車とチューリップというオランダの象徴的な風景を再現

↑園内はカフェやレストランも充実

ヨーロッパのような街並みはライトアップされるといっそう異国情緒あふれる

↓古きオランダの街並みを再現した園内

DATA & ACCESS

📞0570-064-110 ㊟長崎県佐世保市ハウステンボス町1-1 ㊡無休 ㊍1dayパスポート7000円(1日券入場+アトラクション) ㊤九州自動車道・福岡ICまたは太宰府ICから約120km ㋿あり

©ハウステンボス/J-20559

花と異国情緒にあふれた
滞在型の道の駅

道の駅 神戸フルーツ・フラワーパーク大沢

みちのえき こうべフルーツ・フラワーパークおおぞう

兵庫県神戸市 ◆通年

　花と果実のテーマパーク。中世ヨーロッパのルネサンス様式で、オランダの国立美術館に見立てて建築された建物は異国情緒あふれる。広大な庭園には春はチューリップやポピー、夏はマリーゴールド、ベゴニアセンパ、秋はコスモスにサルビア、冬はビオラと花々が咲き誇る。遊園地や温泉、直売所にカフェと施設も充実した滞在型の道の駅。

DATA ＆ ACCESS

☎078-954-1940 ㊟兵庫県神戸市北区大沢町上大沢2150 ㊜施設により異なる ㊡無休 ㊰無料 ㊋六甲北有料道路・大沢ICからすぐ ㋿あり

⬆神戸で大切に育まれた食材や食文化が集まる場所

ポピー
オランダの国立美術館を模した、森の洋館を思わせる「神戸ホテルフルーツフラワー」

「ファームサーカス」では近隣農家からのとれたて野菜や果物がお手ごろ価格で購入できる

⬆7月下旬〜11月上旬頃はフルーツ狩りが楽しめる

⬆広大なフルーツガーデンに実る旬の果物

よりみちバーガー

地元野菜をたっぷり使った
ボリューミーハンバーガー

FARMCIRCUSで、土・日・月曜と祝日の10:00〜17:00に営業するハンバーガーショップ。神戸の素材と道の駅周辺の農家が育てた新鮮野菜を使ったボリューミーなハンバーガーが人気。寄り道しながら味わって。

↑遊園地神戸おとぎの国。乗り物の料金だけで楽しめる

↑噴水の周りの花壇に季節の花が彩る

P
WC
遊園地神戸
おとぎの国
ファームサーカス
入園ゲート
セレクトショップ S
園芸ハイテク館
アジサイ小径
温室
バターゴルフ ●
コイの池
バーベキュー
テラス
● イベント温室
バーベキュー
● プライズハウス
多目的広場
バーベキュー
ハウス
アナベル ●
(白いアジサイ)
● ドッグラン
ぶどう園
イベント広場
● 神戸モンキーズ劇場
ゴーカート ●
WC
アナベル ●
(白いアジサイ)
中央広場
WC
プールプラザ
りんご園
H 神戸ホテルフルーツ・フラワー
もも園
P
P
なし園
N
WC

園内の
施設

🛍 地元のおいしい素敵を集めた
セレクトショップ

ホテル1階フロントの横にあるショップには、神戸や関西のお菓子や食品、おしゃれな雑貨や日用品が揃う。なかでも花やフルーツをあしらったイラストがかわいいホテルオリジナルの限定箱菓子が人気。

237

↑沖縄の海を彩る華やかな海水魚が見られる水槽。ナンヨウハギなど1200匹の魚たちが泳ぐ

よみうりランドに隣接
新感覚フラワーパーク

HANA・BIYORI
ハナ・ビヨリ

東京都稲城市 ◆通年

よみうりランドの隣にあるエンターテインメント型フラワーパーク。園内には世界的ガーデンデザイナー、ピエール・オードルフ氏が日本で初めてプロデュースした「PIET OUDOLF GARDEN TOKYO」や、温室「HANA・BIYORI館」などがあり、花とデジタルのアートショーも開催される。また、日本最大級といわれるフラワーシャンデリアの世界も堪能したい。

◆明るい光が差すガラスの温室が暗転。プロジェクションマッピングで花とデジタルアート空間へ

□ DATA & ACCESS
☎044-966-8717 ㉐東京都稲城市矢野口4015-1(よみうりランド隣接) ㉔10:00〜17:00(時期により変更あり) ㉕公式サイトで要確認 ㉖1200円、3歳〜小学生600円ほか ㉗京王よみうりランド駅から無料シャトルバスで3分 Ｐあり

↑重要文化財が並ぶ日本庭園では侘び寂びを感じられる

「PIET OUDOLF GARDEN TOKYO」は、最盛期の花の美しさだけでなく四季の移ろう姿も紹介する

かわうそびより

かわいいしぐさが人気のコツメカワウソ。2022年10月には赤ちゃんが誕生した。これまでの展示スペースに、リニューアルした屋外スペースが加わり、両方の展示コーナーで、コツメカワウソたちを間近で見ることができるようになった。

ソメイヨシノ

園内では3月中旬のソメイヨシノやしだれ桜など約250本の桜が次々に咲いていく

↑花の形から女王のイヤリングと呼ばれるフクシア

イルミネーション

和のイルミネーション
HANAあかり

HANA・BIYORIでは例年10月下旬～4月上旬にかけて和のイルミネーション「HANAあかり」を開催する。京都御所からの移築とされる文化財「聖門」のライトアップをはじめ、「竹あかり」などやわらかな光に包まれる。

フラワーシャンデリア

HANA・BIYORIのいち押しスポットは「フラワーシャンデリア」。300鉢を超える花のシャンデリアは日本最大級

ゆるやかな起伏の大地を染める
四季折々の花々

マザー牧場
マザーぼくじょう

千葉県富津市 ◆ 通年

　豊かな自然や動物たちとふれあえる観光牧場。水仙、ロウバイ、菜の花、ペチュニアなど、四季を通じて咲く花が訪れる人を迎える。なかでも春の牧場を彩る菜の花畑は壮観。絨毯のように山の斜面を彩る菜の花畑の中をいく小道を歩くと、菜の花に包まれたフォトジェニックな一枚を撮ることができる。

🔲 DATA & ACCESS

☎0439-37-3211 ㊟千葉県富津市田倉940-3 ㊟9:30～16:30(土・日曜、祝日9:00～17:00、冬期は時間短縮) ㊟無休(12・1月平日不定休、要問合せ) ㊟1500円、子ども(4歳～小学生)800円 ㊟館山自動車道・君津PAスマートICから約8km(ETC限定) ㊠あり(有料)

ペチュニア

マザー牧場で植えられている品種は「桃色吐息」。7月上旬～9月下旬頃まで鮮やかなピンクと夏の青空のコントラストが美しい

⬆6月中旬～7月中旬にかけ、いたるところに咲くアジサイ

花の斜面・西に咲き誇る菜の花は春の風物詩。開花時期は2月中旬～4月中旬

⬆4月中旬～5月上旬にはネモフィラで一面水色に

⬆冬は夜景とイルミネーションのコラボを堪能

動物とのふれあい

さまざまな動物とのふれあいスポット満載

牛や羊、うさぎなど16種類の動物たちが暮らすマザー牧場。動物たちとふれあえるスポットがたくさん。大迫力のイベント「ひつじの大行進」は、約250頭の羊を操る牧羊犬と羊飼いのコンビネーションも見どころ。

← 季節の花々を観賞しながら広大な敷地を散策

牧場内の施設

フルーツ狩り

イチゴ、ブルーベリー、サツマイモ、キウイフルーツが育つフルーツ農園で季節ごとの味覚狩り体験ができるマザー牧場。花を愛で動物とふれあったら、旬のおいしさをおみやげに。

うしの牧場

まきばゲート

ふれあい牧場

ジンギスカンガーデンズ

花の谷

山の上ゲート

カフェ＆ジンギスカン
FARM DINER

アグロドーム

花の大斜面・西

花の大斜面・東

うまの牧場

ひつじの牧場

あじさい園

ドッグラン

フルーツ農園

N

↑ コキアは10月中旬頃に斜面を真っ赤に染める

241

■ 花と緑に癒やされるフラワーカフェへ

スタイリッシュなライフスタイルにスパイスを添えるなら花に囲まれたカフェがおすすめ。ドアを開けた瞬間に花と緑の香りに満たされる。ガラスと光と緑の調和、飾られた花が映し出す陰影。洗練された場所には花の気配がよく似合う。

畝に見立てたテーブルが緑を演出

緑に包まれてティータイムを

青山フラワーマーケット　　　　　東京都港区
ティーハウス 南青山本店
あおやまフラワーマーケット ティーハウスみなみあおやまほんてん

"Living With Flowers Every Day"をコンセプトとした青山フラワーマーケットが展開するティーハウス。花が生まれ育つ"温室"をイメージした店内で、花と緑の空間と時間を体感できる。アイビー・ポトスといった緑の植物がライトと外の光を間接的に店内に取り込んで独特の雰囲気に。食べられる花・エディブルフラワーを使ったスイーツやドリンク、フードも充実。シーズナルスイーツは特に好評。

↑緑に膝をくすぐられながらエディブルフラワーをデコレートしたスイーツを堪能

DATA & ACCESS ☎03-3400-0887 ㊟東京都港区南青山5-4-41 グラッセリア青山1階 ㉖10:00〜21:00（フード20:00LO、ドリンク20:30LO）㉫無休 ㊞東京メトロ千代田線表参道駅から徒歩4分 ㉠なし

カフェ内の花や草木は購入できる

フラワーショップ併設のカフェへ

フラワーカフェ　　　　　　埼玉県さいたま市
BLOOMY'S × Flory
フラワーカフェ ブルーミーズ×フローリー

"花香るカフェ"が実現できたのはフラワーショップ併設だから。広い店内にはそれぞれのシーンに合わせて花が飾られていてカウンターはシックに、壁との調和は絶妙。メニューを待つ間にフォトジェニックな花アレンジもしてくれる。

↑香り豊かなダージリンティー780円

DATA & ACCESS ☎048-729-4096 ㊟埼玉県さいたま市大宮区大門町2-118大宮門街EAST2階 ㉖9:00〜20:00 ㉫無休 ㊞JR大宮駅から徒歩5分 ㉠なし

のどかな風景に美しいアクセント

里山からの花だより

白、桃色、赤のグラデーション
南信州の桃源郷へようこそ

阿智村
あちむら

長野県阿智村 ◆ ハナモモ 4月上旬〜5月上旬

　伊那谷から木曽谷にかけての国道256号線沿いに、約40kmにわたりハナモモが咲く「はなもも街道」がある。大正11年(1922)に福澤諭吉の娘婿で木曽川の発電に尽力し「電力王」といわれた福澤桃介がドイツから持ち帰った3本の苗から、現在では5000本が咲き誇る観光名所になった。街道沿いには昼神温泉や月川温泉がありライトアップや早朝の花見散策もいい。南信州の桃源郷へ出かけたい。

□ DATA & ACCESS

☎0265-48-5750(花桃専用ダイヤル) 所長野県下伊那郡阿智村(国道256号線沿い) 開休料見学自由 交JR飯田駅から信南交通駒場線で30分(各温泉へは送迎バスあり、別途問い合わせ) Pあり

花桃まつり

温泉街あげてのお祭りウィーク

月川温泉では4月中旬〜5月上旬に花まつりを開催。地元特産品やハナモモの苗が販売され、温泉と花を愛でる春の一日を過ごせる。

春の季節、温泉に泊まれば夜のハナモモと日本一の星空が同時に楽しめる

↑「駒つなぎの桜」。昼神温泉から車で20分

ハナモモ

「はなもも街道」のなかでも月川温泉の並木は特に木が密集し美しい。白やピンク単色のもののほか、1本の木に異なる色の花をつける木もある

⬆ハナモモは江戸時代から観賞用に改良を重ねてきた

➡鯉のぼりとのコラボが壮観。観賞用に花付きがよくなるようにと品種改良され、ひな祭りでも飾られる

245

棚田を縁取る50万本のヒガンバナ
山あいの地をゆっくり歩く

つづら棚田
つづらたなだ

福岡県うきは市　◆ヒガンバナ 9月中旬〜下旬

　約7haの山の斜面に階段状の田んぼが
300枚ほど広がる。「つづら棚田」は、う
きは市の中心部から山道を車で30分ほど
上った新川葛籠地区にある棚田のことで
田を支える石組みは約400年前、江戸初
期に手がけられたものだ。9月中旬になる
とあぜ道は50万本のヒガンバナの赤色で
染まり、開花時期には祭りも開催される。
周辺はハイキングコースになっている。

DATA & ACCESS
☎0943-76-3980(うきは観光みらいづくり公社) 所福岡
県うきは市新川　料水無料 見学自由　交大分自動車道・杷
木ICから約16km Pあり

ヒガンバナが咲く時期に
は「彼岸花めぐり＆ばさ
ら祭」を開催。期間
中は一方通行規制

ヒガンバナ

ヒガンバナは開花時期が短いの
でサイトで開花状況の確認を。
また金色の稲との対比が見たい
なら9月下旬の稲刈りまで

↻「日本棚田百選」や「つなぐ棚田遺産」などのランキングに選ばれる日本を代表する棚田のひとつだ。写真はヤッホー広場からの絶景

棚田オーナー

**農業体験を
地元の農家さんとともに**

うきは市では「棚田オーナー制度」を
行っている。傾斜地での農作業体験や
農作物の年4回送付など農山村に寄り
添った制度（つづら棚田保全協議会事
務局 0943-76-9059）だ。

↑ヒガンバナの根の毒性を生かし棚
田への小動物侵入に備え植えた

♡

♡

◆別名「曼珠沙華」。
サンスクリット語でヒ
ガンバナの赤い花のこと

↓赤に交じってところどころに
咲く白いヒガンバナ

↓調音の滝はつづら棚田と並ぶ
2大観光スポット

つづら山荘

**都市と農山村の
交流の場**

「農家民宿 つづら山荘」は棚田周辺に
あった古民家を再生、都市と農山村の
交流の拠点として活躍（つづら棚田交
流センター0943-77-3100）。

森林セラピー

**つづら棚田の散歩道
巨瀬の源流散歩道**

つづら棚田と、棚田から約20kmの調
音の滝を中心にした巨瀬の源流散歩道
は「森林セラピーロード」に指定。あ
ぜ道の澄んだ空気と滝周辺のマイナス
イオンを感じたい（市HPから要予約）。

台湾出身 ずずが選んだ
「うきはの素晴らしさ10選」

うきは通信

棚田が残るヒガンバナの里
天体観測や名産のお茶も人気

星野村
ほしのむら

福岡県八女市 ◆ヒガンバナ 9月中旬〜下旬

　星野村は福岡県の南東部にあり、東西に細長く東は標高1006mのカラ迫岳を背にする大分県との県境の山村。棚田や茶畑が残る風景は「にほんの里100選」にも選ばれている。9月中旬〜下旬にかけて「鹿里棚田」をはじめ村内の棚田はヒガンバナの赤色で彩られる。村内には天文台のある宿泊施設「星の文化館」や「茶の文化館」「古陶星野焼展示館」がある。

□ D A T A ＆ A C C E S S
☎0943-31-5588（星野村観光協会／星のふるさと事務局）⌂福岡県八女市星野村10816-5 ⌚休料見学自由 ✕九州自動車道・広川ICまたは八女ICから約26km Ｐあり（村内各施設）

ヒガンバナ
原産は中国。赤だけでなく白や黄色いヒガンバナも咲く。見頃を迎える9月には「天空の里彼岸花まつり」を開催する

村内の施設

茶の文化館
お茶どころ八女・星野村の最高銘茶、伝統本玉露を極限の飲み方「しずく茶」で楽しめる日本茶テーマ館。入館料無料（しずく茶は500円〜）。
☎0943-52-3003 ⌂福岡県八女市星野村10816-5

星の文化館
九州最大径100cm天体望遠鏡で澄みきった空を観測。また、迫力のデジタルプラネタリウムでは季節の星座が観賞できる。
☎0943-52-3000 ⌂福岡県八女市星野村10828-15 ⌚10:30〜22:00(月・土・日、祝日)、13:00〜22:00(水〜金曜)入館=各21:30 料500円、小学生300円

古陶星野焼展示館
江戸時代隆盛を誇った古陶星野焼の名品を展示している資料館。入館無料。
☎0943-52-3077 ⌂福岡県八女市星野村千々谷11865-1

↑「にほんの里100選」に選ばれた美しい景色。大切に守り、次世代へとつなげたい日本の原風景だ

↑精巧な石積みによって造られている棚田

↑星野村では里山の原風景を見ることができる

鹿里棚田彼岸花まつり
花とおいしいものを楽しむ
例年、花の見頃である9月20日頃から2〜3日間開催。星野村のなかでも標高の高い鹿里集落には壮大なスケールの棚田が残る。棚田の原風景に金色の稲穂と赤いヒガンバナが美しいコントラストを見せる。まつりでは農産物や加工品、棚田で作った新米も販売。

日本初のメークイン栽培
花からもおいしさが伝わる

厚沢部町
あっさぶちょう

北海道厚沢部町 ◆ メークイン畑6月下旬

　「5月の女王」が語源のメークインはイギリス生まれなだけあり、ほかのジャガイモに比べほっそりと洗練された姿が特徴だ。大正14年(1925)に日本で初めて栽培をしたのが厚沢部町で、以来ずっと同町はメークインの一大産地。6月下旬頃に薄紫のかわいい花をつけるが、観光農園ではないので畑には入らず、道路脇から花の観賞をしたい。

DATA & ACCESS

☎0139-64-3738(厚沢部町観光協会) 所北海道檜山郡厚沢部町 開休料見学自由 交JR新函館北斗駅から車で50分 Pなし

> **メークイン畑**
> メークインは8～10月にかけて収穫される。6月下旬頃に咲く薄紫色の小花が広大な畑を彩る光景は絶景

↑2022年に巨大映像施設と飲食店が集結した商業施設がオープンした「道の駅 あっさぶ」

↑メークインをイメージした町のイメージキャラクター「おらいも君ファミリー」

↑メークイン種のジャガイモは粘りがあって煮崩れしにくく人気がある

> **巨大コロッケ**
>
> ギネス世界記録®に認定！
> 直径2.5m、総重量279kg
>
> 毎年7月に厚沢部町が開催する「あっさぶふるさと夏まつり」では、メークインを使った世界一巨大なコロッケを作るイベントを開催している。
>
>

秋を彩るルビー色の花の群れ
遠くヒマラヤからの贈り物

赤そばの里
あかそばのさと

長野県箕輪町 ◆ ソバ 9月下旬〜10月上旬

　ソバの花といえば白い可憐な花を思い浮かべるだろう。しかし、ここに広がる光景は濃厚なピンク一色。昭和62年（1987）に標高3800mのヒマラヤから信州大学の研究者が持ち帰り、長野県の企業とともに改良を進めた希少種「高嶺ルビー」の花だ。東京ドーム2個分の広大な敷地をピンク色に染める花景色を満喫したら、帰りは地元の名人が打つ赤そばを味わおう。

⬆駐車場から林の中の道を木漏れ日を受けながらのんびり歩くと、突如目の前に「ルビー色の絨毯」が広がる

DATA & ACCESS
☎0265-79-3171（箕輪町観光協会）⬆長野県上伊那郡箕輪町中箕輪上古田金原 ⬆見学自由 ⬆無休 ⬆無料（入口に協力金あり）⬆JR伊那松島駅から車で10分 ⬆あり

⬆「高嶺ルビー2011」

⬆近隣で9月初旬に咲く西洋アサガオ・ヘブンリーブルー

赤ソバの花
一般的なソバより栽培はしやすいが希少種のため収穫量は白いソバの3分の1程度。

季節を彩る花々

1本でも洗練の煌めき

バラ

バラ

FLOWER DATA

分類：バラ科バラ属
原産地：北半球の温帯
別名：ソウビ、ショウビシ
開花期：5〜12月

原種から世界中の最新品種
バラに彩られる広大な敷地

ぎふワールド・ローズガーデン

ぎふワールド・ローズガーデン

岐阜県可児市 ◆ バラ5月中旬〜6月上旬、10月

「世界に誇る、バラと花々の大庭園」を
コンセプトにバラをメインとして2021年
に「花フェスタ記念公園」から「ぎふワー
ルド・ローズガーデン」へと名称を変更し
た。広大な園内ではバラだけでなく四季
折々の花を楽しむことができる。バラの
見頃は5月中旬〜6月中旬にかけてで園内
の各所でさまざまな種類のバラが一斉に
咲く姿を見られる。

DATA & ACCESS

☎0574-63-7373 ⊕岐阜県可児市瀬田1584-1 ⊕
9:00〜17:00(4月上旬〜11月中旬)、9:30〜16:30(11
月中旬〜3月下旬) ㊡火曜、年末年始 ㊷無料〜1050
円(シーズンにより料金変動あり) ㊱東海環状自動車
道・可児御嵩ICから約1.8km Ⓟあり

同園の一角にある日本庭園。茶室もあり、広々と緑あふれる庭園を散策できる

⬆オールドローズ、イングリッシュローズなど
6000品種、2万株のバラを植栽

➡フレンドシップ
ガーデンはヨーロッ
パ調の庭園

バラ

ウェルカムガーデンに咲くバラ
の花。一面に咲くバラの華麗
さに圧倒される

マップ

ナチュラルガーデン

北の大花壇

●霧のプレリュード

●遊具
●ふわふわドーム

ふふふのひろば

●プリンセスホール雅

みみみのテラス

N

大型遊具施設●
育々清流ネット●
音楽広場

ロードトレインポッポ
1乗車300円

P

西ゲート

花の地球館●
花のタワー●
そよぎの谷

●花トピア

東の大花壇

コンテストガーデン

●トンネルギャラリー

ローズテラスと薔薇回廊

芦洞の池

東ゲート
（閉鎖中）

P

🛍 **ショップ&カフェ**

バラ苗、園芸用品を扱う「ザ・フェアリー」、レストラン「ザ・センターコート」、茶室「織部庵」、バラのようかんやアイスクリーム、雑貨販売の「ミュゼドフルール」と多彩。

⬆燃えるように赤く紅葉したタイワンフウの木々。同園の木々のなかでもひときわ目を引く

⬆春が見頃のミモザ。黄色く小さい花が房のようになって咲くのが特徴

⬆ウェルカムガーデンは、濃い色合いのバラの花が印象的なエリア

都心に近いローズガーデン
バラがメルヘンの世界へ誘う

京成バラ園
けいせいバラえん

千葉県八千代市 ◆ バラ5月上旬〜6月中旬、
10月中旬〜11月下旬

　千葉県八千代市にある「京成バラ園」の春シーズンは1600種類1万株のバラが咲く。春から冬までバラをモチーフにメルヘンな世界やスタイリッシュな空間を展開している。2022年には大温室にライド系アトラクション「ブリリアント ツリー」が誕生。レストランやカフェスペースも完備。観て、遊んで、そして食べてと、バラとの一日は多彩。

↑春シーズンはアーチ仕立ての彩り豊かなバラに包まれる

DATA & ACCESS

☎047-459-0106 🏠千葉県八千代市大和田新田755⏰10:00〜16:00(12〜3月)、9:00〜18:00(4〜6月)、9:00〜17:00(10〜11月)🈲不定休💴500〜1500円🚃東葉高速鉄道・八千代緑ヶ丘駅から徒歩15分🅿あり

↑イベント期間中は噴水にバラを浮かべる演出も

『ベルサイユのばら』がモチーフの「べルばらのテラス」。登場人物を6品種で植栽

バラ
美しいバラの花々とともに撮れるフォト映えもバッチリなスポットがたくさんある

254

◆5月下旬から見頃を
迎えるオリジナル品種
「あかぎの輝き」

バラ
600品種7000株。
見頃を迎えると園内
中がバラの香りに包
まれすがすがしい

利根川に隣接の敷島公園
前橋市のオリジナル品種も咲く

敷島公園門倉テクノばら園
しきしまこうえんかどくらテクノばらえん

群馬県前橋市 ◆ バラ5月中旬～6月上旬、10月下旬～11月中旬

春の見頃の時期に
開催される「春のば
ら園まつり」では夜間の
ライトアップが楽しめる

利根川に隣接した敷島公園。森林を抜けた先に広がるバラ園では、5月中旬～6月上旬に開花したバラが10月下旬～11月中旬に再び開花する。特に秋は初夏に比べ花の色と香りが濃くなる。平成22年(2010)、同市のバラ生産者が市花・バラのオリジナル品種「あかぎの輝き」を開発。つぼみは黄色で咲く瞬間はオレンジ、そして満開時は赤色に。園内で観賞可能。

◆世界の殿堂入りのバラをすべて見ることができる

DATA & ACCESS
☎027-232-2891 ⑮群馬県前橋市敷島町262(ばら園管理事務所) ⑯9:00～17:00 ⑯無休 ⑯無料 ⑳関越自動車道・前橋ICから約7.5km Ｐあり

相模湾を眺められる丘陵地
バラと過ごす優雅な時間

ACAO FOREST
アカオ フォレスト

静岡県熱海市 ◆ バラ5月中旬〜6月上旬、10月下旬〜11月中旬

　熱海を拠点にしているリゾート施設「ACAO SPA ＆ RESORT」が運営。アカオハーブ＆ローズガーデンを2022年に名称変更。13のテーマガーデンが整備され、建築家・隈研吾氏設計の空間「COEDA HOUSE」が新たに加わった。曽我山から相模湾へ続くなだらかな丘陵地のガーデンから眺める海の青さと花たちの麗しい姿が訪れる人たちを魅了する。

DATA ＆ ACCESS

☎0557-82-1221 🏠静岡県熱海市上多賀1027-8 🕘9:00〜17:00(最終入園16:00)※季節によって変動あり 休火曜(季節により無休) 💴3000円 🚗熱海ビーチライン・湯河原から約8.5km Ｐあり

【バラ】
イエロー系のバラやチューリップの花々が咲くオーロラガーデン。輝くばかりの花々に心引かれる

⤵イングリッシュローズガーデンは英国さながら

⬆広い園内をテーマごとにバラの庭園を表現

⬆コレクションガーデンは立体的なアーチが特徴

建築家・隈研吾氏設計
COEDA HOUSE

丘陵地に建つカフェからは相模湾の波の音さえ聞こえてくる。店名は"集める"という意味の"CO"と"小枝(こえだ＝COEDA)"をかけて。建物構造もカフェスペースも洗練されている。

↑13あるテーマガーデンは一歩足を踏み入れると一瞬にして空気感が変わりワクワクする

曽我浅間神社

シェードガーデン

バラの谷

クライミングローズガーデン

オーロラガーデン

日本庭園「天翔」

プロポーズガーデン

黄金のバラの庭

ウェディングガーデン

オーシャンガーデン

イングリッシュローズガーデン

フレンチローズガーデン

COEDA HOUSE C

WC

ハーブガーデン

WC

↰ベンチと背の低いヒマワリのアングルは撮影ポイントとして人気

コレクションガーデン

森のゲームコーナー

N

257

福山市民が育んできた
「ばらのまち」に甘美な香り

ばら公園
ばらこうえん

広島県福山市 ◆ バラ5月中旬～6月上旬、10月下旬～11月中旬

市民憩いの公園だが、バラの季節は遠方からも訪れる人が多くいっそうにぎわう

「ばらのまち」広島県福山市にある中国地方でも有数のバラをメインとした公園は、市民の憩いの場となっている。毎年5月には市内最大イベント「福山ばら祭」も開催され、賑わいを見せる。市が管理する公園のため、入場も常時自由で無料。手入れが行き届いた1万5000㎡の敷地に280種類5500本のバラが毎年美しく花開き多くの来園者を魅了している。

DATA & ACCESS
☎084-928-1095 ㊵広島県福山市花園町1-5 ㊺見学自由 ㊥山陽自動車道・福山東ICから約7km ㋵あり

↑写真に収めたくなる撮影スポットが点在

→バラのトンネルは公園のシンボル

バラ
福山市とバラの関係のルーツは戦後の復興にあり、現在では「ばらのまち」として定着している

寺グッズもカフェもバラづくし
世界平和の象徴「ピース」咲く

霊山寺バラ園
りょうせんじバラえん

奈良県奈良市 ◆ バラ5月上旬～6月中旬、10月中旬～11月上旬

8世紀建立と伝わる古寺の住職が、戦後の荒廃した世相を憂いて昭和32年(1957)に開園し、世界平和を象徴する品種「ピース」を中心に約200種2000株が咲く。1200坪の敷地は輪廻転生をコンセプトに、入口から子どもの世界、大人の世界と銘打ち、各々のイメージでバラを植栽。老人の世界にはバラを眺めながら人生を回顧するカフェやバラに関連するみやげが揃う。

□ D A T A ＆ A C C E S S

☎0742-45-0081 所奈良県奈良市中町3879 時8:00～17:00 休無休 料500円、小中学生250円(5・6・10・11月は600円、小中学生300円) 交近鉄富雄駅から奈良交通バスで7分、霊山寺下車、徒歩1分 Pあり

↑クラシックな品種から新しい品種まで、世界各国のバラをまんべんなく集める

↓「プリンセスドゥモナコ」は故・モナコ王妃への追悼

↑鎌倉時代に建てられた本堂は国宝

> **バラ**
> 5月上旬～6月中旬と、10月中旬～11月上旬(各見頃)の年2回バラを観賞

公園は国登録記念物
格式ある庭園で咲くバラ

箱根強羅公園
はこねごうらこうえん

神奈川県箱根町　◆バラ5月下旬〜6月下旬、10月中旬〜11月上旬

　大正3年(1914)に開園した日本初のフランス式整型庭園。噴水を中心とした庭園に四季折々の花が咲き、山々の自然に包まれた優雅な花の景色が広がる。バラの名所として知られ、初夏と秋の見頃にはローズガーデンを訪れる人で賑わう。標高約574〜約611m。傾斜のある敷地内に、桜をはじめ花木が趣向を凝らして植栽されている。カフェや茶室、体験工房もあり旅の途中に立ち寄れる場所。

DATA & ACCESS

☎0460-82-2825 ⓟ神奈川県足柄下郡箱根町強羅1300 ⓣ9:00〜17:00(入園は〜16:30) ⓗ不定休(メンテナンス休日あり) ⓨ550円、小学生以下無料 ⓧ箱根登山ケーブルカー・公園下駅から徒歩2分 Ⓟあり

➥シャクナゲは3〜5月にバラと一緒に観賞できる

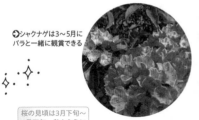

桜の見頃は3月下旬〜4月下旬。秋から冬にかけてジュウガツザクラも咲く

バラ
ローズガーデンは園内でもひときわ目を引く。傾斜地にある高台に位置している

〔地図内〕
N
二番坂
●箱根強羅公園熱帯植物園
Ⓒ白雲洞茶苑
Ⓗ箱根強羅 別邸今宵
Ⓗ蔵のや　Ⓗ翠光館
Ⓒ Cafe PIC
藤だな
噴水池
おみやげショップⓈ
とんぼ玉工作堂
●箱根クラフト
ローズガーデン　●ヒマラヤ杉
Ⓒ一色堂茶廊
西門　●音楽堂
●日光殿

⬆公園正門は開園当初からの建物で瀟洒な大正建築。左の建物は入園窓口&おみやげショップ

⬆大正当初、高級別荘地として開発されつつあった強羅のシンボル的公園として誕生。歴史・文化的な価値から公園は国登録記念物に認定。園内には歴史の経過に育まれた優雅な雰囲気

⬆例年、梅雨時は園内に多彩なアジサイが咲く。見頃は6月下旬～7月下旬

⬆春の桜や新緑、秋の紅葉など、自然に囲まれた公園で見る花樹の美しさは格別

⬆希少なウスガサネサンショウバラ(箱根バラ)。お気に入りの品種に出会いたい

🍴 遊べる施設
園内の施設

園内にはカフェや茶室、熱帯植物園、クラフト体験工房もあるので、花を見て散策を楽しんだあとは、カフェでゆったり過ごしたり、クラフト体験でものづくりを楽しむこともできる。

一度は訪れてみたい
しまなみ海道の潮風漂うバラ園

よしうみバラ公園

よしうみバラこうえん

愛媛県今治市 ◆バラ5月上旬～6月上旬、10月中旬～11月上旬

愛媛県今治市のしまなみ海道の中の島のひとつである大島に位置する四国最大のバラ園。世界各地から集められたバラが植栽されている。毎年恒例の「バラ祭りよしうみ」のほか、年間を通じてさまざまなイベントが同園で開かれている。汐風の心地よい香りとともに色豊かで個性的なバラの花々を観賞できる時間は至福の時だ。園内ではバラ苗も販売。

ＤＡＴＡ ＆ ＡＣＣＥＳＳ

☎090-6286-3993(バラ苗販売所) 所愛媛県今治市吉海町福田1292 開9:00～16:00 休無休(7～8月のみ水曜) 料無料 交西瀬戸自動車道・大島北ICまたは今治ICから約6km P あり

↑バラのアーチが見事。初夏のバラは軽やかな香りで秋は花の色も濃く香りが深い

↑色、香り、形、華やかさと「花の女王」の魅力を兼ね備える

園内の施設

バラの苗販売

バラ苗販売所では、自宅などで栽培できるよう、さまざまな苗を販売。つぼみがついたものは花の香りも確認できる。

バラ
世界のバラ400種3500株を植栽。100mにも及ぶ「つるバラフェンス」も見どころ

バラ
イングリッシュローズをはじめ100種類以上のバラをホテルスタッフが丁寧に育てている

➲鮮やかに大輪の花を開かせた芳醇な香りのバラ

⇧雄大な由布岳を背景に、バラが麗しい花を咲かせる

湯布院の豊かな自然のなか
ローズガーデンでの贅沢な時間

湯布院 ホテル森のテラス

ゆふいん ホテルもりのテラス

大分県由布市 ◆バラ 5月下旬～6月下旬

緑豊かな由布岳の麓にある「湯布院ホテル森のテラス」が所有する手作りのローズガーデン。おしゃれな洋館風の建物が特徴のホテルより2㎞ほどの距離があるものの、宿泊者以外でも自由に無料で入園、見学ができる。年間を通して観賞できるがいちばんの見頃は毎年5月から6月。由布岳をバックにイングリッシュローズをメインにバラが一斉に開花する。

森に囲まれた洋館風のホテルは全16室。リピーターも多く湯布院で人気の宿

DATA & ACCESS

☎0977-28-2000 所大分県由布市湯布院町川北2120-1 開10:00～17:00 休無休 料無料 交JR由布院駅から車で7分 Pあり

都会にたたずむ洋館と庭園
歴史を感じバラを愛でる

旧古河庭園

きゅうふるかわていえん

東京都北区 ◆バラ5月上旬~6月下旬、10月上旬~11月下旬

元の建物は大正8年(1919)に当時の古河財閥の古河虎之助男爵の邸宅として造られた。大正初期の庭園の原型を留める貴重な存在として国の名勝指定を受けている。庭園のシンボルともいえるバラの花をはじめ、日本の伝統的な花である桜や梅、モミジなど四季の花木にふれられる。日々の喧騒を忘れ歴史と自然を肌で感じられるトラディショナルな場所。

DATA & ACCESS

📞03-3910-0394 🏠東京都北区西ケ原1-27-39 🕐9:00~17:00 休12月29日~1月1日 💴150円(洋館入館料は別途) 🚃JR上中里駅から徒歩7分／東京メトロ南北線・西ヶ原駅から徒歩7分／JR駒込駅から徒歩12分／東京さくらトラム(都電荒川線)・飛鳥山駅から徒歩18分 🅿️なし

洋館に映える大輪のバニラ・パフューム。開花シーズンになると庭園に多く観光客が訪れる

⬆️紅葉期に色づいた池泉回遊式の日本庭園

⬆️旧古河庭園に唯一あるティーローズの"つる レディ・ヒリンドン"

バラ
モダンな洋館を背景に咲くバラの花々。バラは旧古河庭園を代表する花

里山に咲くバラの景色が華やか
春と秋に「バラまつり」を開催

滝ノ入ローズガーデン
たきのいりローズガーデン

埼玉県毛呂山町 ◆ バラ5月中旬～下旬、10月中旬～下旬

　毛呂山町が、平成12年(2000)に行った「もろもろ町おこし事業」の一環として、滝ノ入地区の地元ボランティアにより始められたバラ園。春と秋の「バラまつり」の開催期間中には、ダマスク、アルバなどのオールドローズをはじめとする約350種、約1500本が里山の景観と溶け合うように咲く。約40mのツルバラのトンネルなどもあり変化に富んでいる。

■□ DATA & ACCESS

☎070-4161-9465 ⑰埼玉県入間郡毛呂山町滝ノ入910 ⑫5月中旬～下旬(9:00～16:00)、10月中旬～下旬(9:00～15:00) ⑭開催期中は無休 ⑭春は300円、秋は無料 ⊗関越自動車道・鶴ヶ島ICから約11.5km Ⓟあり

⬅コンプリカータ
は明るいピンクの
一重咲き

⬆春がすみは可憐な花びらを
カップ状に小さな房をつける

⬅ゴールドバ
ニー波打つ花
弁が美しい

バラまつり

苗木や農産物の
販売も楽しみ

地元ボランティアが丹精込めてバラを育て、園内の管理も行っている。春と秋に開催される「バラまつり」ではバラの苗木をはじめ、農産物の加工品の販売なども行われ、多くの人で賑わう。

バラ
アーチをくぐるとそこはバラの園。
春は新緑、秋は紅葉の景色の
なかに咲くバラを観賞できる

梅
うめ

FLOWER DATA
分類：バラ科サクラ属
原産地：中国
別名：コウブンボク、ハルツゲクサ
開花期：1〜3月

寒風に凛と咲き春を知る

曽我兄弟ゆかりの地の梅林
背景は富士山と箱根の山々

⬆小田原で生まれた品種、白梅の十郎梅

曽我梅林
そがばいりん

神奈川県小田原市 ◆ 梅 2月中旬〜下旬

　600年以上前、兵糧用の梅の実のために植えたのが始まり（諸説あり）。江戸時代に、小田原城主による栽培の奨励や箱根越えの旅人の梅干し需要もあって増え、今や約3万5000本に至る。そのため、基本的にここの梅は食用で、ほとんどが白梅。彩りに植えた紅梅でも梅酒を作っている。期間中、梅まつりも開催。歌舞伎などで人気の仇討物語の主役・曽我兄弟のゆかりの地。

DATA & ACCESS

☎0465-42-1965（梅まつり期間中のみ）、0465-20-4192（シーズン外は小田原市観光協会）⓹神奈川県小田原市曽我別所 ⓸見学自由（観光農園ではないので訪問時間に要配慮）⓷無休 ⓹無料 ⓺JR下曽我駅から徒歩15分 ⓹なし（梅まつり期間中のみあり）

梅林内で最も人気のある穂坂邸の大垂れ。個人宅の梅なので配慮して観賞しよう

梅
富士山をバックにして白梅群を撮る際は総合案内所の近くがおすすめ

↑園内では黄色いロウ
バイも梅の時期に咲く

→別所、原、中河原の3つの梅林からなり、
十字路には梅の名前のついた看板がある

梅
偕楽園の正門に相当する表門。松材を多用した松煙色の姿から黒門とも呼ばれている

徳川斉昭が創建した名園で芳醇な水戸の六名木を観賞

偕楽園
かいらくえん

茨城県水戸市 ◆ 梅2月中旬〜3月下旬

金沢の兼六園、岡山の後楽園と並ぶ日本三名園のひとつ。梅の名所として知られ、毎年2月中旬から3月下旬に開催される「水戸の梅まつり」では約100品種3000本が香り豊かに咲き誇る。園内を彩る梅のなかでも特に形、香り、色が優れ、水戸の六名木と呼ばれる白色八重咲きの「白難波」や「虎の尾」、真紅の八重咲きの「江南所無」なども観賞できる。

斉昭自ら設計した木造2層3階建の「好文亭」。空襲後昭和33年(1958)に復元

DATA & ACCESS

☎029-244-5454(偕楽園公園センター) ⑩茨城県水戸市常磐町1-3-3 ⑱6:00〜19:00(10月1日〜2月中旬は7:00〜18:00)、好文亭9:00〜17:00(10月1日〜2月中旬は〜16:30) ⑯無休(好文亭は12月29日〜31日) ㉑300円、子ども、70歳以上150円、開門時間〜9:00は無料(観梅期間は除く)、好文亭200円 ⑳JR水戸駅北口からバスで20分※観梅期は要確認 ㋟あり

↑表門の先には1000本以上の孟宗竹林

↑4月中旬から約380株のツツジが満開に

花火

梅の花と花火の饗宴

毎年2月中旬〜3月下旬に偕楽園と水戸藩の藩校「弘道館」を会場に「水戸の梅まつり」を開催。期間中の「夜梅祭」では、水戸城跡・偕楽園でおもてなし花火が夜空を美しく彩る。

京都随一の梅の名所で
道真公ゆかりの花を見る

北野天満宮
きたのてんまんぐう

京都府京都市 ◆梅2月上旬～3月下旬

　菅原道真公を祀る全国天満宮の総本社。境内に道真公がこよなく愛された約50種、約1500本の梅が植えられ、北野天満宮は京都随一の梅の名所として名高い。開花時期には梅苑「花の庭」が公開され、茶店で茶菓子をいただいたり、梅苑を360度見渡せる展望台から色とりどりの梅を愛でたりできる。期間中は梅花祭と梅花祭野点大茶湯も開催される。

⬆ライトアップは例年2月下旬～3月中旬。期間中に「梅花祭」も開催される

□ **DATA & ACCESS**

☎075-461-0005 ㊟京都府京都市上京区馬喰町 ㊐6:30～17:00(社務所・授与所は9:00～16:30)、梅苑「花の庭」は9:00～16:00(最終受付15:40) ㊡梅苑「花の庭」は2月上旬～3月下旬のみ公開 ㊋梅苑「花の庭」入苑料1200円(中学生以上、茶菓子付き) ㊂京福電鉄・北野白梅町駅から徒歩5分 ㊅あり

⬆梅の時期は特に合格祈願の絵馬が多い

一願成就のお牛さま

境内の撫牛

天神さまにとって牛は神のお使い。境内には複数の石の牛「撫牛（なでうし）」が鎮座し、頭を撫でると学問成就と伝わる。それぞれに愛嬌と個性あり、人々に親しまれている。

梅
国宝御本殿創建以来、御神前で代々守り受け継がれてきた「飛梅」

124年ぶり令和の大改修
飛梅・紅梅が見守るなかで

太宰府天満宮
だざいふてんまんぐう

福岡県太宰府市　◆梅1月下旬～3月中旬

　菅原道真公を追いかけ京から飛来したという伝説を持つ「飛梅」をはじめ、天神さまに献梅された200種近い梅が境内各所に咲く。2027年に道真公1125式年大祭という大きな節目を迎える天満宮では御本殿の大改修を124年ぶりに行っている。2023年から御本殿改修中の3年間のみ「仮殿」を建設。豊かな天神の杜との調和を重視したデザインが斬新。

□ D A T A ＆ A C C E S S
☎092-922-8225 ⋒福岡県太宰府市宰府4-7-1 ⏰6:30～19:00(春分の日～秋分の日前日は6:00～、6～8月は～19:30、12～3月は～18:30) 休無休 🈯無料 🚉西鉄・太宰府駅から徒歩5分 Ｐあり

↑花手水はアジサイの時期のみ観覧。参拝者の心を和ませてくれる

御本殿前の「飛梅」は「紅梅」とともに大改修期間中も観覧可。境内には約6000本の梅が咲く

梅
朱塗りの楼門に梅と樟(くすのき)の若葉がよく似合う。天満宮の楼門は回廊外側と内側の形態が異なる珍しいつくり

地図ラベル
北神苑
WC
ひろはちしゃの木
菅公歴史館
R 太宰府 照星館
夫婦樟
筆塚
包丁塚
WC
誠心館
御本殿
皇后の梅
飛梅
大樟
社務所
楼門
WC
古札納所
手水舎
宝物殿
文書館
鳥居
麒麟像
曲水の庭
絵馬堂
鷽像
東神苑
天満宮
幼稚園
志賀社
菖蒲池
WC
心字池
太鼓橋
今王社
R うぐいす茶屋
R 大樟館
鳥居
参道
中世の鳥居
御神牛
延寿王院
太宰府天満宮
案内所
i
WC
東風吹かばの歌碑
浮殿
N

参道沿いで「梅ヶ枝餅」

ほのかに甘いつぶ餡を包んで香ばしく焼き上げた梅ヶ枝餅は、天満宮の参道両脇に並んでいる店舗で焼きたてを販売している。

⬆太宰府名物といえば梅ヶ枝餅。食料にも事欠いていた道真をみかねて、近隣の老女が梅の枝に栗餅を巻いて献上したのが始まりといわれる

©藤本壮介建築設計事務所

⬆屋根に樹木出現。「仮殿」は2023年5月にお披露目。デザイン・設計は藤本壮介氏

⬆2500㎡の「菖蒲池」に約40種3万本の花菖蒲が咲く開花時は夜9時半までライトアップを行う

曲水の宴

十二単と平安装束 雅の神事

毎年3月の第1日曜日には梅の咲くなか「曲水の宴」を催す。上流から流された酒杯が目の前を通り過ぎるまでの間に歌を詠み杯を飲み干すというもの。平安絵巻の優雅な時間。

福島に桃源郷あり
花き農家が育んだ百花繚乱

花見山公園
はなみやまこうえん

福島県福島市 ◆桜 3月下旬～4月中旬

　観光客が押し寄せる花見山は私有地。山主の阿部家が、鍬1本で花き栽培に取り組み始めたのは昭和初期。いつしか山は花で覆われるようになり見物人が増え、戦争帰りの当主は戦争で傷ついた人々を癒やしたいと、昭和34年(1959)に無料開放を始めた。東日本大震災の困難な時期もボランティアの助けを借りて復活するなど、地元で愛される花の山に。

DATA & ACCESS
☎024-531-6428(福島市観光案内所)、024-526-0871(3月11日～4月23日は花見山情報コールセンター) 所福島県福島市渡利 開6:00～18:00 休無休 料無料 交JR福島駅から福島交通バス渡利南回りで12分、花見山入口下車、徒歩15分。3月25日～4月16日は臨時バス「花見山号」あり Pあり(3月25日～4月16日はあぶくま親水公園に臨時駐車場が開き、そこからシャトルバス乗り換え)

> 花木はすべて商品のため、直販利用や出荷時期をずらすなどで観光客に配慮する

↑有名写真家の秋山庄太郎が、「福島に桃源郷あり」と紹介して有名になった

↑雪解け山の女王・梅は、花見山では3月上旬から4月上旬にかけて咲く

花案内人

花見山公園での
ガイド活動

阿部家の花への想いを大切に守るため市民ボランティアで「花案内人」を結成。園内の珍しい花木を気兼ねなく見てほしいとガイド活動を続ける。

↑花案内人の解説を聞きながら散策

↑春と秋の二度咲きの十月桜。季節外れの桜と勘違いされることが多い

樹齢670年の古木が迎える
南北朝時代に起源を持つ梅林

越生梅林
おごせばいりん

埼玉県越生町 ◆ 梅 2月中旬～3月中旬

　関東三大梅林の一つに数えられる梅の名所。九州の太宰府天満宮から現在の梅園神社に分祀した際、菅原道真公にちなんで梅を植えたのが起源とされ、樹齢670年を超える古木「魁雪」をはじめ、白加賀、紅梅、越生野梅など約1000本が越辺川沿いを彩る。2月中旬から3月中旬まで開催される「越生梅林梅まつり」ではライトアップも行われる。

園内で存在感を放つ「魁雪」。ほかに白加賀、紅梅、越生野梅などが咲く

▢ D A T A ＆ A C C E S S

☎049-292-1451(越生町観光協会) ㊤埼玉県越生町堂山113 ㊰8:30～16:00 ㊡「越生梅林梅まつり」期間のみ開園 ㊐400円(中学生以上) ㊧JR／東武鉄道・越生駅から黒山行きバスで梅林入口下車、徒歩1分 Ⓟあり

多くの文人墨客を魅了した梅林

❷「越生梅林梅まつり」は催しも多彩

梅
梅林周辺に約2万本が咲き誇り壮観。梅生産農家が多いことでも知られている

梅

梅は大田区の区の花として
も親しまれ、開花時期には
多くの人が観賞に訪れる

紅や白の梅が斜面に咲き誇る
都内屈指の梅の名所

池上梅園
いけがみばいえん

東京都大田区　◆ 梅 2月上旬～3月中旬

↑鯉が泳ぐ池を望む和室は予約すると一般でも使える

茶室

2つの由緒ある
茶室を保存

川尻善治氏が自宅の離
れ家として建てた「清
月庵」、政治家・藤山愛
一郎が所有した「聴雨
庵」の茶室を保存。茶
会に利用できる(要事
前申込)。

　池上本門寺の西隣に広がる都内屈指の
梅の名所。高低差のある丘陵斜面を利用
した閑静な和風庭園に30種余りあり、開
花時期を迎えると芳香を放ちながら咲き、
例年2月中旬から3月上旬には期間限定の
ライトアップも行っている。梅以外にも
園内には約50種の樹木があり斜面一面を
彩る約800株のツツジの景色も見どころ
として親しまれている。

梅の枝で羽を休めるヒ
ヨドリ。さえずりを聴き
ながら梅の香りに
包まれるひととき

DATA & ACCESS

☎03-3753-1658(池上梅園事務所) 所東京都大田区
池上2-2-13 時9:00～16:30(入園は～16:00) 休月曜、
(祝日の場合は翌平日)、2・3月は無休 料100円、子ども
20円 交東急池上線・池上駅から徒歩20分 Pあり

奈良公園に春の訪れを告げる
梅林と鹿の麗しい風景を堪能

片岡梅林
かたおかばいりん

奈良県奈良市 ◆梅 2月中旬～3月下旬

奈良公園の浅茅ヶ原園地内にある梅の
名所。紅梅、白梅が咲くなかを、鹿が気
持ちよさそうに歩く姿は同公園ならでは
の光景。紅白の梅に混じり、「源平咲き梅」
という1本の木に紅白の梅が咲く木がある。
元々は紅の花で、色素が抜けて白くなり、
紅白同時にとなったもの。平安時代の源
平合戦の、源氏が白い旗、平氏が赤い旗
が由来。梅林の鷺池の浮見堂も名所。

ＤＡＴＡ ＆ ＡＣＣＥＳＳ

☎0742-22-0375(奈良公園事務所) 所奈良県奈良
市高畑町 園休料見学自由 交JR奈良駅または近鉄
奈良駅から市内循環バスで春日大社表参道下車、
徒歩1分 Ｐなし

梅
早朝の奈良公園を散
歩しながら、紅白の梅
を愛でるのもおすすめ

高い声でせわしな
く鳴くので、春が
やってきた軽やかな
気持ちにさせるメジロ

池上梅園／片岡梅林

↑源平咲き梅も一緒に鑑賞したい

浮見堂

**水辺の憩いの場
紅葉の頃も優雅**

梅林内にある浮見堂は鷺池に浮かぶ
檜皮葺き、八角堂形式のあずま屋で
桟橋の先に立つ。春の梅、新緑、秋に
はもみじが紅葉した風情ある様子を
あずま屋のなかから見ることができる。

↑神の使いとして保護されている天然記念物の鹿と梅のフォトジェニックな景色は必見

ベイビーブルーの波が揺れる

ネモフィラ
ネモフィラ

FLOWER DATA
分類:ムラサキ科
ネモフィラ属
原産地:北アメリカ西部
和名:瑠璃唐草
開花期:4〜5月

100万株のプラチナムブルー
大阪・舞洲で青に染まる

ユリ園だったが台風の影響で塩害に。塩害に強いネモフィラに白羽の矢が立った

大阪まいしま
シーサイドパーク
おおさかまいしまシーサイドパーク

大阪府大阪市 ◆ネモフィラ4月上旬〜5月上旬

↑桜とネモフィラのコラボゾーンは幻想的

↑隣接する1.4kmのコースをバギーでまわれるアトラクション(2600円)は大好評

大阪北港の沖合にある人工島・舞洲。ここにあるのが、総面積3万6000㎡を誇る「大阪まいしまシーサイドパーク」。ネモフィラが見頃を迎える4月から5月にはネモフィラ祭りを開催し、丘一面を青く染め上げる100万株のネモフィラと大阪湾の広大な海と青く澄み渡った空の共演はまさに絶景。カフェの青いスイーツメニューやバギー乗車なども充実し終日遊べる。

立ち寄りスポット

🍴 SHIMA CAFE

舞洲クラフト館内にあるカフェ。2023年3月にリニューアルし、海と空と舞洲ブルーをイメージした空間に。
⏰10:00〜16:00(土・日曜、祝日は〜17:00) 休金曜(祝日の場合は営業)

↑ネモにゃんパフェ1000円

▢ DATA & ACCESS

📞06-4804-5828 所大阪府大阪市此花区北港緑地2 時9:00〜17:00、土・日曜、祝日(5月7日を除く)9:00〜18:30 休無休 料1300円、4歳〜小学生600円 交JR桜島駅から 北港観光バス舞洲アクティブバスで15分、ホテル・ロッジ舞洲前下車すぐ Pあり

↑1日1回、晴れている日のみ限定の日没とネモフィラ

[地図内の表記]
N
桜コラボゾーン
海岸通り
ISK大阪舞洲店
入口
出口
WC
WC
チューリップコラボゾーン
パームガーデン舞洲
新夕陽ヶ丘・
大阪シティバス乗り場
北港観光バス乗り場
SHIMA CAFE C
舞洲クラフト館・
H ホテル・ロッジ舞洲

ネモフィラ
園内では、プラチナムブルーのネモフィラとチューリップ、桜とのコラボを演出。青がいっそう鮮やかになり非日常の世界

一年を通して四季の花が満開
福島県の「郷土の花」も必見

いわき市フラワーセンター
いわきしフラワーセンター

福島県いわき市 ◆通年

バラ園や小山を歩く遊歩道沿いに咲く椿などさまざまな花と出会うことができる

海を見渡す石森山の広大な敷地に広がるフラワーパーク。イングリッシュガーデンや熱帯植物が咲く展示温室をはじめ、梅園、バラ園、アジサイ園、椿の森などのエリアに分かれ、一年を通して多彩な花を観賞できる。なかでも4～5月は福島県の「郷土の花」として知られるシャクナゲが見頃に。遊具などもあり、家族で楽しめる花スポットだ。

DATA & ACCESS

☎0246-22-5667 🏠福島県いわき市平四ツ波石森116 🕘9:00～17:00(展示温室、レストハウスは～16:30) 🚫火曜(祝日の場合は翌日)、12月29日～1月3日 💴無料 🚗JRいわき駅から車で15分 🅿あり

正門
イングリッシュガーデン
WC
太陽光発電施設
レストハウス 展示温室
風力発電
フラワーライフ館
WC
ツバキの森
バラ園
子供の広場
梅園
アジサイ園
シャクナゲ園

展示温室

冬も暖かな温室で熱帯植物を観賞

いわき市でも最大級を誇る展示温室を併設。南国に咲くハイビスカスやブーゲンビリアをはじめ、サボテン、バナナ、パパイヤなどの木といった熱帯植物を一年中観られる。

⬆シャクナゲは福島県の郷土の花

ネモフィラ
4月に開花時期を迎えるネモフィラ。一面を淡い青色に染める花景色が圧巻

278

ネモフィラ
満開の桜をバックに、「花の丘」に広がる一面のネモフィラに圧倒させられる

←青色に染まった色鮮やかなネモフィラ

玄界灘と博多湾に囲まれた砂州「海の中道」にある絶景の花畑

国営海の中道海浜公園
こくえいうみのなかみちかいひんこうえん

福岡県福岡市 ◆通年

博多湾と玄界灘に囲まれた長さ約6km、350haの砂州・海の中道にある公園。日本で5番目の国営公園として昭和56年(1981)に開園し、四季の花を楽しめるフラワーミュージアムをはじめ、約50種類500点の動物たちが暮らす動物の森、球体テントの宿泊施設などアクティビティが豊富。「花の丘」のピンクの桜と淡いブルーのネモフィラが同時に満開になる情景は圧巻。

野外劇場
海の中道サンシャインプール
WC
動物の森ふれあい動物舎
花桟敷
WC
バラ園フラワーミュージアム
子供の広場
香椎線
WC 水辺のトリム
いこいの森
花の丘 大芝生広場
ディスクゴルフ場
おもちゃ箱花壇
WC
彩りの花壇
スカイドルフィン スカイシェルター
虹の花壇 ワクワク池
西サイクリングセンター

DATA & ACCESS
☎092-603-1111 ⓙ福岡県福岡市東区西戸崎18-25 ⓣ9:30～17:30(11～2月は～17:00) ⓨ450円、中学生以下無料 ⓔJR海ノ中道駅から徒歩1分 Ⓟあり

福岡を代表する海沿いの絶景スポットとして有名。博多駅から車で40分ほど

↑虹の池・彩りの池の近くに位置する「虹の花壇・彩りの花壇」にはカラフルなチューリップが咲く

古墳の丘から花畑を見晴らし
悠久の歴史と自然の偉大さを知る

県営馬見丘陵公園
けんえいうまみきゅうりょうこうえん

奈良県広陵町・河合町 ◆ 通年

公園内のナガレ古墳は半分のみ復元。前方後円墳で5世紀初頭造営

　1980年代、宅地開発で保存の危機に瀕した大和三大古墳群のひとつ、馬見古墳群を守ろうと計画され、平成24年(2012)に全面開園した。複数の古墳やため池を擁する敷地は広大で、東西約3km、南北約7kmに及ぶ。年中花があふれる広場や花園や四季折々の花が園路を飾り、一年を通して多彩なイベントも開催。古墳関連施設や大型遊具も充実の空間となっている。

DATA & ACCESS

☎0745-56-3851(中和公園事務所) 所奈良県北葛城郡河合町佐味田2202 開休料見学自由 交近鉄・五位堂駅から奈良交通バス33系統で15分、馬見丘陵公園下車すぐ Pあり

ネモフィラ
ネモフィラの和名・瑠璃唐草(るりからくさ)のとおり、一面を瑠璃色に染める。チューリップの見頃の後に開花

前池
ムラサキシキブ広場
北口
集いの丘
馬見花苑
西口
花見茶屋
彩りの広場(ダリア園)
ススキの丘
花の道
バラ園
菖蒲園
けやきの広場
古墳の丘
下池堤
ハナモモの丘
下池
どんぐり広場
カリヨンの丘
東口
南駐車場口
上池堤
春まちの丘
梅林
芝生の丘
柿の木広場
上池
未来の広場
中央口
結びの広場
あじさい園
陽だまり広場
水鳥と花の広場
いにしえの丘
あじさいの小径
ダダオシ池
多目的広場
カフェレストラン

園内の施設

🍴 カフェレストラン +f(プリュスエフ)
春は、花見茶屋周辺に種類豊富なチューリップが咲く。休憩しながら花見ができる。

❀ヒマワリの見頃は7月下旬から8月中旬

❀チューリップの足元を飾るパンジーやビオラ

❀コキアの紅葉は9〜10月に見られる

ネモフィラ
園内のハーブ園を埋め尽くさんばかりのネモフィラ。見渡す限りの可憐な花の姿に癒やされる

⬆ポピー園のシャーレーポピー

⬆公園管理棟の横に咲くヒマワリ

⬅巨大なゴジラのすべり台やアスレチックを完備

ネモフィラの咲く天空の花畑
三浦半島の南端に花の園

くりはま花の国
くりはまはなのくに

神奈川県横須賀市 ◆通年

東京湾を見下ろせる場所に立つ、起伏に富んだ地形を生かした公園。高台からの海と横須賀市街地の絶景にやわらかな花の情景がなじむ。なかでもネモフィラは近年大人気で、ほかにポピーやコスモス、ハーブも観賞できる。アスレチックコーナーの冒険ランドのゴジラのすべり台やボルダリング施設、足湯、レストランやカフェもありマルチに遊べる。

DATA & ACCESS
☎046-833-8282 ㊳神奈川県横須賀市神明1 ㊱㊭見学自由 ㊨JR久里浜駅／京急久里浜駅から徒歩15分 Ⓟあり

• くりはま花の国プール
ボルダリング施設
Ⓟ
冒険ランド•
冒険ランド売店
レストラン
ロスマリネス Ⓡ
ヘルバ
県木の広場
ポピー・コスモス園•
天空BBQ
ハーブ園
WC
足湯
つばき園
WC 樹木園
エアーライフル場 Ⓒ ハーブ園ガーデンカフェ
くりはまKidsガーデン
•アーチェリー場
N
•芝生広場・展望台
WC
Ⓟ Ⓢ コスモス館
Ⓟ
正門

園内の施設

ショッピング ＆カフェ
ショップ「コスモス館」ではソフトクリームの販売や海軍カレーなど横須賀市らしいみやげがある。「ハーブ園ガーデンカフェ」のホットドッグもおすすめ。
㊲㊭施設に準じる

⬆ハーブ園に約80種8000株のハーブが咲いている

ネモフィラ
大地を空色に染め上げるネモフィラ。見頃は4月で桜と初夏の花の移り変わりに咲く

全国初の国営公園として
多様な自然環境を発信する

国営武蔵丘陵
森林公園
こくえいむさしきゅうりょうしんりんこうえん

埼玉県滑川町 ◆ ネモフィラ 4月

東京ドーム64個分の広大な敷地に、昭和49年(1974)全国初の国営公園として開園。都市緑化植物園では山野草やヤマユリ、湿地性植物やカエデなどが、整備された散策路を森林浴しながら間近に感じられるのも魅力。また、ハーブガーデンの充実や春の花の定番になりつつあるネモフィラの群生地も整備。東武東上線森林公園駅からのアクセスが便利。

▢ D A T A ＆ A C C E S S
📞0493-57-2111 ⬚埼玉県比企郡滑川町山田1920 🕘9:30〜17:00(11月は〜16:30、12〜2月は〜16:00) 🈲6月〜7月20日、12〜2月の月曜、12月31日、1月1日、1月第3月〜金曜 💴450円、中学生以下無料 🚃東武東上線・森林公園駅またはJR高崎線／秩父鉄道・熊谷駅から森林公園行きバスで終点下車すぐ Ｐあり

🅝展示棟にはボタニカルショップも併設

紅葉狩り

紅葉見ナイト

約20種約500本のカエデが集まるカエデ園は紅葉狩りの名所。11月中旬からの見頃には夜間開園「紅葉見ナイト(もみじないと)」を開催する。

早春に約30万本のネモフィラ
3つのゾーンで四季を感じる

浜名湖
ガーデンパーク

はまなこガーデンパーク

静岡県浜松市 ◆ ネモフィラ 4月上旬〜下旬

↑パーク内にある50mの展望塔(有料)。パーク内を見渡せる

温暖な気候の浜松にあり、4月早々に咲き始めるネモフィラは、公園のほぼ中央に位置する高さ50mの展望塔に上ると地上絵が見られるようになっている。園内は、街のエリア、里のエリアなど3つのゾーンに分けられ、パークの東西水路は遊覧船ガーデンクルーズが就航し、水辺から植物を観察できる。食事処もあり、一日有意義に過ごせる場所。

☐ D A T A ＆ A C C E S S

📞053-488-1500 🏠静岡県浜松市西区村櫛町5475-1 ⏰8:30〜17:00(7・8月は〜18:00) 🈳年末年始、「花の美術館」は火曜午後閉園 💴無料(展望塔は300円、小中生100円) 🚗東名高速道路・浜松西ICから約12.5km、舘山寺スマートインターから約8.5km(4月1日〜5月28日の土・日曜および5月1、2日はJR舞阪駅からシャトルバスあり) 🅿️あり

花の美術館

2つのコンセプト
「花の庭」と「水の庭」

印象派の画家クロード・モネがフランスにつくった庭を模し、平成16年(2004)開催の浜名湖花博の折、2つのコンセプトでつくられる。バラの大アーチが印象的。

ネモフィラ

原産は北アメリカの一年草。パーク内では4月上旬から開花。花ひろばエリアに群生している

繊細に花びらの絵を描く

ダリア

ダリア

FLOWER DATA

分類：キク科ダリア属
原産地：メキシコ、グアテマラ
別名：テンジクボタン
開花期：5〜11月

ダリア育種家が育てた
700品種7000株が咲く

秋田国際ダリア園

あきたこくさいダリアえん

秋田県秋田市 ◆ ダリア9月下旬〜10月

　秋田の里山に色や形、大きさの異なるダリアが園内のいたるところに約7000株咲き、見頃には花の数が7万本近くにもなる。ダリア育種家で日本ダリア会理事長の鷲澤幸治さんが育てたもので、現在国内に流通している品種の大半は鷲澤さんのもの。一日では足りないほどの種類を見られる。レストランやジェラートの店なども併設されているのでレジャーにもぴったり。

■ D A T A ＆ A C C E S S

☎018-886-2969 🏠秋田県秋田市雄和妙法糠塚21
🕐8月中旬〜11月上旬7:00〜18:00(日の出から日没)
🈺11月中旬〜翌8月中旬 💴500円 🚃秋田自動車道・
秋田空港出口から約8.5km 🅿あり

ダリア
NAMAHAGEダリアはダリア園の育種家と秋田県が共同開発。県のオリジナルダリアで現在までに39種が開発

ダリア育種家が長年丹精込めて品種改良。1本ずつじっくりと眺めていたくなる

⬆品種改良によって花弁の形もさまざま。園内で球根や切り花の購入も可能

❤キク科の多年草ダリアは別名天竺牡丹。メキシコやグアテマラ原産だが大半が園芸用に品種改良

ダリア品種

**日本屈指の育種家が
育てる種類に注目**

花弁の丸い品種や流線形、真ん丸とした花の形状など色や形がそれぞれに異なるダリアを楽しめる。色や大きさ、形状の異なるダリアが次々と花を咲かせる園内は華やかな雰囲気。

先駆者の自負があるから
「ダリア」ではなく「ダリヤ」

川西ダリヤ園
かわにしダリヤえん

山形県川西町 ◆ ダリア 9 月中旬〜 10 月中旬

同園で誕生した、黄色に輝く「令和の輝き」。

園内のダリアはすべてに名札がつく

　4haの園内に約650品種10万本が咲くダリア専門植物園。昭和初期に地元医師が栽培を始め愛好家が増え、現・川西町ダリヤ会が結成。市町村合併で川西町が誕生した折に同会の働きかけもあり、ダリアで町おこしをと昭和35年(1960)に開園した。時代とともに世間での呼称が"ダリヤ"から"ダリア"に変わっても、昭和初期から育ててきたからとダリヤで通している。

DATA & ACCESS

☎0238-42-2112 所山形県東置賜郡川西町上小松5095-11 営9:00〜18:00(8月1日〜11月2日のみ営業)、10月以降は日没で閉園 休11月3日〜翌7月31日 料550円、小学生220円 交山形新幹線・赤湯駅から車で15分 Pあり

↑園内にはあずま屋もあり散策に便利

フローリストアレンジ展

花店店主によるダリアアレンジ

全国規模のコンテストで受賞歴がある町内外の花店店主がダリアを用いたアレンジメントを披露している。

ダリア

開園期間中はいつでも花を楽しめるが、最も華やかなのは9月中旬〜10月中旬

ダリア
淡いピンクから黄色へグラデーションを描くムーンワルツは大ぶりの力強い花

両神山の麓で約350種を栽培
関東最大級を誇るダリア園

両神山麓花の郷ダリア園
りょうかみさんろくはなのさとダリアえん

埼玉県小鹿野町 ◆ダリア 9月上旬〜11月上旬

↑赤と黄色の神秘的な色彩のアメリカンレモネード

↓両神山の山麓で自然の息吹を感じながらダリアを観賞できる。あずま屋もあるので便利

↑凛、銀映、熱唱など品種名にも注目したい

　日本百名山「両神山」の山麓に広がるダリア園。約1万㎡の広大な敷地に約350種、500株のダリアが地元ボランティアによって育てられ、その規模は関東最大級を誇る。ピンク、黄色、オレンジ、赤、ホワイトなどカラーバリエーションも豊富で、両神山の山肌と青空を背景に色とりどりに大輪の花びらを広げるダリアの風景が印象的。

■ DATA & ACCESS
☎0494-75-5060(小鹿野町役場 まちづくり観光課) ⑰埼玉県秩父郡小鹿野町両神薄8161-1 ⑳9月1日〜11月3日9:00〜16:30 ⑭無休 ⑭500円 ⑳西武秩父駅から町営バスで薬師の湯下車、日向大谷口行きに乗り換え・ダリア園下車、徒歩1分 Ⓟあり

ダリア
地元のNPO法人が郷づくりの一端を担うべく、休耕地を活用してダリアを栽培している

近江商人を輩出した歴史ある地に
誇り高く色鮮やかに咲くダリア

花の郷日野ダリア園
はなのさとひのダリアえん

滋賀県日野町 ◆ ダリア 9月中旬〜 11月上旬

⬆ボタン、シャクヤクも咲く園内

撮影スポット

来園記念に人気のフォトスポット
園内に入ると丁寧にガーデニングされた花々に囲まれた庭の一角でハートのオブジェがお出迎え。カップルはもちろん、家族や友人と来園記念の撮影を。

近江商人を数多く輩出した里で知られる日野町鎌掛地区に平成14年(2002)開園。約1万㎡の休耕地に80種8000本のダリアが育てられ、開園中は期間限定でダリアの摘み取りができる。ダリアのほか、春に見頃を迎える約1000株のボタンとシャクヤク、70種以上のクレマチス、藤棚も見どころ。園内では年に3回マルシェも開催している。

□ **D A T A & A C C E S S**

☎0748-52-5651 ⓐ滋賀県蒲生郡日野町鎌掛2198-1
ⓣ春の開園4月下旬〜5月中旬、秋の開園9月中旬〜11月初め 9:00〜16:00(最終受付15:00) ⓗ開園中は無休、休園中は土・日曜、祝日 ⓨ600円 ⓐ近江鉄道・日野駅から車で10分 Ⓟあり

開花状況を公式HPで発信。9月末頃から
開花し、約1カ月ほど徐々に咲いて楽しめる

見頃は1年に夏と秋の2回あり
宝塚市の市花にダリアが加わる

宝塚ダリア園

たからづかダリアえん

兵庫県宝塚市 ◆ダリア7月中旬〜8月上旬、10月上旬〜11月上旬

　宝塚ダリア園のある上佐曽利地区は、90年以上にわたりダリアの栽培が行われている全国有数の生産地域。園内では約300種、10万本のダリアを球根から栽培し、夏と秋の2回見頃を迎える。秋には「ダリア花まつり」を開催、地元農産物や秋植え球根の販売、ダリアの「花釣り」などのイベントが行われる。ダリアは2021年3月に宝塚市の新たな市花にも選定された。

園内では300種の
ダリアを見られる。
気に入った花を一本100
円で「花摘み」も可能

▦ D A T A ＆ A C C E S S

☎0797-91-0003(開園中) 🏠兵庫県宝塚市上佐曽利大垣内16-1 🕐9:00〜16:00(最終入園は〜15:30) 🈳開園中は無休 🈷200円、小学生100円 🚃JR武田尾駅から阪急バスで上佐曽利下車、徒歩1分 🅿あり

⬆色や形、大きさも様々なダリア

花釣りブース

10月開催の「ダリア花まつり」

10月中旬開催の花まつりのイベントのひとつ。割り箸を釣竿に見立てて「花釣り」。家に持ち帰って水に浮かべると長持ちする。

ダリア

上佐曽利地区は市内のなかでも気温が低くダリア栽培に適した地。切り花出荷も盛ん

ユリ

ユリ

FLOWER DATA
分類：ユリ科ユリ属
原産地：北半球
別名：リリー
開花期：5〜8月

世界中の品種と出会える
北の大地に広がるユリの園

ゆりの郷こしみず リリーパーク

ゆりのさとこしみずリリーパーク

北海道小清水町 ◆ ユリ7月中旬〜9月上旬

　「ゆりのまち」として知られる北海道・小清水町。その丘陵部に広がる約13haの園地に世界中から集められた約700万輪のユリが北の大地を色鮮やかに染める。100種以上が揃い、7月中旬の早咲き品種から8月下旬の遅咲き品種まで長い期間楽しめるのも魅力。いつ訪れてもさまざまな色と形のユリが甘い香りを放ちながら咲き競う景色を堪能できる。

DATA & ACCESS

☎0152-62-2903 📍北海道斜里郡小清水町元町2-643-2 🕐9:00〜17:00(8月下旬以降は〜16:00) 休無休 💴600円 🚃JR浜小清水駅から車で15分 Pあり

⬆エリアごとに分かれた園内は、丘陵地にあるので遠くまで見渡せる

広大な園内は、運転手付き付きカート「リリー号(有料)」での移動で快適

⬇珍しい色の品種に遭遇できる

Sリリーショップ

リリーガーデン

N

●展望台

園内を一望できる展望台もあり、写真映えするスポットが充実している

ゆりの郷こしみずリリーパーク

ユリ

オリエンタル系などの日本の自
生種をはじめとして、世界中の多
彩な品種が集められている

東日本最大級のユリ園
ペットと一緒に散策できる

いいでどんでん平ゆり園

いいでどんでんだいらゆりえん

山形県飯豊町 ◆ ユリ6月中旬～7月中旬

大自然のなか東日本最大規模を誇るユリ園。約7haの敷地で多品種50万輪のユリをはじめ、季節の花々が目を楽しませてくれる。6月上旬から7月中旬の「ゆりまつり」の期間中はレストハウスや花の売店などがオープンし、多くの来園者で賑わいをみせる。園内に流れる音楽を聴きながら、ペットと一緒にユリを観賞できるのも魅力。

☐ D A T A ＆ A C C E S S

☎0238-78-5587 ㊟山形県西置賜郡飯豊町萩生3341 ㊟9:00～17:00 ㊱無休(ゆりまつり期間中) ㊫700円(開花状況により変動あり) ㊤JR萩生駅から徒歩30分 ㋟あり

↑ユリが満開の頃、紫陽花が少しずつ咲きはじめ初夏の装いに

ユリ
大自然と一面に咲くユリ。園内の随所に心洗われる景色が広がる

甘い香りが風に乗って漂う広い園内。年ごとに色や形がさまざまな品種が咲く

↓宿根草のアスチルベが園内を彩る

ゆりの丘

休憩所 ●

R レストハウス

ゆりの小径

ゆりの花里

S 園芸店

ふれあい花壇

● エントランス

ゲート

● 休憩所

ふれあい広場

WC

P

➤ N

◀ 園内にはアジサイや
サルビアも咲く

季節の花と一緒に

イベントも開催

園内には季節の樹木が植えられ、多品種の宿根草も各所で観賞できる。「ゆりまつり」以外の日も多彩なイベントも開催しているのでチェックして出かけたい。

季節を彩る花々

いいでどんでん平ゆり園

293

誇らしく色鮮やかに咲く
園自慢の赤いユリに魅了

可睡ゆりの園

かすいゆりのその

静岡県袋井市 ◆ ユリ 6月上旬～中旬

静岡県袋井市にある徳川家康公ゆかりの寺院・可睡斎（かすいさい）から近く、毎年5月下旬から7月上旬まで期間限定で開園する。見頃は6月上旬から中旬で、世界150余種200万輪のユリが見られ、1番広い黄色のユリエリアをはじめ、赤と白、ピンク・白、5色のユリが観賞できるように丁寧に手入れをしている。ユリ直売所では1鉢500円よりユリ苗を購入できる。

DATA & ACCESS

☎0538-43-4736 所静岡県袋井市久能2990-1 開9:00~17:00 休無休(開園期間は5月下旬~7月上旬) 料1100円(最盛期は1500円。見頃により変動あり)、小中学生400円 交東名高速道・袋井ICから約3.5km、新東名高速道・遠州森町スマートICから約9km Ｐあり

↑園内は周遊散策路が整備されているので5色のユリを見ながらゆっくり散歩できる

↑可憐で甘い香り、品格あるたたずまい

一枚の絵画のような風景。木々の緑と花色がまぶしい。園の中央部に日本庭園

ユリ
黄色いユリがどこまでも広がる。目の覚めるような鮮やかな色合いで芳しい香りがする

ユリ
オレンジ色のスカシユリ。「元気」「歓喜」の花言葉どおり、はつらつと力強い印象

ユリをかたどった交流ホール
坂井平野に育まれたユリ

ゆりの里公園
ゆりのさとこうえん

福井県坂井市 ◆ ユリ 6月中旬~7月上旬

福井県の北部・坂井市に位置する「ゆりの里公園」。その名のとおり見頃には見渡す限り一面にユリの花が咲き、その数は15万輪。ユリと並んでバラなど多彩な季節の花も目にできる。ユリをかたどった交流ホール「ユリーム春江(はるえ)」を中心に農産物直売所も展開。アウトドアスポーツのレンタル、ドッグラン、手ぶらでデイキャンプ、バーベキューもできる。

↻水車は木製で直径4m。公園のランドマーク的存在

花と水と光をテーマに、見頃を迎える6月には夜間のライトアップが開催される

↑ユリの種類は約150種類といわれ、そのうちの15種が日本に自生している

☐ **D A T A ＆ A C C E S S**
☎0776-58-0100 所福井県坂井市春江町石塚21-2-3
時9:00~21:30 休火曜(6月は無休) 料無料 交えちぜん鉄道・西長田ゆりの里から徒歩20分／JR春江駅から車で15分、北陸自動車道・丸岡ICから約10km P あり

満開の優美が続く大輪の花

ボタン
ボタン

FLOWER DATA
分類：ボタン科ボタン属
原産地：中国
別名：フウキグサ、
ハツカグサ、ヒャッカオウ
開花期：4～5月

湖に浮かぶ島に出雲を凝縮
ボタンと高麗人蔘の里

由志園
ゆうしえん

島根県松江市 ◆ボタン 4 月中旬～5月上旬

　島根県東部と鳥取県西部間に広がる日本で5番目に大きな湖「中海」。大根島にある由志園の約1万2000坪の池泉回遊式日本庭園は、四季折々の出雲地方の風景が凝縮された「出雲の國の箱庭」。なかでも4月中旬から5月上旬が見頃の250種類以上のボタンと高麗人蔘の栽培が盛ん。園内には食事処やカフェもあり、高麗人蔘は園内で商品を購入できる。

□ DATA & ACCESS

☎0852-76-2255 ⬛島根県松江市八束町波入1260-2 ⏰10:00～17:00（GWおよび夜間ライトアップ開催期間は時間延長）❎12月30～31日 💰800～1400円（時期やイベントにより変動）🚃JR松江駅から車で25分 🅿あり

⬆庭園の池一面にボタンが浮かぶ「池泉牡丹」（GWのみ）、秋はダリア

⬇5月の庭園はサツキが見頃。ツツジのあとに華やかな表情を届ける

ボタン
庭園は出雲地方の名所を凝縮したつくり。ボタンの見頃は春だが、園内「牡丹の館」では年中観賞可能

通常は17時が閉園だがライトアップ期間中は時間を延長。夜の庭園を堪能

大根島と高麗人蔘

松江藩6代藩主・松平宗衍が栽培を始め後世に伝わる

松江藩6代藩主・松平宗衍が高麗人蔘栽培実験を行ったのが始まり。息子の松江藩7代藩主・治郷の代で頓挫した栽培を復活させ、試行錯誤を経て、文化3年(1807)に松江の古志原で栽培に成功。その後、湖に囲まれた特殊な気候風土に育まれた大根島で栽培されるようになった。

日本海側・島根は積雪もある場所。雪の庭園は出雲の冬景色を表現している

牡丹庭園

牡丹の館

竜渓滝

・雌滝

・お休み処「やまぼうし」

寒牡丹庭園

お休み処「翠柳庵」

R 食事処「紅葉」

築山

料亭「菖蒲」R

R 食事処「禅」

雄滝

R 日本料理「竹りん」

C 茶房「一望」

枯山水庭園

牡丹観音菩薩

牡丹と雲州人蔘の里「人蔘方」・

出入口

➔冬ボタンは藁のコモでオブジェ風

🍴 茶房「一望」

庭園の池泉を一望できるカフェ。オーダー後、豆を焙煎し淹れたコーヒーや、高麗人蔘茶、地元産の牛乳、抹茶、卵などを使用したメニューが揃う。**営休**施設に準じる。

➔庭園内にいるような特等席でくつろぐ

➔コクがある高麗人蔘ソフトクリーム

鎌倉幕府の守り神が鎮座
境内を彩るぼたんの花

鶴岡八幡宮
つるがおかはちまんぐう

神奈川県鎌倉市　◆鎌倉ぼたん3月下旬～4月中旬

　源頼朝によって源氏の氏神、武士の守護神として創建された鶴岡八幡宮。庭園内には多くのぼたんが植えられている。3～4月の春の鎌倉ぼたんが咲く時期は、「神苑ぼたん庭園」(開花期限定)を開園しており、毎年多くの参拝者が遠方から訪れている。参道・段葛(だんかずら)の桜並木や、源平池に咲く桜やピンクと白の蓮も美しい。また、5月には例年、菖蒲祭が行われる。

□ D A T A ＆ A C C E S S

☎0467-22-0315 所神奈川県鎌倉市雪ノ下2-1-31 時6:00～21:00(閉門20:30)、神苑ぼたん庭園10:00～16:30(入園は～16:00) 休無休(神苑ぼたん庭園は開花時期以外休園、2023年は4月中旬までを予定) 料神苑ぼたん庭園500円(時期により異なる) 交JR鎌倉駅から徒歩10分／江ノ電鎌倉駅から徒歩10分 Pあり

↑大石段(おおいしだん)西側に新緑の親子銀杏。昇った正面が本宮

↑開花期限定の回遊式庭園「神苑ぼたん庭園」で鎌倉ぼたんを観賞できる

↑春の鎌倉ぼたんは温かな色合い

和傘と春のぼたん
は古都・鎌倉らし
い光景。日光や雨から
ぼたんをやさしく守る

菖蒲祭

菖蒲やよもぎの香りで
邪気を祓う

古くから不浄をはらい邪気を避ける
とされてきた菖蒲。戦国時代の武将
たちは兜の前立に厄除けとして菖蒲
を束ね、甲冑の模様に用いた。毎年5
月5日に神事を行い舞楽を奉納する。

ボタン
中国牡丹、アメリカ品種、フランス品種を含め500株以上を栽培している

徳川家康公・御祭神
富貴の象徴ボタンの花

上野東照宮
うえのとうしょうぐう

東京都台東区 ◆春ボタン4〜5月、冬ボタン1月〜2月中旬

　東照宮は徳川家康公を神さまとして祀る神社で日光東照宮(栃木県)、久能山東照宮(静岡県)など全国にいくつかあり、上野東照宮には家康公のほか吉宗公、慶喜公が祀られている。ボタンの花でも有名で回遊式日本庭園「ぼたん苑」で栽培されているボタンは冬40品種160株、春110品種500株にも上る。4月上旬から5月上旬は「春のぼたん祭」が開催される。

⬆都会にありながら落ち着いた雰囲気と豊かな花と緑を堪能できる

⬆「カンボタン」は厳寒1〜2月に咲く。霜よけのワラのコモが風情ある

⬆シルクのような大輪の花びら

DATA & ACCESS

📞03-3822-3455(社務所)03-3822-3575(ぼたん苑)
🏠東京都台東区上野公園9-88 🕐参拝9:00〜17:30 ぼたん苑9:00〜17:00 🚫無休 💰1000円(ぼたん苑)、500円(社殿拝観) 🚃東京メトロ千代田線・根津駅から徒歩10分 🅿なし

300

東北有数のボタン名所
初夏に華麗に花開く

長谷ぼたん園
はせぼたんえん

青森県南部町 ◆ボタン:5月中旬~下旬

県立自然公園名久井岳の中腹に位置する長谷ぼたん園は、毎年5月中旬から下旬にかけてボタンが咲き、北東北に初夏の訪れを告げる。ぼたん園と隣接する寺院の総本山はボタンの寺としても有名な奈良の長谷寺。同寺からボタンの苗を譲り受け植栽をしたことが、ほたん園の始まり。その後は町おこしの一環として町民たちの手で大切に育てられている。

■ D A T A ＆ A C C E S S

☎0178-38-5965(南部町商工観光課) 所青森県三戸郡南部町大向字長谷3 時8:30~17:00 休無休 料500円 交八戸自動車道・南郷ICから約20km Pあり

↑同園には130種類、約8000本のボタンが初夏に花開く

↓さまざまな色や大きさのボタンが咲く散策路。同園は山の中腹にあるため眺望もまたいい

ボタン
一面に咲くボタンの花々と緑の景色が美しい。心ゆくまで自然を満喫したい

アジサイ

アジサイ

日本の初夏を彩る七変化

FLOWER DATA

分類：ユキノシタ科
アジサイ属
原産地：日本・東アジア
別名：シチヘンゲ・ヨヒラ
開花期：5〜7月

仙石原の豊かな景色に溶け込む
優美なガラスと花の世界

⬆庭園内に咲く、約200種300株のバラ

箱根ガラスの森美術館

はこねガラスのもりびじゅつかん

神奈川県箱根町 ◆アジサイ 5月下旬〜7月下旬

　箱根にある日本初のヴェネチアングラス専門の美術館。美しいガラス細工に加え、緑豊かな仙石原を望む庭園ではアジサイやバラなど四季の花が訪問客を出迎えてくれる。花とともに見どころなのが植物をモチーフにしたクリスタルガラスのオブジェ。春のしだれ桜や秋のススキなどガラスと植物の共演という素晴らしいシーンに魅了させられる。

◻ D A T A ＆ A C C E S S

📞0460-86-3111 ⚑神奈川県足柄下郡箱根町仙石原940-48 🕐10:00〜17:30(入館は〜17:00) 🏠成人の日翌日から11日間 💴1800円 🚗東名高速道路・御殿場ICから約12km Ｐあり

誓いの鐘
紅葉の小径
あじさい庭園
●アチェロ
Ｓミュージアム・ショップ館
体験工房
サンドブラスト
バラの庭園
●現代ガラス美術館
●体験工房ベトロ
ガラスの
バラ庭園
Ｃカフェレストラン
ラ・カンツォーネ
ヴェネチアン・
グラス美術館
光の回廊
「コッリドイヨ」
●パラッツォ・ドゥカーレ・シャンデリア
■出口
クリスタルロード
入口

↑イタリアの水の都・ヴェネチアをイメージ
右奥はクリスタルガラスの「光の回廊」

7万㎡の緑豊
かな庭園から
箱根の山々
が望める

アジサイ

夏の訪れを感じさせるアジサ
イ。同館では早咲き、遅咲き
のものを含めて約70種類、
4500株のアジサイが咲く

霧けぶるスギ斜面に広がる
青い花手まりたちの幻想光景

花園あじさい園
はなぞのあじさいえん

和歌山県かつらぎ町 ◆ アジサイ7月中旬〜8月中旬

　山岳道路・高野龍神スカイライン沿い
のドライブインにある花園。7月から8月
にかけて、約3500株ものアジサイが咲く。
標高1040mという高所のため夏の気配の
なか涼しげな花を見られる。霧の出る場
所で、幻想的な情景に遭遇することも。
ドライブインではアジサイグッズを販売
するほか、アマゴや猪肉などのグルメも
味わえる。

◆霧にけぶるスギとアジサイの取り合わせは水彩画の世界。写真に収めたい光景だ

□ D A T A & A C C E S S

☎0737-26-0888 所和歌山県伊都郡かつらぎ町花
園久木364-26 時9:30〜16:30 休12〜3月頃(営業期
間中は無休) 料200円(開花時期以外は無料) 交阪
和自動車道・松原ICから約83km Pあり

ドライブインの「花
手水」は夏に冷涼
感をくれる。花色のさわ
やかさがひときわ輝く

🛍ドライブイン
ドライブインでは、アジサイ色
のハンドソープや、アジサイ柄
の文具、本物のアジサイを使っ
た"イヤーカフ"なども販売。
時休施設に準じる

◆園内に咲くマ
ムシグサは葉が
2枚なのが特徴

**本日も出勤中
和みのモフモフ**

ドライブインの看板犬「チビ」。
14歳近いが不定期での出勤は
欠かさない。優しい表情にモフ
モフしたくなる。

⬆スカイラインを進むとアジサイが出迎えてくれる

アジサイ

すらりと伸びたスギの斜面の
足元をアジサイが覆う。高さと
広がりのコントラストが高野山
らしい神秘さを演出する

2株が1万株、30万輪に
あじさいおばーの夢の花園

よへなあじさい園

よへなあじさいえん

沖縄県本部町 ◆ アジサイ5月中旬～6月下旬

アジサイ

2株が今では1万株に。40種類のアジサイが広い農園中に咲く。園内にはカフェもあり散策途中に立ち寄れる

　もともとはミカンやうっちん(ウコン)を栽培する農園に、饒平名ウトさんが2株のアジサイを植えたのが始まり。コツコツ世話をして気づくと2株は1万株、30万輪になり農園は一大アジサイ園になった。ウトさんは平成30年(2018)に100歳で亡くなるまで園主を務め、持続することの大切さも伝え残す。約100種ほどの亜熱帯植物も園内を彩る。

DATA & ACCESS

☎0980-47-2183 ⊕沖縄県国頭郡本部町伊豆味1312
⊕5月中旬～6月下旬頃の9:00～18:30(カフェは9:00～17:00) ⊕シーズン中は無休 ⊕500円、小中学生200円 ⊗沖縄自動車道・許田ICから約20km ⊕あり

↑あじさい園の敷地内にあるcafeあじさいの家

傾斜地にパノラマ状に植えられているアジサイを観賞しながらの散策しよう

日本海の絶景を望む高台に
白いアジサイが多いわけ

大王あじさい園
たいおうあじさいえん

新潟県糸魚川市 ◆アジサイ6月中旬~下旬

⬆アジサイ園は個人宅の裏山なので、マナーを守って見学したい

　個人の庭園を無料開放しているもので、白いアジサイが多いのは、地主の故・大王武さんが好きだったことから。大王さんの亡きあとは親戚や近所の人たちが「守る会」を結成し、維持・管理をしている。日本海の壮大な水平線と地域のシンボルである弁天岩を花越しに見晴らせる絶好のロケーションで、1000㎡の敷地に35種類約1500株が植えられている。

DATA ＆ ACCESS

🏠新潟県糸魚川市能生7231 🕐休料見学自由(私有地のため要配慮) 🚃えちごトキめき鉄道日本海ひすいライン・能生駅から徒歩15分 🅿️あり

⬆白のアジサイが多いので紅白のコラボが実現する光景も見られる

道の駅の敷地内を埋め尽くす
想像以上の1万株のアジサイ

道の駅 しらとりの郷・羽曳野

みちのえき しらとりのさと・はびきの

大阪府羽曳野市 ◆ アジサイ 5月中旬～7月上旬

　年間100万人が訪れる大阪府内で人気を誇る道の駅。駐車場の入口周辺や歩道の両サイド、道の駅の裏手に広がる斜面や広場に青やピンク、紫のグラデーションが美しいセイヨウアジサイ、可憐なガクアジサイなど約1万株のアジサイが植えられていて壮観。しらとりの郷・羽曳野では特産品や加工品、地元の農産物などを販売。バーベキュー広場も備えている。

↑敷地内の遊歩道沿いに桜が咲き休憩もできる

DATA & ACCESS

☎072-957-6900(総合棟) 所大阪府羽曳野市埴生野975-3 営9:30～18:00 休木曜 料無料 交南阪奈道路・羽曳野ICから約2.5km Pあり

↑北米原種の白いアジサイ「アナベル」は6月上旬～7月上旬が見頃

↑敷地内ではデイキャンプ(日帰りバーベキュー)が可能で遊具なども充実

アジサイ
およそ1カ月、高台の斜面いっぱいに鮮やかな色あいのアジサイが咲く

庭木の代表格としての気品

ツツジ

ツツジ

FLOWER DATA

分類：ツツジ科ツツジ属
原産地：日本、東アジア
別名：アザレア
開花期：4～6月

"玉仕立て"という
丸く刈り込んだスタ
イルの大小のツツジが
植えられている

箱根屈指のクラシカルリゾート
次世代に残す園芸文化遺産

小田急 山のホテル

おだきゅう やまのホテル

神奈川県箱根町 ◆ツツジ4～5月中旬

ツツジ

ホテルの庭園に立つと、晴れ
た日には富士山が見える。色
鮮やかなツツジと富士山のコ
ラボは息をのむような美しさ

　箱根・芦ノ湖畔に建つ、ヨーロッパの古
城のようなホテル。その建物を彩るのは
84品種約3000株のツツジ。4万5000坪
もの敷地内にある広大な庭園には、江戸
時代に作られた古品種のツツジや日本で
最初に輸入されたと伝わる西洋シャクナ
ゲが咲き、車いすでの移動もスムーズな
スロープを配置。ローズガーデンではガ
ゼボの周囲をバラが彩る。

□ **D A T A ＆ A C C E S S**

☎0460-83-6321 ⓐ神奈川県足柄下郡箱根町元箱
根80 ⓣ9:00～17:00(つつじ・しゃくなげフェア開催
時) ⓗ無休 ⓨ1000円(ツツジ開花中のみ) ⓐ箱根登
山バスで元箱根港下車、徒歩15分 Ⓟあり

園内の
施設

🍴 山のホテル別館
「サロン・ド・テ ロザージュ」

ホテル別館の芦ノ湖畔にあるデザートレストラン。1階
テラスでは目の前を箱根海賊船が横切っていくロケ
ーションで、紅茶やスイーツが味わえる。2階はオリジ
ナルティーカップ＆ソーサーなど厳選されたグッズを
扱う「プレミアムショップ ロザージュ」。

🍴 ロザー
ジュ伝統の
あつあつり
んごパイ

◆6月と10月に見頃のローズガーデンのバラ

じゃくなげ園

しゃくなげ園出口

しゃくなげ園入口

マメザクラ

藤棚

サンショウバラ

富士見の丘

チャベル

「見南山荘」の石碑

三本杉

ホテル正面玄関

H 山のホテル本館

ローズガーデン P

芝生広場

西脇呉石氏の碑石

日時計

紅葉の小径

ゴヨウツツジ

アジサイ

芦ノ湖

駒ヶ岳山麓を背景

男爵が愛した庭とツツジ

ホテルが建つ敷地は三菱の創始者・岩崎彌太郎の甥で、4代目社長の岩崎小彌太男爵の別邸があった場所。5月にはツツジ、シャクナゲに彩られ駒ヶ岳山麓、富士山を見られる日本庭園は、「次世代に残す園芸文化遺産 ナショナルコレクション」に認定。箱根ならではの華麗な物語が今も残る。

ツツジ
純和風の旅館の建物を彩るツツジ。庭園は宿泊者でなくても自由に散策できる

大正時代に造られた名園を彩る
春のツツジと秋の紅葉

箱根小涌園 蓬萊園
はこねこわきえん ほうらいえん

神奈川県箱根町 ◆ツツジ 5月上旬〜中旬

初夏から夏はさわやかな緑の庭園に。秋を迎えるとモミジが彩る紅葉の名所に

　明治16年(1883)創業の老舗、三河屋旅館の庭園。建物と庭園との眺めが味わい深い。約5000坪の広さに、霧島ツツジ、ヤマツツジなど約40種3万株が植えられている。大正時代に東京の大久保から移植したものをはじめとして、現在では希少種とされるものも多い。春の開花時はツツジの名所として、秋は紅葉の名所として多くの人を集める名園。

唐破風の屋根

文人墨客が愛した名宿
竹久夢二や孫文など多くの文人墨客が逗留した特別室からは蓬萊園が見える。玄関は唐破風の屋根が特徴。悠久の歴史を感じさせるたたずまいが箱根の名宿らしさを物語る。

□ D A T A ＆ A C C E S S

☎0465-43-8541 ⬛神奈川県足柄下郡箱根町小涌谷503 ⬛見学自由 ⬛箱根登山バス／伊豆箱根バスで蓬莱園下車、徒歩1分 ⬛なし

⬆園内に枝を広げるしだれ桜

山肌を桃色に染める花の大群
北九十九島の絶景との対比を堪能

長串山公園
なぐしやまこうえん

長崎県佐世保市 ◆ ツツジ 4月上旬〜下旬

夕焼けの赤い光に包まれてツツジが燃えるように見える日没時も体験したい

昭和44年(1969)開催の長崎国体を記念して、町が長串山にツツジを植えたのが始まり。地元生まれの久留米ツツジと平戸ツツジが中心で、10万本が咲き揃う。長串山は北九十九島を一望できる人気眺望スポット。ツツジとの相乗効果で評判を呼び、近年特に人気を博している。最大の見どころは南斜面の大群落。4月上旬から下旬にかけては「つつじ祭り」で賑わう。

DATA & ACCESS
📞0956-77-4111(合同会社西海観光企画) 所長崎県佐世保市鹿町町長串174-12 営9:00〜17:00 休無休 料無料(つつじ祭り期間は500円、中高生250円) 交西九州自動車道・佐々ICから約17km Pあり

↑「ちびっこ広場」にある全長100mのすべり台を、北九十九島を眺めながら爽快に滑り降りる

↑山全体がピンク色に染まる長串山。明るい春の訪れを感じる

ツツジ
長串山からの北九十九島の眺めが放つ爽快さを、ツツジのピンクがさらに強調する

313

中之条ガーデンズ

なかのじょうガーデンズ

群馬県
中之条町

◆ バラ 5月下旬〜6月中旬、10月

五感で楽しめる美しいバラの芸術

趣向を凝らした7つの庭とファームエリアで構成される花の庭園。約400種1000本のバラが和風など、雰囲気の異なる7つのセクションで構成されている。

DATA & ACCESS
☎0279-75-7111 ㉑群馬県吾妻郡中之条町折田2411 ㉖9:00〜17:00(最終入園は16:30)、12〜2月 9:00〜16:00(最終入園は15:30) ㉡無休 ㉣300〜1000円(変動制) ㉤JR中之条駅から車で10分 Ｐあり

⬆左右にバラが彩られた絵画のような庭園

下仁田あじさい園

しもにたあじさいえん

群馬県
下仁田町

◆ アジサイ 6月上旬〜7月上旬

小高い丘を彩る関東有数のアジサイ園

アジサイが見頃を迎える6月上旬〜7月上旬に開園。約3haの敷地に2万株のアジサイが咲く関東有数のスポット。夏のサルスベリも見応えがある。

DATA & ACCESS
☎0274-67-7500(下仁田町観光協会) ㉑群馬県甘楽郡下仁田町馬山1471-1 ㉖9:00〜17:00 ㉡無休(6月上旬〜7月上旬の開花期間中) ㉣協力金300円、小学生100円 ㉤上信越自動車道・下仁田ICから約1.2km Ｐあり

⬆さまざまな種類のアジサイが咲く。高台からは周囲の景色も楽しめる

藤公園

ふじこうえん

岡山県
和気町

◆ 藤 4月下旬〜5月上旬

全国の藤が集う美しき公園

全国各地から100種類ほどの藤が集められた、種類の多さでは全国トップクラスの公園。総延長500mの藤棚には花の房が1mもある藤や白い藤もある。

DATA & ACCESS
☎0869-93-1126(和気町産業振興課) ㉑岡山県和気郡和気町藤野1893 ㉖8:00〜21:00(藤まつり期間18:00頃〜ライトアップ) ㉡無休 ㉣藤まつり期間中は300円、小中学生150円 ㉤山陽自動車道・和気ICから約7km Ｐあり

⬆晩春の美しい風景。藤が見頃の時期に藤まつりを開催する

国営讃岐まんのう公園

こくえいさぬきまんのうこうえん

香川県
まんのう町

◆ ネモフィラ 4月中旬

丘一面に広がるネモフィラの花

名勝満濃池のほとりに広がる国営公園。ネモフィラは、「花巡りの丘」など3カ所に点在。「花竜の道」では色鮮やかなチューリップとスカイブルーの競演が楽しめる。

DATA & ACCESS
☎0877-79-1700 ㉑香川県仲多度郡まんのう町吉野4243-12 ㉖9:30〜17:00(季節により異なる) ㉡火曜(祝日の場合は翌日)GW、春・夏休み期間は無休) ㉣450円(15歳以上)、210円(65歳以上) ㉤JR琴平駅から車で15分 Ｐあり

⬆青空の下で映えるネモフィラ(花巡りの丘)

鈴鹿の森庭園
すずかのもりていえん
◆ 梅 2月中旬～3月下旬

三重県
鈴鹿市

しだれ梅の名木が競演

梅の開花する時期だけ一般公開する研究栽培農園。日本最古の呉服しだれ梅といわれる「天の龍」と「地の龍」は圧巻。開花に合わせて夜間ライトアップも行う。

DATA & ACCESS ☎059-371-1777 ㊟三重県鈴鹿市山本町151-2 ㊞9:00～16:00(開花時は～20:30) ㊡無休 ㊠700～1700円、小学生350～850円(開花状況により変動あり) ㊍近鉄・菰野駅から車で25分 ㋟あり

⬆日本全国から集められたしだれ梅の名木が揃う

玉水ゆり園
たまみずゆりえん
◆ ユリ 6月上旬～下旬

兵庫県
丹波篠山市

多彩な色で心華やぐユリの楽園

およそ1.5haの園内に早咲きから遅咲きまで開花時期の異なる60種類10万本のユリの花が色鮮やかに咲く。開園期間は6月～7月上旬。

DATA & ACCESS ☎079-552-6316 ㊟兵庫県丹波篠山市黒岡207-1 ㊞8:00～17:00(受付16:00) ㊡無休(6月～7月上旬の開花期間中) ㊠800円、子供400円 ㊍JR篠山口駅から神姫バスで13分、二階町下車、徒歩5分 ㋟あり

⬆早咲き・中咲き・遅咲きの花が順次咲いていく色彩豊かなユリたち

河西ぼたん園
かわにしぼたんえん
◆ ボタン 6月

北海道
北見市

北国を鮮やかに美しく染める牡丹の花

香川県から入植した河西貴一氏によって昭和3年(1928年)に開園。北見市街地にある歴史ある庭園には初夏になると約500株のボタンが咲き誇る。

DATA & ACCESS ☎0157-33-1324(カフェ遊木民族) ㊟北海道北見市花月町2 ㊞9:00～16:00 ㊡無休(開園は5月中旬～9月初旬 ※来園前に要確認) ㊠200円 ㊍JR北見駅から車で10分 ㋟あり

⬆札幌以北では栽培が難しいとされたボタンを見事に繋ぎ育てている

ひるぜんジャージーランド
ひるぜんじゃーじーらんど
◆ コスモス 10月中旬～下旬

岡山県
真庭市

秋の高原に咲く10万本のコスモス

上蒜山のすそ野に広がるひるぜんジャージーランド。ジャージー牛が放牧される北側の牧草地にあるコスモス畑に約10万本のコスモスが咲き誇る。

DATA & ACCESS ☎0867-66-7011 ㊟岡山県真庭市蒜山中福田956-222 ㊞9:30～16:30(12月～3月中旬は10:00～16:00) ㊡無休(1・2月は火・水曜) ㊠無料 ㊍米子自動車道・蒜山ICから約9km ㋟あり

⬆一面に咲く可憐なコスモスの花々は、高原の美しい秋を演出

黒川ダリヤ園

くろかわダリヤえん

◆ ダリア 9月中旬～11月上旬

兵庫県
川西市

震災をきっかけに生まれた「ダリヤ」の縁

平成17年（2005）オープン。山形県の川西ダリヤ園から279株のダリアを譲り受けたことから始まった。多様なダリアを1枚の写真に収められると好評だ。

DATA & ACCESS
☎072-702-7830 ⓐ兵庫県川西市黒川落合389 ⓣ9:00～16:00 ⓗ無休 ⓨ300円、中学生以下無料 ⓧ能勢電鉄・妙見口駅から阪急バス・奥田橋方面行きで5分、黒川下車、徒歩20分（日曜、祝日はダリヤ園行きバス運行あり）Ⓟあり

↑涼しい気候のもと、美しくカラフルな花々が咲き広がる

小貝川ふれあい公園

こかいがわふれあいこうえん

◆ ポピー 5月中旬～6月上旬

茨城県
下妻市

ポピーと筑波山の絵画的風景に魅了

5月に見頃を迎える200万本のポピーが筑波山とコラボレーションした美しい風景が見られる。その姿を写真に収めようと早朝からカメラマンが集まる。

DATA & ACCESS
☎0296-45-0200（小貝川ふれあい公園ネイチャーセンター）ⓐ茨城県下妻市堀篭1650-1 ⓗⓨ見学自由（フラワーゾーン）ⓧ関東鉄道常総線・下妻駅から関鉄パープルバスで10分、比毛下車、徒歩5分 Ⓟあり

↑早朝に現れるポピーと筑波山から昇る朝陽の幻想的な風景

みさと芝桜公園

みさとしばざくらこうえん

◆ 芝桜 4月上旬～5月上旬

群馬県
高崎市

丘に広がる華やかな織姫の羽衣

赤・白・ピンクのグラデーションが美しい芝桜の花畑は「織姫が置き忘れた桜色の羽衣」をイメージしデザインされたもの。菜の花も加わってより華やかさが増す。

DATA & ACCESS
☎027-371-9065（高崎市箕郷支所産業課）ⓐ群馬県高崎市箕郷町松之沢12-1 ⓣ9:00～16:00（受付は～15:30）ⓗ無休 ⓨ310円、小学生100円（芝桜まつり期間中）ⓧ関越自動車道・前橋ICから約13km Ⓟあり

↑丘全体を覆うように26万株の芝桜が咲き、ほのかな香りを漂わせる

禎瑞の芝桜

ていずいのしばざくら

◆ 芝桜 4月上旬～中旬

愛媛県
西条市

愛媛県の芝桜の名所、春を彩る花

西条市禎瑞の土手を色とりどりの芝桜が埋め尽くす。少し歩くと芝桜の色が変わり、カラフルな芝桜のグラデーションを見ることが出来る。

DATA & ACCESS
☎0897-56-2605 ⓐ愛媛県西条市禎瑞 ⓣ ⓗ ⓨ見学自由 ⓧJR伊予西条駅またはJR壬生川駅から車で15分 Ⓟなし

↑近づくとほのかに甘い香りが漂う芝桜が一面に広がっている

るるパーク（大分農業文化公園）

るるパーク（おおいたのうぎょうぶんかこうえん）
◆ コキア 7月中旬～10月下旬 など

季節ごとに変わる景色を楽しめる

約5000㎡の敷地に、春は鮮やかなネモフィラ、夏は緑のコキアが広がり、秋になると真っ赤に表情を変える。一面を埋め尽くす絶景に出会える。

DATA & ACCESS ☎0977-28-7111 ⑰大分県杵築市山香町日指1-1 ⑨9:30～17:00（7～8月は～18:00、12～2月は～16:00）㉂火曜（4・10月は無休）⑭無料 ㉄JR中山香駅から車で20分 ℗あり

⬆日指ダムを臨む緑豊かな園内。コキアに彩られた季節のようす

火の山公園

ひのやまこうえん
◆ チューリップ 4月上旬～中旬

関門海峡を望むチューリップ庭園

標高268mの火の山山頂にある公園。火の山公園トルコチューリップ園の約4万本のチューリップと桜が同時期に咲き、関門海峡の絶景とともに楽しめる。

DATA & ACCESS ☎083-231-1933（下関市公園緑地課）⑰山口県下関市みもすそ川町 ㉆㉂見学自由 ㉄中国自動車道・下関ICから約3.5km ℗あり

⬆姉妹都市トルコ・イスタンブールから球根の寄贈を受け整備された公園

河津バガテル公園

かわづバガテルこうえん
◆ バラ 4月下旬～11月下旬

気品あふれる香りが漂うバラの庭園

パリ市にある「パリ・バガテル公園」の姉妹園として平成13年（2001）に開園。ローズガーデンでは1100品種、約6000株のバラが春と秋の年2回、花を咲かせる。

DATA & ACCESS ☎0558-34-2200 ⑰静岡県賀茂郡河津町峰1073 ⑨9:30～16:30 ㉂木曜（フラワーシーズンは無休）⑭1200円 ㉄JR河津駅から車で10分 ℗あり

⬆18世紀のパリをイメージして造られたフランス庭園式バラ園

佐倉ふるさと広場

さくらふるさとひろば
◆ チューリップ 3月下旬～4月中旬

オランダ風車がシンボルの公園

印旛沼と田園ののどかな風景に囲まれた憩いのスポット。春には関東最大級の約100種65万本のチューリップが開花する。

DATA & ACCESS ☎043-486-6000 ⑰千葉県佐倉市臼井田2714 ⑨9:00～17:00 ㉂無休（チューリップフェスタ期間中は1000円／1台）⑭無料 ㉄京成佐倉駅から佐倉コミュニティバスで10分、佐倉ふるさと広場下車すぐ ℗あり

⬆3月下旬～4月中旬にかけて佐倉チューリップフェスタが開催される

南楽園
なんらくえん
◆ 菖蒲 5月下旬～6月中旬

愛媛県
宇和島市

豪華絢爛に咲く四国最大級の日本庭園

池のほとりを歩いて散策できる面積約15万㎡の池泉回遊式日本庭園で、梅や桜、ツツジ、寒椿など四季折々の花を園内で楽しめる。

DATA & ACCESS ☎0895-32-3344 ㊅愛媛県宇和島市津島町近家甲1813 ㊀9:00～17:00 ㊡12月29日～1月1日 ㊉310円 ㊱JR宇和島駅から福浦行バスで40分、南楽園前下車すぐ ㋿あり

↑色とりどりの花菖蒲が日本庭園を鮮やかに飾る

花のじゅうたん
はなのじゅうたん
◆ 芝桜 4月中旬～5月上旬

兵庫県
三田市

地面いっぱいに広がる芝桜の花園

永沢寺に隣接する全国でも数少ない芝桜専門庭園。ペットも入園でき、ゆるやかな丘の畑いっぱいに1億輪もの芝桜が咲き誇る景色を一緒に楽しめる。

DATA & ACCESS ☎079-566-0446 ㊅兵庫県三田市永沢寺170 ㊀8:00～17:00(土・日曜、祝日は～18:00) ㊡無休 ㊉600円(小人300円) ㊱JR三田駅から車で25分 ㋿あり

↑地面が全く見えないほど密集した芝桜の様子は圧巻

みちのくあじさい園
みちのくあじさいえん
◆ アジサイ 6月下旬～7月下旬

岩手県
一関市

アジサイづくしの桃源郷

広大な杉林を約4万株のアジサイが彩る名所。400種もの多彩なアジサイが咲き誇り、3種類の散策路からはそれぞれ花の種類や見える景色が異なる。

DATA & ACCESS ☎0191-28-2349 ㊅岩手県一関市舞川原沢111 ㊀6月下旬～7月下旬8:00～17:00 ㊡期間中無休 ㊉1000円 ㊱東北自動車道・一関ICから約15km ㋿あり

↑池全体に咲き誇るアジサイの姿は数日間しか見られない

いなべ市農業公園
いなべしのうぎょうこうえん
◆ 梅 2月下旬～3月下旬

三重県
いなべ市

優美な梅香に包まれたピンク色の公園

約100種類、4000本以上の梅の花が咲き誇る東海エリア最大級の梅園。3月上旬から下旬にかけて、「梅まつり」も開催される。

DATA & ACCESS ☎0594-46-8377 ㊅三重県いなべ市藤原町鼎717 ㊀9:00～16:00 ㊡季節により変更 ㊉500円 ㊱東海環状自動車道・大安ICから約18km ㋿あり

↑展望台から紅、白、ピンク色のパッチワークのような景色を楽しめる

英国さながらの別世界に迷い込む

イングリッシュガーデン

英国式庭園の最上級の美と
「バラ色の暮し」を提案

蓼科高原 バラクラ イングリッシュ ガーデン

たてしなこうげん バラクラ イングリッシュ ガーデン

長野県茅野市 ◆ 通年

　長野県茅野市にある蓼科高原は八ヶ岳を望む美しい場所。平成2年(1990)初夏、英国園芸界最高水準の協力者を得て、日本初の英国庭園をオーナーでガーデンデザイナーのケイ山田氏が開園。約1万㎡の地は世界のイングリッシュガーデンとして定着し同氏が提唱する「バラ色の暮し」そのものがガーデンに点在。人と自然の豊かな共存の形を知る場所でもある。

▢ D A T A ＆ A C C E S S

☎0266-77-2019 ⑩長野県茅野市北山栗平5047 ⑲9：00〜18：00(季節により異なる) ⑭無休 ⑭入園800円 ※季節により変動あり ⊗JR茅野駅から北八ヶ岳ロープウェイ行きバスで25分、栗平下車すぐ ⑫あり

↑英国式庭園のひとつとして、英国の権威ある専門書にも登場

約1万㎡の敷地は
開園当初英国から
移植の草花をはじ
め多彩な花が咲く

初夏のガーデンを彩るのはハイドランジアアナベル。真っ白で大輪のアジサイが訪れる人を和ませる

英国を思わせる湖水の空間
ローズが優雅な世界を展開

軽井沢レイクガーデン

かるいざわレイクガーデン

長野県軽井沢町 ◆ 4月下旬〜11月上旬

豊かな水をたたえる湖を中心に、8つの趣あるガーデンエリアを展開。約1万坪のナチュラルガーデンの見どころは、6・7月に見頃を迎えるローズガーデン。イングリッシュローズををはじめ、オールドローズなど色や種類ともに豊富なバラがさまざまな表情で訪れる人を魅了する。敷地内には英国風のホテル、レストランやショップも充実し、ゆったり過ごせる。

DATA & ACCESS

☎0267-48-1608 所長野県北佐久郡軽井沢町レイクニュータウン 開9:00〜17:00(水曜は〜16:00)※最終入園は各30分前 休4月下旬〜11月上旬開園、期間中無休 料入園1000円(ローズシーズン6月中旬頃〜7月中旬頃は1500円) 交上信越自動車道・碓氷軽井沢ICから約7.5km Pあり

フレンチローズガーデン。湖に架けられているめがね橋が、ガーデンの雰囲気を盛り上げてくれる

↑マナーハウスを彷彿させる建物もあり、英国の雰囲気を演出

香り豊かなイングリッシュローズを中心に、約350種3500株のバラが咲く

↓フレグランスローズパスは、日本最大級のバラの小径

↑古城跡を感じさせる雰囲気。草花に飾られた噴水が庭園へ出迎えてくれる

↪シーズンパスポートもあり何度でも訪れたい場所

アウトドアアクティビティが充実
年間およそ500種類の花が咲く

清水公園花
ファンタジア

しみずこうえんはなファンタジア

千葉県野田市 ◆ 春3〜6月/秋9〜1月

　千葉県野田市の広大な敷地に、日本最大規模のフィールドアスレチックがある清水公園。キャンプやバーベキューもできる施設を備えた首都圏のアウトドアスポットとして人気。花ファンタジアではおよそ500種類の花が春と秋に見頃を迎える。春はネモフィラ、バラ、なかでも秋に紅葉するコキアの情景は圧巻。ペットと一緒に散策できるのもいい。

ＤＡＴＡ ＆ ＡＣＣＥＳＳ

☎04-7125-3030 所千葉県野田市清水906 開9:00〜17:00(時期により変動) 休年末年始 料800円(時期によって変動) 交常磐自動車道・流山ICまたは柏ICから約11.5km Pあり

↑見渡す限り真っ赤に紅葉したコキア。別名はホウキグサ

バラ

ローズガーデンとイングリッシュガーデンの2カ所でバラが植栽され、その数は約200種類、1300株に及ぶ

↑園のランドマーク「グラスハウス」の目の前にネモフィラ

花ファンタジアでは夏から秋にかけてマリーゴールド、ケイトウ、コキアなどが咲く

N

イングリッシュガーデン

ローズガーデン

ミモザ

アジサイ

パンジー

ネモフィラ

マリーゴールド

コキア

ボタン

藤棚

バラ

cafe るぴなす

スイレン

グラスハウス

コスモス

WC

WC

WC

↻秋はコスモスが涼しい風に乗って花を揺らす

325

スコットランドの城を移築
群馬・高山村に迷宮の庭園

ウィリアムズ ガーデン
ウィリアムズ ガーデン

群馬県高山村 ◆ 通年

日本ロマンチック街道・国道145号沿いに建つ古城。1829年に英国スコットランドに建てられたウィリアム・ロックハートの城を、気候や風土がとても似ていると称される高山村に移築し復元した。城内敷地にあるのが「ウィリアムズ ガーデン」。イギリス王室にゆかりのあるバラやしつらえが洗練されている。5つのテーマに分かれるガーデンに時空を超えて迷いこみたい。

⬆季節の花々が咲く園内。5つのテーマでガーデンを演出

⬆タイムトラベルしているような撮影スポットも点在

DATA & ACCESS
📞0279-63-2101 🏠群馬県吾妻郡高山村5583-1 🕐9:00~17:00 休無休 料1100円 交関越自動車道・沼田ICから約11km Pあり

園路　　生垣　　湿地の池
アヒルの家　　　　　ガゼボ
水辺の庭　　　　ガゼボ
　　　緑のラビリンス　　オークの森
中庭　レンガウォール　　　　緑の迷路
　　　　生垣　　緑のトンネル　花の小径
石垣　エントランス
レンガアーチ　　園路
N

緑豊かな広大な園内。中世ヨーロッパにタイムスリップしたかのような感覚になる

ヨーロッパの城を移築・復元したのは高山村がはじめて

「コテージガーデン」はイギリスの田舎家をイメージしたナチュラルな雰囲気

テラスガーデンからナチュラルガーデンの花に囲まれた景色

人気ガーデナーが手がける
28のテーマで個性ある庭

ガーデニング ミュージアム 花遊庭

ガーデニングミュージアム かゆうてい

愛知県豊田市 ◆ 通年

　1300坪の敷地は、人気ガーデナーの天野麻里絵氏がメンテナンスに携わる28のテーマガーデンで構成。イングリッシュガーデンや現代感覚の和庭をはじめ、デザインに池や滝を取り入れることで、庭を「見る」だけでなく、「過ごす」ことをコンセプトにし、併せたライフスタイルを提案している。園内はレストランやガーデンサロンなども併設している。

DATA & ACCESS

☎0565-24-7600 ㉛愛知県豊田市大林町1-3-3
㈺10:00～17:00 ㉅火曜(4・5・11月は無休) ㉓4・5月500円、3・6・10・11月400円、7・8・9・12月300円、1・2月200円、小中学生は大人の半額 ㉟名鉄土橋駅から徒歩20分 Ｐあり

❶ツリーハウスからの眺めは格別

❶ゆるやかなカーブの小径を散策

地図
ここはな
茶室
入口
東屋
ゲストハウス　テラス　ツリーハウス
テラスガーデン
セダムガーデン　楽庭ガーデン
イングリッシュホワイトガーデン　コテージガーデン
チャペル　コテージハウス
出口
グラスガーデン
ローズガーデン

327

国際的な庭園賞を受賞
日本有数のバラが主役の庭

横浜イングリッシュ
ガーデン

よこはまイングリッシュガーデン

神奈川県横浜市　◆ 通年

↑バラ「禅」。日本作出
のバラも多く見られる

国際的な世界バラ会連合会議で「優秀
庭園賞」を受賞するなど日本有数の人気
イングリッシュガーデン。6600㎡の敷地
には約2200品種、2800株のバラが植え
られ、ローズ&ハーブや、ローズ&クレ
マチスなど5つのコンセプトガーデンを展
開。バラが主役の庭でそのセンスを学ん
で帰りたい。

アジサイとカラフル
な傘でデコレート
された園内。梅雨
限定で見学できる

▢ D A T A ＆ A C C E S S

☎045-326-3670 ⓐ神奈川県横浜市西区西平沼町
6-1 tvk ecom park ⓣ10:00〜18:00(最終入園は17時
30分、12〜2月は要HP確認) ⓗ年末年始(メンテナン
ス等による臨時休園あり) ⓨ700〜1500円、小中学
生400〜800円(花の見頃時期や年によって異なる。
イベント時は特別料金あり) ⓧJR横浜駅西口から無
料送迎バスで15分(水曜運休) Pあり

WC

C シーズンズカフェ
S YEGオリジナルSHOP

入口

ローズ&
クレマチスガーデン

ときめきガーデン

ローズ&
グラスガーデン

ローズ&
ペレニアルガーデン

ローズ&
シュラブ
ガーデン

ローズ&
ハーブガーデン

出口

芝生広場

●優秀庭園賞記念碑

> 併設の
> 施設

🍴 ランチ

ギフトショップやカフェも充
実。人気は、エディブルフラ
ワーをあしらったバラ風味
のソフトクリーム。

↑春には30品種以上の桜が咲く

映えポイントとして一番人気のローズトンネル。5月の開花期にはこぼれんばかりにバラが咲く

⬆時期によりバラとアジサイが同時に咲くこともある

➡白バラを中心に、白系の花を集めたガーデンでは、さまざまな"白"を見られる

329

近隣エリア最大級の英国庭園
小谷村の7月はローズの香り

白馬コルチナ・イングリッシュガーデン

はくばコルチナ・イングリッシュガーデン

長野県小谷村 ◆ 5月下旬～10月下旬

イギリス出身のマーク・チャップマン氏が手がけた本格的イングリッシュガーデン

　長野県北部にある小谷村(おたり)は、スノーリゾートとして海外からも多くの観光客が訪れる。同村のホテルグリーンプラザ白馬では「白馬コルチナ・イングリッシュガーデン」を、5月下旬から10月下旬の期間限定で開園。デザインは、英国人ガーデナーのマーク・チャップマン氏によるもので、限りなく原生林を残し自然の景観との調和を配慮。本場イギリスの庭園にいるかのような充実した時間を過ごせる。

DATA & ACCESS

☎0570-097-489(ホテルグリーンプラザ白馬) 所長野県北安曇郡小谷村千国乙12860-1 時9:00～16:00(5月27日～10月9日) 休火・水曜(7月22日～8月31日は無休) 料500円 交JR南小谷駅から送迎バスで20分(予約制無料) Pあり

↑北アルプスの麓にある同園には自然林をそのままに活かしたガーデンがつくられている

↑アジサイをはじめ約900種類、18000株が咲く

◆◆100種500株のバラが
森の気配を感じながら咲く。
自然との調和が魅力的

赤い屋根が特徴のホテ
ルグリーンプラザ白馬の
広い敷地内に、英国式
ガーデンがある

331

幻の花好きは、研究所付属の植物園がねらい目

眼前に咲き乱れる花景色を満喫するのもいいが、めったに見ることのできない幻の花を探し求めるのも、花好きの楽しみのひとつだ。

幻の花といえば、花の高さが3mを超えるショクダイオオコンニャクが代表格だろう。インドネシアから株を移し、数年間連続して開花に成功した筑波実験植物園が有名だ。大きな花なら、直径が1m近くになる東南アジア原産のラフレシアもあるが、こちらは日本で栽培されておらず、京都府立植物園(P158)で標本のみ見ることができる。

絶滅危惧種の花は研究施設が併設する植物園が育てているケースが多く、小石川植物園(P170)が保全活動を行っている小笠原のムニンツツジや、高知県立牧野植物園(P171)が群生を成功させたガンゼキランなどがある。こうした花は期間限定で公開することがあるので、「幻の花」好きは要チェック。

一生に一度は見たい奇跡の花

リュウゼツラン

原産地●中南米ほか

開花に数十年を要し、咲いた後は枯れる。このため確実に花を見られる場所はないが、毎年のように各地で開花ニュースが紙面を賑わせる。

↑開花となれば数千が順次咲く

多肉質の葉が竜の舌のようと命名

ヒマラヤ高原に輝く青い宝石

草丈のわりに花が大きいのが特徴

メコノプシス

原産地●ヒマラヤ地方ほか

ヨーロッパから中国にかけての高原地帯で咲く別名「アオイケシ」。栽培が難しく、日本では大阪の鶴見緑地(P72)など、見られる所はわずか。

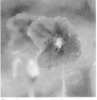

↑下向きに咲き、撮影しにくい

南国の闇にひっそりと咲く一夜花

サガリバナ

原産地●沖縄、マレー半島ほか

夜に咲き朝には散るため、開花を見るのは難しい。数少ない日本の自生地・西表島では、朝に川面に浮かぶ花々を観賞するボートツアーが人気。

↑美しい花姿のままで散る

日本の自生地の開花は6〜8月頃

力強く美しい島の花

福岡市民の心のオアシス
博多湾に浮かぶ能古島の北端

能古島
のこのしま

福岡県福岡市 ◆ マリーゴールド 5月上旬～7月下旬

　都会の喧騒から人々を自然で癒やしたいとの創業者の想いから、高度成長期に人工物を排して造られた、のこのしまアイランドパーク。アクセスの良さもあり、家族連れのみならず、小学生の定番の遠足先、近年は海外の観光客も多い。15万㎡の敷地は一年を通してさまざまな花が咲くよう設計され、なかでもおすすめは海の青と相性がいいマリーゴールドの季節。

□ DATA & ACCESS

📞092-881-2494 🆕福岡県福岡市西区能古島 🕘9:30～17:30(夏季の日曜、祝日9:00～18:30) 🈳無休 🈯1200円、小中学生600円 🚌福岡市地下鉄空港線・姪浜駅から西鉄バスで15分、能古渡船場バス停下車、フェリーに乗り換え10分。能古島渡船場から西鉄バスのアイランドパーク行きで13分 🅿あり

園内の花壇はデザインと行き届いた手入れでフォトジェニックな光景を生み出す

⬆3万株が4月下旬に一斉に咲くリビングストンデージー

也良岬

博多湾

右上図

能古島
●のこのしま
　アイランドパーク

檀一雄文学碑 ⚓能古島海水浴場

福岡市

思索の森

大泊埼

能古島展望台
●自然探勝路

土手崎

早田古墳群

能古博物館

⛩能古の市
⚓能古島渡船場

白鬚崎
白鬚神社⛩ 浜崎

N

0　　1km

姪浜渡船場

⬆ひょうたん形の小さな離島

能古島までフェリーで10分で到着する

ダリア園

ラッパ水仙

のこのしまアイランドパーク

お花畑

桜の丘

WC

つつじ花壇

出入口

どんがら館

思ひ出通り

芝の広場

アスレチック

パノラマ花壇

オキザリスの見頃は
11月下旬から2月上旬

50万本のコスモスは
10月上旬の早咲きが
終わると11月上旬
まで遅咲きが咲く

マリーゴールド

ゆるやかな斜面に5万株もの
マリーゴールドが咲く。レモン
イエローから濃いオレンジへ
のグラデーションが見事

335

瀬戸内海笠岡諸島に水仙島
岡山最初の灯台が照らす

六島
むしま

岡山県笠岡市　◆ 水仙 1月下旬〜2月中旬

　周囲4.6km、島民約50人の小さな島。島に自生していた水仙を観光客にもっと親しんでもらいたいと、30年ほど前から島の小学生や島民有志が遊歩道整備や球根の植付けを開始。それが評判となり、島外からも植栽ボランティアが集まるようになり、今の姿になったという。水仙だけでなく歴史ある灯台やたくさんの猫たち、地ビール醸造所と見どころは多い。

DATA & ACCESS

☎0865-62-6622(笠岡市観光協会) 所岡山県笠岡市六島 開休料見学自由 交JR笠岡駅から住吉港まで徒歩10分、住吉港から普通船で60分 Pなし(住吉港に駐車場あり。島へ自動車ごと渡れない)

⬆住吉港から六島へ基本1日4便が運航

島内の名物

🛍 クラフトビール

島にある六島浜醸造所では、ヒジキやイチジク、キンカンなど地元の名産品を素材にした、個性的なクラフトビールを醸造。飲食スペースもある(要予約)。

猫の島

どこもかしこも
ニャンコだらけ

六島は、猫がたくさん住む島として猫好きには有名。島ではたくさんの猫が出迎えてくれる。ブイ(錨)に猫模様をほどこし板として再利用している。

水仙

六島灯台は岡山県内初、大正11年(1922)建造。島の東側一帯に自生していた水仙を灯台へ続く道に移植し今に至る

六島の人口は2022
年で約50人。横溝
正史の小説『獄門島』
の舞台になった

➡島の小学生をはじめ有
志が植栽した水仙が咲く

337

石垣に映えるブーゲンビリア
水牛車で沖縄の原風景を行く

竹富島
たけとみじま

沖縄県竹富町 ◆ ブーゲンビリア 通年

　珊瑚を利用した石垣や砂利道、赤い琉球瓦に白い漆喰。沖縄らしさを凝縮したこの景観に、群がって咲くピンクや紫のハイビスカスが華やかさを添える。こうした街並みを残せたのは、1980年代のバブル期に島を守る5つのきまり「竹富島憲章」を定め、島民たちで守ってきたからだ。ゆったり流れる時間に合わせ、自転車や水牛車でのんびり巡りたい。

DATA & ACCESS

📞0980-82-5445(竹富町観光協会) 所沖縄県八重山郡竹富町 時10:00〜16:00 休無休 料無料 交石垣港離島ターミナルから船で10〜15分、竹富東港下船すぐ P なし(原則的に車で島へ渡ることはできない)

ブーゲンビリア
特に多いのが東集落の松竹荘や、松竹荘の1本南にある通りのマキ荘、マキ荘の前の道を西方面へ進んだあたり

竹富島紹介のランドマーク的存在は民宿・泉屋のブーゲンビリアアーチ

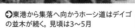
🔺東港から集落へ向かうホーシ道はデイゴの並木が続く。見頃は3〜5月

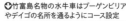
🔺竹富島名物の水牛車はブーゲンビリアやデイゴの名所を通るようにコース設定

🔺キンレイジュも竹富島ではよく見かける。ピンクとレモンイエローでかわいらしい

ハイビスカス

1輪あるだけでもゴージャスなハイビスカスも、南の島では群がって咲いていることも多い

守り神・シーサー

竹富島のシーサーが
ユニーク揃いな理由

竹富島にはシーサー職人がおらず、瓦職人が思い思いにシーサーを作っていたため、個性的な表情のものが多くなったのだという。あちこちの家のシーサーを見てまわるのもいい。

N

0　500m

●ミサシ/御嶽

竹富島ゆがふ館 ●　🚢竹富東港

喜宝院蒐集館 ●

西桟橋 ●　　●あかやま展望台

ニーランの神石 ●　　└ なごみの塔

コンドイ浜 ●　　└ ブーゲンビリアの道

コンドイ岬 ●

カイジ浜
(星砂の浜)　　　　　竹富島

竹富町　　　　　🏯アイヤル浜

石垣港離島ターミナル

養殖場

ナデシコ
4月下旬～6月にかけてが見頃。マーガレットやキンセンカも同時期に見られる

瀬戸内海を一望する島で
一人の想いが「花の島」を復活

志々島
ししじま

香川県三豊市　◆ナデシコ 4月中旬～5月下旬

瀬戸内海に浮かぶ人口20人ほどの小さな島。シンボルは港から歩いて20分ほどの山の中腹にある樹齢1200年の大楠と花。かつて花き栽培が盛んで「花の島」と呼ばれた志々島。この島で最後の花農家だった高島孝子さんがもう一度島をかつてのような花で満たした場所にしたいと、平成27年(2015)頃から再び花を植え、「天空の花畑」として話題になり多くの人を迎えている。

□ D A T A ＆ A C C E S S

☎0875-56-5880(三豊市観光交流局)　⏎香川県三豊市詫間町志々島　⏎見学自由(宿泊施設が限られるので定期船の時刻表注意)　⏎見学自由　⏎募金に協力　⏎JR詫間駅から三豊市コミュニティバスで15分、詫間庁舎下車、徒歩すぐ。宮の下港からの定期船で20分。志々島港から天空の花畑までは徒歩15分 ⏎なし

写真提供：三豊市観光交流局

↑雑草駆除に活躍する島のヤギ

飲食 & 宿

**飲食店がない島の
おもてなしスタイル**

島の民宿(上)とお休み処「くすくす(下)」。民宿は、お客さんが食材を持ち込み、備え付けの調理器で自炊するスタイル。

↑ベンチに腰かけてゆっくり花を眺める

↑大楠は樹齢1200年のパワースポット

離島にだけ咲く希少種
発見の地で見たい橙色の花群

飛島
とびしま

山形県酒田市 ◆トビシマカンゾウ 5月下旬〜6月

　山形県飛島で最初に発見されたことからこの名がついた「トビシマカンゾウ」は、国内では同地と佐渡島にしか自生しない。島内でも特に多いのは、島の西に突き出た岬の荒崎で、初夏には海岸がオレンジ色に華やぐ。ユニークなのは、おひたしや塩漬けで食用にされてきたこと。現在は県指定の絶滅危惧種のため、島民が慣習的に食べる以外は採取禁止となっている。

⬆食用のほか、乾燥させた葉で草履を編んだり、茎に硫黄を塗ってマッチにしたりと島では利用

▦ DATA & ACCESS
📞0234-26-5759(酒田市地域創生部交流観光課) 🏠山形県酒田市飛島 🕐見学自由 🚢酒田港から定期船で75分 Ｐなし(島内への自家用車持込不可)

⬆対馬暖流の恩恵で東北にしては暖かい

⬅島のマンホールもトビシマカンゾウ柄

バードウォッチング

年間300種近くも
観察が可能

背中が真っ青でお腹が白いのはオオルリのオス。さえずる声が軽やか。メスは外敵から身を守れるよう、もう少し地味な色合い。

🧭N
0　　1km

八幡崎
八幡神社
八幡崎展望台
多宝寺
酒田市
高森神社
飛島
高森山
小物忌神社
荒崎
鼻戸崎
荒崎頭部の
植物群落
テキ穴
寺島
戸ヶ崎
荒崎
ローソク岩
マリンプラザ
日本海
マンモス岩
勝浦港
賽の河原
飛島海水浴場
百合島
酒田港

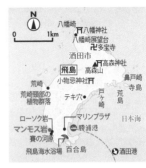

➡定期船が酒田港から1日1〜2便就航

トビシマカンゾウ
ニッコウキスゲに比べ、トビシマカンゾウは花が大ぶりなのが特徴。ユリと似ているが別の種類

明治時代に欧米でも周知
島が誇りにするエラブユリ

沖永良部島
おきのえらぶじま

鹿児島県和泊町 ◆エラブユリ 4月中旬〜5月中旬

　鹿児島市から南へ552km離れたサンゴ礁の島。年間平均気温22℃という温暖な気候。ここに咲くエラブユリは同島の誇りであり、100年以上前に欧米へ輸出された歴史を持つ世界でも知られる日本のブランド花。島内で見られるのは笠石海浜公園でシーズン中に16万輪が咲く。明治時代から愛されてきたユリを島の有志が植え付けを進めて大切に育てている。

DATA & ACCESS

☎0997-84-3540(おきのえらぶ島観光協会) 🏠鹿児島県大島郡和泊町喜美留544-10(笠石海浜公園) 🕐休料見学自由 🚉那覇空港・鹿児島空港から飛行機で1〜2時間。東京・大阪方面からの場合、鹿児島空港で乗り継いで約70分 Pなし

⬆笠石海浜公園にそびえるユリの形のユリタワー

⬅フウリンブッソウゲはハイビスカスの緑種

⬆エラブユリを代表する品種「ひのもと」

⬆比較的新しい品種「凛」。花が同時期に開く

⬆沖永良部島生まれの「咲八姫」

エラブユリ
ユリが欧米で人気なのは、聖母マリアの象徴だから。キリスト教行事での需要が多い

⬆エラブユリより1週間遅くスカシユリが見頃に

[地図]
東シナ海
ハマユウ群生地
沖永良部空港(えらぶゆりの島空港)
国頭岬
田皆岬
ワンジョビーチ
笠石海浜公園
越山
和泊町
和泊港
沖泊海浜公園
鹿児島・鹿児島新港
知名町
大山
沖永良部島
昇竜洞
屋子母海岸
ウジジ浜
知名港
与論島・那覇
N
0　　　5km

花農家プチ体験

期間限定で開催
詳しくは観光協会のサイトで

　おきのえらぶ島観光協会のサイトでは、毎年12月〜3月頃まで「花農家体験ツアー」を申し込める。花き農家をお手伝いして、エラブユリなども摘むことができる。

ローカル線に咲く花

房総半島を楽園鉄道で
桜と菜の花の最強コラボ

いすみ鉄道
いすみてつどう

千葉県大多喜町　◆ 桜／菜の花 3月下旬~4月上旬

　千葉県の房総半島南部を走る第3セクターのローカル線であるいすみ鉄道。冬でも温暖で花が育ちやすい環境にある房総半島は、花の名所もたくさんあるが、ときには列車に乗って桜と菜の花の競演を車窓から眺める旅もおすすめ。運行距離26.8kmの区間で花々を見ることができる。のどかで自然豊かな光景に、春の訪れを感じる。

DATA & ACCESS

☎0470-82-2161 🚃始発駅の大原駅へは東京駅から特急わかしおで約1時間10分／上総中野駅へは五井駅から小湊鐵道で約1時間20分

⬆のどかで美しい田園風景のなかを走る列車

いすみ鉄道沿線の四季を飾る代表的な花が桜。菜の花と桜の共演を見ることができる

電車の車体も菜の花と同じ黄色で「房総を駆ける菜の花ライン」として親しまれている

⬇6月は線路沿いに色鮮やかなアジサイが咲く

⬆東京の近隣県ながら自然あふれる
風景が沿線に続く

➡ローカル線ならではの絶景
コースを走る。養老渓谷も近い

車窓から春夏秋冬を知る
トロッコ列車で風を感じる

わたらせ渓谷鐵道
わたらせけいこくてつどう

群馬県みどり市 ◆ 通年

群馬県桐生市と栃木県日光市間の44.1kmを、渡良瀬川に沿って走る第3セクターのローカル線わたらせ渓谷鐵道。地元住民や観光客に愛され、春から秋は沿線ではさまざまな花の中を走り、冬季には各駅でイルミネーションが行われる。なかでも、桜と紅葉の時期には、オープンスタイルのトロッコ列車「トロッコわたらせ渓谷号」が運行され人気。

□ D A T A ＆ A C C E S S
📞0277-73-2110 🚃始発駅の桐生駅へは高崎駅からJR両毛線で約50分または小山駅からJR両毛線で約1時間

⬆紅葉に染まった渓谷を走るトロッコ

⬅渓流のすぐそばを走る列車。のどかな風景を楽しめる

春本番を迎えた沿線では、どこまでも続く満開の桜を車窓から見ることができる

7月上旬〜中旬になると、沢入駅のホームや河川敷がアジサイに染まる

346

沿線グルメ

地元名物を楽しむ

沿線グルメで新たな味に出会えるのもローカル鉄道旅の良さ。コンニャクの味噌田楽はあつあつをいただきたい。

← 花桃と桜の競演が美しい

開業100周年の地元の力
一面に咲く菜の花畑の中走る

JR大湊線

ジェイアールおおみなとせん

青森県横浜町 ◆菜の花5月

夕焼けに染められた菜の花畑を走る大湊線。その風景は心に残る一瞬の永遠

　開業100周年を2021年に迎えた大湊線は青森県の野辺地駅と大湊駅の58.4kmを結ぶローカル線。車窓からは陸奥湾が望めのどかな風景が広がる。大湊線のいちばんのポイントは毎年5月頃に満開の時期を迎える菜の花。一面を黄色く染めた菜の花畑の中を走り抜けていく列車の姿は美しい。地元の人たちの誇り大湊線。海と山と花に見守られた列車旅。

■ D A T A ＆ A C C E S S

☎050-2016-1600（JR東日本お問い合わせセンター）
交始発駅の野辺地駅へは青森駅から青い森鉄道で約45分

満開の菜の花畑を走っていく姿は映画のワンシーンのように列車の音だけが残る

札苅村上芝桜園

5月上旬に見頃を迎える道南地方の芝桜。沿線には札苅村上芝桜園など花スポットが点在

見どころスポット満載
道南を走るローカル線

道南いさりび鉄道
どうなんいさりびてつどう

北海道函館市　◆ 芝桜 5月上旬

↑五稜郭駅〜木古内駅の
37.8kmを結ぶ

♡

♡

↓日本列島の桜便りの最後は北海道。

平成28年(2016)の北海道新幹線開業と同時にJRから分離された平行在来線を引き継ぎ、第3セクター鉄道として営業を開始した。線名にもある「いさりび」は道南のイカ釣り漁船の漁火がもとになっている。沿線には春から秋にかけて代表的な芝桜やヒマワリといった花を車窓から眺められる。景観ポイントや観光スポットが盛りだくさんの鉄道旅が楽しめる。

DATA & ACCESS

☎0138-83-1977 ❽始発駅の函館駅へは新函館北斗駅からJR函館本線で約25分／新青森駅からJR北海道新幹線はやぶさで木古内(きこない)駅まで約50分

津軽海峡に突き出たサラキ岬公園に広がるチューリップ花壇もみどころ

播磨地方を走り抜ける
イベント盛りだくさん列車旅

北条鉄道
ほうじょうてつどう

兵庫県加西市 ◆ 通年

　北条鉄道は第3セクターの鉄道で兵庫県小野市の粟生駅と兵庫県加西市の北条駅を結び全長は13.6㎞。祭りの開催をはじめ、「かぶと虫列車」や「サンタ列車」、「おでん列車」などイベント列車が運行し盛り上げているのも魅力だ。播磨地方はのどかで美しい風景が続く沿線と、彩りを添える四季の花々をめでながら列車の旅に親しみたい。

↑コスモスをはじめ「花」で加西市を盛り上げたいと市民が育てた花のなかを列車が走る

◑菜の花に迎えられ列車が入線

◑播磨下里駅は国登録有形文化財に登録

DATA & ACCESS

☎0790-42-0036 🚉始発駅の粟生駅へは加古川駅からJR加古川線で約25分

線路際に咲く菜の花とピンクの桜。列車が行きかうたび春風が花びらを揺らす

のどかな畑一面にソバの花
紅葉や桜の風景も美しい

JR水郡線
ジェイアールすいぐんせん

茨城県・福島県 ◆ソバ 9月下旬～10月上旬

馬車軌道として計画された歴史ある路線。上菅谷駅で分岐し、山方宿駅を過ぎると、通称奥久慈清流ラインの名の通り久慈川が並行するように現れる。何度も川に架かる鉄橋を渡るので、左右どちらの車窓からも清流を眺められるのが楽しい。紅葉や桜の風景が美しい矢祭山を過ぎると、次第に田園風景から市街地に移り変わり、郡山駅に到着する。不定期で観光列車も運行している。

DATA & ACCESS

☎050-2016-1600（JR東日本お問い合わせセンター）
◎始発駅の水戸駅へは東京駅からJR常磐線特急で約1時間30分／郡山駅へは東京駅からJR東北新幹線で約1時間20分

⬆常陸大宮市、大子町など奥久慈エリアにはソバの畑が点在。初秋には白く可憐な花が咲く

⬆奥に見える樹齢約600年の戸津辺の桜

⬆ソメイヨシノが矢祭山の春を彩る

能登半島を豊かに彩り
桜のトンネルをひた走る

のと鉄道七尾線・
能登さくら駅
のとてつどうななおせん・のとさくらえき

石川県穴水町 ◆桜 4月上旬～中旬

能登半島の穴水駅から七尾駅を結ぶ33.1kmの路線。アニメ『花咲くいろは』に登場する駅のモデルがのと鉄道であったことからも注目を集めた。正式駅名は能登鹿島駅。「能登さくら駅」の愛称で親しまれ、プラットホームに沿って植えられた数百本の桜が満開時には桜のトンネルとなり見事な光景を見ることができる。

DATA & ACCESS

☎0768-52-0073（穴水駅）◎始発駅の七尾駅へは金沢駅からJR七尾線で約1時間30分または富山駅からあいの風とやま鉄道、JR七尾線で約2時間30分

⬆「能登さくら駅」と呼ばれ地元住民や観光客らから親しまれている

⬆七尾湾をバックに走るのと鉄道

⬆無人駅の「能登鹿島駅」が人気だ

焼き物の里でローカル線の旅
自然豊かな車窓を楽しむ

信楽高原鐵道
しがらきこうげんてつどう

滋賀県甲賀市 ◆ 春〜秋

　信楽焼で有名な滋賀県甲賀市の信楽駅
と貴生川駅の14.7kmを結ぶローカル線。
2019年のNHKの朝の連続テレビ小説『ス
カーレット』の舞台にもなり、この期間は
特別ラッピングの列車も運行された。陶
器も有名ながら四季が育む豊かな景色も
美しい。特に春は沿線の桜と新緑が、秋
は鮮やかな紅葉が観光客を出迎えてくれ
る。イベント列車も登場する。

☐ D A T A & A C C E S S
📞0748-82-3391 🚉始発駅の貴生川駅へは草津駅か
らJR草津線で約25分または柘植駅からJR草津線で
約20分

⬆初夏から夏にかけては田んぼアートが見られる

⬆沿線の木々が秋色に染まるなかを走る列車

⬆信楽焼の町として知られる滋賀県信楽町

三重・北勢地域をひた走る
旅客と貨物を両方輸送

三岐鉄道
さんぎてつどう

三重県四日市市 ◆ 通年

　三重県の北部・四日市市の近鉄富田駅と
いなべ市の西藤原駅を結ぶローカル線・三
岐鉄道三岐線。旅客輸送はもちろん、貨
物線も一緒に運行している今では全国で
も珍しい路線。藤原岳(標高1140m)に抱
かれながら真っ白なソバの花のなかを走
る。同鉄道・北勢線は桑名市・西桑名駅か
ら、いなべ市・阿下喜を結ぶ列車。両線の
列車は風光明媚な北勢地域を走り抜ける。

☐ D A T A & A C C E S S
📞059-364-2143 🚉三岐線:始発駅の近鉄富田駅へ
は近鉄名古屋駅から近鉄名古屋線急行で約30分／
北勢線:始発駅の西桑名駅へは名古屋駅からJR関
西本線快速で25分、桑名駅下車、徒歩7分

⬆藤原岳と一面を白く染めるソバの花のなかを走る三岐鉄道・三岐線

⬆ネモフィラ沿線を走る三岐鉄道・北勢線　　⬆ヒマワリとヒガンバナと北勢線

日本有数、本格山岳鉄道
アジサイと走る

箱根登山電車
はこねとざんでんしゃ

神奈川県箱根町 ◆ アジサイ6月中旬～7月中旬

小田原駅から箱根湯本駅を通り、温泉地としても有名な強羅駅まで結ぶ箱根登山鉄道。なかでも箱根湯本から強羅までの8.9km約40分、標高差約400mの行程は日本でも有数の本格的な山岳鉄道としての表情が見られる。6月中旬からは傾斜に沿って咲くアジサイが乗車の醍醐味。見頃には“あじさい電車”の愛称で親しまれ、夜間はライトアップが行われる。

DATA & ACCESS

☎0465-32-6823(箱根登山鉄道鉄道部) 交箱根湯本発強羅行き 平日／始発6:12、最終22:43 土曜、祝日／始発6:12、最終22:37 料箱根湯本間～強羅駅間460円

山間を走る本格的な山岳鉄道。緑豊かな自然とアジサイが出迎えてくれる

開花の約1カ月は沿線各所にアジサイの花

風情あふれる駅舎も見どころ

四国の主要都市をつないだ
海と山の絶景に出会う

JR予讃線
ジェイアールよさんせん

愛媛県 ◆ 菜の花 2月下旬～4月上旬

香川県高松駅から愛媛県宇和島駅を結ぶ全長297.6kmにも及ぶ四国の大動脈。

高野川駅を出てすぐ車窓に海が現れる。水平線を眺めて走る伊予長浜駅までの沿線は、下灘駅など海景色の美しさはもちろん、春になると線路脇を埋め尽くすように咲く菜の花の景観が見事。レトロモダンな車内で四国・愛媛の伝統工芸やおいしい食事を堪能できる観光列車「伊予灘ものがたり」も人気だ。

DATA & ACCESS

☎0570-00-4592(JR四国電話案内センター)
交始発駅の松山駅へは岡山駅からJR予讃線・特急しおかぜで約2時間45分／宇和島駅へは窪川駅からJR予土線で約2時間30分

伊予上灘駅～下灘駅間の土手200mにわたって広がる閏住(うるすみ)の菜の花畑

瀬戸内海西部の伊予灘は凪が続く和みの海

伊予灘ものがたりは1日4便運行

かがみ花フェスタ
かがみはなフェスタ

高知県
香南市

◆ チューリップ 3月初旬～4月上旬

南国高知を明るく彩るチューリップ

四国最大級のチューリップ園で毎年春に開催され、2023年で16回目を迎える。色彩豊かなチューリップが一面を埋め尽くす光景は実に見事。

DATA & ACCESS 　☎0887-56-5200（香南市観光協会） ㊟高知県香南市香我美町岸本 ⊗高知東部自動車道・香南かがみICから約2.4km Ⓟあり

⬆まぶしいばかりの原色のチューリップが目を楽しましてくれる

笛吹市桃源郷春まつり
ふえふきしとうげんきょうはるまつり

山梨県
笛吹市

◆ 桃・菜の花 3月下旬～4月上旬

南アルプスと青空に抱かれた花の園

日本一の桃の作付面積を誇る山梨県笛吹市で毎年春に開催される花のイベント。雄大な山々と桃や菜の花が織りなす光景は絶景というべくすばらしい。

DATA & ACCESS 　☎055-261-2034（笛吹市観光商工課） ㊟山梨県笛吹市八代町岡2223-1 ⊗JR石和温泉駅から車で30分 Ⓟあり

⬆ピンクと黄色の暖かい色彩に心躍る春を体感することができる

奈義町菜の花まつり
なぎちょうなのはなまつり

岡山県
奈義町

◆ 菜の花 4月上旬～中旬

菜の花とのどかな景色に癒やされて

岡山県の東部にある奈義町の中心部を貫くシンボルロード周辺では毎年春になると菜の花が埋め尽くす。その素朴で美しい光景に心安らぐこと間違いなし。

DATA & ACCESS 　☎0868-36-4114（奈義町役場産業振興課） ㊟岡山県勝田郡奈義町豊沢441 ⊗中国自動車・道津山ICから約15km Ⓟあり

⬆一面を染めた菜の花と遠くに見える山々。ゆったりと時が流れる

座間市ひまわりまつり
ざましひまわりまつり

神奈川県
座間市

◆ ヒマワリ 8月中旬

55万本のヒマワリがお出迎え

ひまわりまつりは座間会場と四ツ谷会場で8月に開かれる。関東でも最大規模といわれる55万本ものヒマワリが力強く咲く姿は迫力満点である。

DATA & ACCESS 　☎046-205-6515（座間市観光協会） ㊟神奈川県座間市 ⊗JR相武台下駅から徒歩20分 Ⓟあり（有料）

⬆太陽を浴びて咲くヒマワリたち。フォトジェニックな景色に注目

全国各地で開催されている花まつり。四季折々の花々と美しい景色を楽しめる。

こうのす花まつり
こうのすはなまつり
埼玉県
鴻巣市
◆ ポピー 5月中旬~下旬など

目の前に広がる広大なポピー畑

埼玉県鴻巣市の荒川河川敷など市内の複数の場所で5月中旬に開催される。ポピーをはじめ初夏を代表する花々が咲き初夏に彩りを添える。

DATA & ACCESS ☎048-541-1321(鴻巣市商工観光課) 🏠埼玉県鴻巣市滝馬室587-1ほか 🚃JR鴻巣駅から車で10分(馬室会場) 🅿なし(イベント期間中のみ)

⬆初夏の青空と新緑、そしてポピーの鮮やかな色が清々しく爽快だ

山形紅花まつり
やまがたべにばなまつり
山形県
山形市
◆ 紅花 7月頃

山形の歴史とともに歩んできた紅花

映画『おもひでぽろぽろ』の舞台にもなった山形県山形市高瀬地区を中心に7月に開かれる。古くからこの地で栽培されてきた紅花の魅力を肌で感じられる。

DATA & ACCESS ☎023-686-3341(高瀬紅花ふれあいセンター) 🏠山形県山形市下東山1360 🚃JR高瀬駅から徒歩20分 🅿あり

⬆山形を象徴する花として古くから親しまれてきた紅花

富士山れんげ
ふじさんれんげ
静岡県
富士市
◆ レンゲ 4月頃

富士山を一望のレンゲ畑に行こう

静岡県富士市詠地区の田園地帯で春に花を咲かせるレンゲ。美しい富士山はもちろん、新幹線と一面のレンゲ畑を写真に収めようと多くの人々が訪れる。

DATA & ACCESS 🏠静岡県富士市 🚃岳南電車・富士岡駅から徒歩20分 🅿なし

⬆ダイナミックな富士山を仰ぎレンゲ畑を駆け抜ける新幹線

胎内市チューリップ フェスティバル
たいないしチューリップフェスティバル
新潟県
胎内市
◆ チューリップ 4月下旬~5月上旬

広大な丘陵を彩るチューリップ

日本有数のチューリップ生産地の新潟県胎内市で4月下旬頃に開催。約80万本の色とりどりのチューリップが一斉に花開かせる姿は実に優雅。

DATA & ACCESS ☎0254-43-6111 🏠新潟県胎内市築地2860 🚃JR中条駅から車で10分 🅿あり

⬆鮮やかなチューリップ。会場では同時期に菜の花の観賞も楽しめる

花景色マップ

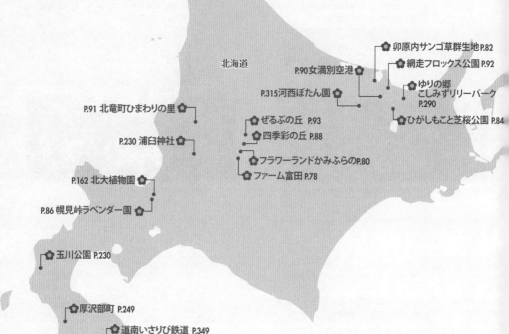

北海道

卯原内サンゴ草群生地 P.82

網走フロックス公園 P.92

P.90女満別空港

ゆりの郷
こしみずリリーパーク
P.290

P.315河西ぼたん園

ひがしもこと芝桜公園 P.84

P.91 北竜町ひまわりの里

ぜるぶの丘 P.93

四季彩の丘 P.88

P.230 浦臼神社

フラワーランドかみふらのP.80

ファーム富田 P.78

P.162 北大植物園

P.86 幌見峠ラベンダー園

玉川公園 P.230

厚沢部町 P.249

道南いさりび鉄道 P.349

JR大湊線 P.348
横浜町の菜の花 P.101
弘前城 P.20
青森県
長谷ぼたん園 P.301
桜・菜の花ロード P.100
小岩井農場の一本桜 P.40
P.98 かたくり群生の郷
岩手県
秋田国際ダリア園 P.284
秋田県
飛島 P.341
毛越寺 P.212
みちのくあじさい園 P.318
徳仙丈山 P.96
山形県
P.355 山形紅花まつり
P.97 湯の台高原
やくらいガーデン P.94
P.43 伊佐沢の久保ザクラ
宮城県
P.292 いいでどんでん平ゆり園
P.286 川西ダリヤ園
国営みちのく杜の湖畔公園 P.154
355 胎内市チューリップフェスティバル
白石川堤一目千本桜 P.12
P.155 水の公園 福島潟
P.109 三ノ倉高原花畑
花見山公園 P.272
P.18 日中線しだれ桜並木
桧原湖 P.155
三春滝桜 P.41
新潟県
P.27 鶴ヶ城
P.146 雄国沼
大王あじさい園 P.308
いわき市フラワーセンター P.278
福島県

357

のと鉄道七尾線・能登さくら駅 P.351

P.114あさひ舟川「春の四重奏」

P.330白馬コルチナ・イングリッシュガーデン

富山県

P.37番所の桜 立屋の桜
P.110中山高原

石川県

P.24松本城

P.112霧ヶ峰

ゆりの里公園 P.295

越前海岸 P.136

ひるがの高原牧歌の里 P.130

福井県

P.250赤そばの里

長野県

岐阜県

P.213 嶺岳寺

根尾谷淡墨ザクラ P.37

阿智村 P.244

ぎふワールド・ローズガーデン
P.252

P.227御裳神社

大縣神社 P.230

茶臼山高原 P.121

名古屋城 P.23

愛知県

名古屋港ワイルドフラワー ガーデンブルーボネット
P.74

ガーデニングミュージアム
花遊庭 P.327

P.70はままつフラワーパーク

香勝寺 P.213

P.212 本光寺

P.138形原温泉 あじさいの里

P.167 豊橋総合動植物公園

P.283浜名湖ガーデンパーク

P.294 可睡ゆりの園

那須フラワーワールド P.74

尾瀬ヶ原 P.130

中禅寺湖千手ヶ浜 P.142

金剛桜 P.39

群馬県

栃木県

鬼怒グリーンパーク P.132

P.154 野反湖

青龍山 吉祥寺 P.185

P.314 中之条ガーデンズ

岩井親水公園 P.131

P.58 国営ひたち海浜公園

P.326 ウィリアムズ ガーデン

敷島公園門倉テクノばら園 P.255

わたらせ渓谷鐵道 P.346

P.268 偕楽園

P.316

P.316 みさと芝桜公園

太平山神社 P.225

長福寺 P.188

P.46 あしかが フラワーパーク

P.130 みかも山公園

小貝川ふれあい公園

JR水郡線 P.351

P.314 下仁田あじさい園

千年の苑ラベンダー園 P.104

茨城県

いばらきフラワーパーク P.54

長泉寺 P.186

軽井沢 レイクガーデン P.322

国営武蔵丘陵森林公園 P.282

水郷佐原 あやめパーク P.148

P.34 白樺湖 P.145

こうのす花まつり P.355

P.287 両神山麓花の郷ダリア園

P.106 天空のポピー

埼玉県

P.242 フラワーカフェ BLOOMY'S×Flory

P.320 蓼科高原 バラクラ イングリッシュ ガーデン

P.102 羊山公園

幸手権現堂桜堤 P.132

清水公園花ファンタジア P.324

ふなばしアンデルセン公園 P.232

P.273 越生梅林

京成バラ園 P.254

山高神代桜 P.34

滝ノ入ローズガーデン P.265

亀戸 天神社 P.222

大龍寺 P.189

明野ひまわり畑 P.108

P.183 塩船観音寺

巾着田 P.154

吉高の大桜 P.41

P.66 国営昭和記念公園

東京都

千鳥ヶ淵 P.14

佐倉ふるさと広場 P.317

P.238 HANA・BIYORI

小石川植物園 P.170

わに塚のサクラ P.38

P.184 薬王院

根津神社 P.223

千葉県

山梨県

P.274 池上梅園

上野東照宮 P.300

笛吹市桃源郷 春まつり P.354

P.328 横浜イングリッシュガーデン

旧古河庭園 P.264

P.354 座間市 ひまわりまつり

神奈川県

すみだ北斎美術館 P.214

P.141 大石公園

長谷寺 P.182

青山フラワーマーケット ティーハウス 南青山本店 P.242

P.17 新倉山浅間公園

曽我梅林 P.266

明月院 P.180

いすみ鉄道 P.344

P.68 山中湖 花の都公園

小田原城 P.26

鶴岡八幡宮 P.298

P.355 富士山れんげ

箱根登山電車 P.353

マザー牧場 P.240

清澄寺 P.210

P.302 箱根ガラスの森美術館

箱根強羅公園 P.260

箱根小涌園 蓮莱園 P.312

P.310 小田急 山のホテル

佐久間ダム湖 P.152

静岡県

P.256 ACAO FOREST

P.281 くりはま花の国

P.317 河津バガテル公園

河津桜並木 P.16

田んぼを使った花畑 P.131

P.155 爪木崎

P.43 吉田のしだれ桜

P.211 華観音寺

P.198 高源寺

P.213 白毫寺

P.132 三島江レンゲの里

P.130 亀岡ききょうの里

P.318 花のじゅうたん

P.120 るり渓高原

兵庫県

P.315 玉水ゆり園

P.210 應聖寺

P.289 宝塚ダリア園

P.350 北条鉄道

P.15 おの桜づつみ回廊

P.316 黒川ダリヤ園

P.236 道の駅 神戸フルーツ・フラワーパーク大沢

P.72 花博記念公園鶴見緑地

P.17 造幣局 桜の通り抜け

P.199 摩耶山天上寺

P.27 大阪城

P.62 淡路島国営明石海峡公園

大阪府

P.75 淡路夢舞台

P.276 大阪まいしま
シーサイドパーク

P.116 兵庫県立公園あわじ花さじき

P.166 大阪市立長居植物園

P.212 葛井寺

P.309 道の駅 しらとりの郷・羽曳野

和歌山県
植物公園緑花センター
P.168

P.200 子安地蔵寺

P.304 花園あじさい園

京都拡大図

P.269 北野天満宮

北区

左京区

京都府
滋賀県

大津市

右京区

京都府立植物園 P.158

P.31 平野神社

P.30 仁和寺

梨木神社 P.229

哲学の道 P.31

京都市
上京区

霊鑑寺 P.194

P.192 法金剛院

P.193 東林院

蹴上インクライン P.32

嵐山(渡月橋)P.28

中京区

円山公園 P.33

和歌山県

清水寺 P.29

下京区

東山区

山科区

西京区

阿弥陀寺 P.211

滋賀県

地蔵川 P.154

大田神社 P.226

P.28

彦根城 P.25

いなべ市農業公園 P.318

びわ湖バレイ P.123

ガーデンミュージアム比叡 P.156

京都府

岡崎疏水 P.29
琵琶湖疏水 P.19

花の郷日野ダリア園 P.288

なばなの里 P.234

鴨川沿い P.32
醍醐寺 P.33

滋賀農業公園
ブルーメの丘
P.122

三岐鉄道 P.352

左下図

勧修寺 P.213

三室戸寺 P.190

信楽高原鐵道 P.352

鈴鹿フラワーパーク P.74

興聖寺 P.201

長岡天満宮 P.224

鈴鹿の森庭園 P.315

神童寺 P.210

浄瑠璃寺 P.195

春日大社 P.216
片岡梅林 P.275

結城神社 P.228

霊山寺バラ園 P.259

県営馬見丘陵公園 P.280

メナード青山リゾート P.118

岡寺 P.196

三多気のサクラ P.36

三重県

吉野山 P.10

奈良県

P.206 東行庵

龍蔵寺
P.207

山口県

P.317火の山公園

宗隣寺 P.208

P.150 夏井ヶ浜はまゆう公園

白野江植物公園 P.174

P.218宮地嶽神社

福岡県

P.279 国営海の中道海浜公園

花とアートの岬 長崎鼻
P.144

筥崎宮 P.230

P.334 能古島

福岡市植物園 P.172

P.25 唐津城

太宰府天満宮 P.270

長安寺
P.209

P.42 明星桜

佐賀県

大興善寺 P.212

P.313 長串山公園

御船山楽園 P.131

P.317 るるパーク
（大分農業文化公園）

P.246 つづら棚田

P.221藤山神社

P.248 星野村

P.263 湯布院
ホテル森のテラス

P.235 ハウステンボス

柳川ひまわり園 P.132

神楽女湖
しょうぶ園
P.153

P.220 祐徳稲荷神社

P.128 白木峰高原

P.74 くじゅう花公園

大分県

P.22 熊本城

長崎県

P.155 水仙の丘（長崎のもざき恐竜パーク）

P.38 一心行の大桜

熊本県

宮崎県

上場高原コスモス園 P.129

鹿児島県

生駒高原 P.131

池田湖 P.134

フラワーパークかごしま P.75

P.75 松江フォーゲルパーク
由志園 P.296
P.26 松江城
とっとり花回廊 P.50
鳥取県
ひるぜんジャージーランド P.315
島根県
奈義町菜の花まつり P.354
醍醐桜 P.42
大聖寺 P.204
唐音水仙公園 P.140
岡山県
広島県
藤公園 P.314
P.124 世羅高原農場
P.211 備中国分寺
観音寺 P.202
広島市植物公園 P.164
ばら公園 P.258
六島 P.336
フラワーパーク浦島 P.149
やまぐちフラワーランド P.75
志々島 P.340
P.262 よしうみバラ公園
香川県
国営讃岐まんのう公園 P.314
禎瑞の芝桜 P.316
八百萬神之御殿 P.19
萬福寺
P.210
徳島県
大川原高原 P.126
JR予讃線 P.353
高知県立牧野植物園 P.171
愛媛県
高知県
かがみ花フェスタ P.354
北川村「モネの庭」マルモッタン P.156
南楽園 P.318

沖永良部島 P.342

よへなあじさい園 P.306

美らヤシパークオキナワ・
東南植物楽園 P.176

沖縄県

竹富島 P.338

363

索引

STAFF

編集制作 Editors
(株)K&Bパブリッシャーズ

取材・編集・執筆 Editors & Writers
I&M(岩下宗利／蟹澤純子／西澤典子
平松優子／室田美々／山上絵里)
いちきドーナツ 市来恭子
NOUSdesign(野村道子／岡田恵理子／
内田晶子) 伊勢本ポストゆかり 堀井美智子
板坂真季 原美和子 TOMO 嶋嵜圭子
堀内章子

本文・表紙デザイン Cover & Editorial Design
(株)K&Bパブリッシャーズ

表紙写真 Cover Photo
PIXTA

地図制作 Maps
トラベラ・ドットネット(株)
山本眞奈美(DIG.Factory)

写真協力 Photographs
関係各市町村観光課・観光協会
関係諸施設
PIXTA

総合プロデューサー Total Producer
河村季里

TAC出版担当 Producer
君塚太

TAC出版海外版権担当 Copyright Export
野崎博和

エグゼクティヴ・プロデューサー
Executive Producer
猪野樹

旅コンテンツ完全セレクション
四季の 花景色

2023年4月22日 初版 第1刷発行

著 者	TAC出版編集部	
発 行 者	多田敏男	
発 行 所	TAC株式会社 出版事業部	
	（TAC出版）	

〒101-8383 東京都千代田区神田三崎町3-2-18
電話 03(5276)9492（営業）
FAX 03(5276)9674
https://shuppan.tac-school.co.jp

印 刷 株式会社 光邦
製 本 東京美術紙工協業組合

©TAC 2023 Printed in Japan　　ISBN978-4-300-10565-8
N.D.C.291　　　　　　　　落丁・乱丁本はお取り替えいたします。